一
步
万
里
阔

大正浪漫

日本近代社会世相

[日] 柳田国男 著　谷端捷　石晶晶 译

中国工人出版社

自　序

在《朝日新闻》规划明治大正史之前，我早已在心中期盼出一本这样的书。为此，我已做了些许准备。虽则如此，到了要下笔的时候，我还是发现新企划中遇到的困难远超出我的想象。时间上我已然是征得了相当的宽裕，结果不仅让出版社等待已久，而且只能交出如此拙作。虽确实身体抱恙，另有他事烦扰，勉强能为自己申辩，但总归对于我而言，编写此书仍有不少力不能及之处，这让我很是遗憾。

思及至少能作为今后尝试做此事者的参考，我姑且将自序写出来，也兼释明。直言我未遂之愿的话，恐怕就是我原以为以我们眼前来而又去的事实，以现代生活的横断面，即可写出优秀的历史。虽然我的尝试以失败告终，但自然史领域早已证实，这一方式完全不存在问题。

特别是在人类史方面，有着此书中无法相比的丰富观察经验，或许有所侧重，但足以支撑我们的思路。更有化石学中相当大量的知识领域比自然史要宽广数倍，甚至资料过多。只要收集、整理、分类、比较的方法正确，他们曾经的成功在我们这里也极有可能。

此方法如今在民间刚刚兴起，人们按照英国风称之为"Folk-lore"。还有人认为它是"民俗学"，但其是否已经形成一个学科尚无定论。只能说，如果今后此项研究获得好的成果，有可能会成为"学"。

研究者中，多有将研究任务局限在古代历史汪洋之中者，而我有不同的想法。一则，若连古代史中都能使用此法，则近代史更加有望；二则，若连遥远的上古历史都有必要使用此法，那新近历史中的现代问题之上，也定要用上一用。

眼下我难以将正反两面证据同时列出，姑且举例来说。若是在一些领域内，连"日本人来自希腊"之类的论说都能成立甚至横行，那么挥舞这把无敌之剑就成了一种巧妙的逃避妙计。因此，倘若有人不惮以恶意推测，恐误认为我在故意逃避查阅史实，一心躲避别人质疑推理方法是否得当。这对一种新的研究方法而言，无疑是重伤其信用，带来巨大损害之事。为了防止此类事发生，我们需要推开一扇门。因此，我决定抓住这次机会。

接下来面临的问题在于如何收集资料、调制标本。我将大量的新闻报道作为最有望的资料收集地，这绝不是作为新闻人的偏颇。古今无一物能如报纸报道一般反映时世，而且其中所报道之事同时为数十万人所知、所关心。人们如从同一显微镜观察同一标本一样，达成广泛共识。如果能以此为基础，那么

自 序

结论或许不求自得。为此，一年之间我读了全国各府县的报纸，并制作了大量剪报。此外，我还涉猎了过去六十年各地的报纸以资参考。

然而，我逐渐发现，即便报纸内容繁多至此，也远不如社会现实之复杂，报纸也只覆盖了其中一部分。过去发生的事情，若有记录则拥有了有力证据，但偏偏其中不少事实因为未被记录而无法自证。

报纸虽不似古来的史官一样有选择性地报道，但现实生活中最寻常的事物却鲜有机会登上报纸新闻，尽管我们的世相正是在多如牛毛的日常中一路向前。因而，只有那些在变化之风口浪尖的东西才会被收录，而其他诸多与之相对的部分，多而平凡，却只能靠这些被收录的例外来反射、推察。

因此，人们只能模糊地使用那些你知我知的事实，以至只能选用一些多数人见惯的、无须提示出处的内容，这也实属无奈。若时日允许，我原可制作标本，但实际操作后发现，结果只能是将尽人皆知之事说清楚。此处有待日后思考解决办法，总之我最初的计划在此处遇挫。报纸中自是需要各自领悟的东西更多，而能直接引用的内容少之又少。其他资料也尽是同时代人熟知之事，我并不想冗长赘述写给异国或后世读者。

若是让我再次作自然史的对比，或许我会把筱竹、松鼠、麻雀之类日日见惯的东西，仔仔细细写个透彻，好好做学问，直到人们都认可其中的细致严谨。但与此不同，世相研究仅是沿着拉

003

家常深入一步而已,如果我如此做,恐怕读者会认为我行事愚笨而不肯假耳与我了。

书中我用了不少评论式的写法,如若不然,我难让这世上的凡事吸引读者的注意。虽然是无计可施时的无奈之策,但绝非遮掩资料之欠缺。反而是资料已然收集过多,只因技巧拙劣而未能分成甲乙丙类,将其发展路径比较个一目了然。在这一点上,确实是我"Folklore"研究的失败。

另外还有一言,此书对以往传记式历史多有不满,因此特意未列入任何固有名词。因此,世相篇未谈任何英雄心事,只列了国中你我凡人若愿开眼侧耳皆可得之事,若愿潜心思考则任谁人都能想到之心得。因此,若有人将此书当作某个身居特殊地位的观察家的论断,意欲将其强加于人,那我必感到甚是苦恼。我并不认为自己拥有远见卓识的光环,倒是有着奇特的见解。但我认为以名讲史非堂堂正正之事,故而未为之。

恐怕有人会发来诘责,质问明治大正新世相为何仅限于此。其实,相信大家也早已深有同感,最近的所谓摩登现代,我也是苦恼于此的一人。书中未提,大抵原因有三:一则我写作不周,二则另有专家大家,三则论断难下。现今城市提供了过多问题做素材,故而我有意控制数量。

从人数和利害而言,可以多谈一些乡村事物,而且乡村中多有将书籍当作回乡礼物之人。因此,自然会更加倾向于他们。与此相对,也可以为都市的人们出一些地方相关的书。无论如何,

自 序

书的问题依然存在。书中内容松散,未及写入各地方细处的状况。虽然如此,仅出一本引导读者的书也绝非我写作之初的愿望。

在此书编纂过程中,蒙中道等、樱田胜德二君大力支持。未能交出满意成果以答二君之情,是我一大憾事。

昭和五年十二月
柳田国男

目　录

第一章　眼观之时态 ……………………… 001
　　一　新"色音论" ……………………… 001
　　二　染色与禁色 ……………………… 004
　　三　幻化现实 ………………………… 006
　　四　牵牛花预言 ……………………… 010
　　五　从棉到人造丝 …………………… 015
　　六　对流行的误解 …………………… 019
　　七　何为工装 ………………………… 023
　　八　足袋与木屐 ……………………… 028
　　九　时代之音 ………………………… 032

第二章　食物的个人自由 ………………… 036
　　一　村之香、祭之香 ………………… 036
　　二　小火锅与火锅 …………………… 040

001

三　米饭今昔 …… 045

　　四　吃鱼新法 …… 049

　　五　蔬菜与盐 …… 053

　　六　糕点与砂糖 …… 058

　　七　新日本肉食 …… 062

　　八　外出就餐 …… 067

第三章　**住房与感受** …… 072

　　一　弱不禁风的房屋 …… 072

　　二　仅容旋马中修炼 …… 074

　　三　从纸到玻璃的进化 …… 079

　　四　卧室与棉被 …… 083

　　五　地板与客厅 …… 086

　　六　出居的衰微 …… 090

　　七　木材浪费 …… 093

　　八　庭院艺术的诞生 …… 099

第四章　**风光变迁** …… 102

　　一　山水与人 …… 102

　　二　都市和旧迹 …… 104

　　三　海之远眺 …… 108

　　四　田园新色彩 …… 112

五　从山口到阡陌 ………………………………… 115
　　　六　武藏野的鸟 …………………………………… 119
　　　七　家与动物 ……………………………………… 124
　　　八　野兽的交涉 …………………………………… 126

第五章　故乡、异乡 ………………………………………… 130
　　　一　活跃乡村 ……………………………………… 130
　　　二　他乡来客 ……………………………………… 133
　　　三　初识异乡 ……………………………………… 138
　　　四　眸中之光 ……………………………………… 141
　　　五　地方抗争 ……………………………………… 145
　　　六　离岛深山 ……………………………………… 149

第六章　新交通与文化传播者 ……………………………… 152
　　　一　人力车的发明 ………………………………… 152
　　　二　自行车进乡村 ………………………………… 155
　　　三　火车巡礼 ……………………………………… 158
　　　四　水路变化 ……………………………………… 162
　　　五　旅行与商业 …………………………………… 165
　　　六　旅行之道衰颓 ………………………………… 169

第七章　酒 …… 173
一　无酒不社交 …… 173
二　酒屋 …… 177
三　浊密地狱 …… 180
四　无酒日 …… 183
五　酒和女性 …… 186

第八章　恋爱技术的消长 …… 190
一　非小笠原流的婚姻 …… 190
二　高砂业的沿革 …… 194
三　恋爱教育的旧机构 …… 198
四　临时盟约 …… 202
五　殉情文学兴起 …… 205

第九章　一家永续之愿 …… 210
一　一家之长的束缚 …… 210
二　灵魂与土地 …… 212
三　明治的神道 …… 215
四　士族和家庭迁移 …… 219
五　职业的分解 …… 222
六　家庭中爱的成长 …… 226

第十章　生产和商业 ······ 231
- 一　主业与副业 ······ 231
- 二　农业的优势 ······ 235
- 三　渔民家业的不安 ······ 240
- 四　生产过剩 ······ 243
- 五　商业的兴趣和弊害 ······ 248

第十一章　劳动分配 ······ 252
- 一　务工劳动力的统筹 ······ 252
- 二　家的力量和迁居 ······ 256
- 三　女性劳动 ······ 258
- 四　职业女性问题 ······ 261
- 五　亲方制度崩坏 ······ 264
- 六　海上务工人的未来 ······ 267

第十二章　贫穷、疾病 ······ 273
- 一　零落贫苦 ······ 273
- 二　新的灾祸 ······ 276
- 三　了解疾病 ······ 279
- 四　医者的束缚 ······ 283
- 五　孤立贫困与社会病 ······ 287

第十三章　群体心理 290
　　一　组合与自治 290
　　二　从"讲"到"无尽业" 294
　　三　青年团和妇人会 297
　　四　流行的种种体验 301
　　五　运动和人数 305
　　六　盲从心理 307

第十四章　出类拔萃的力量 311
　　一　守望英雄 311
　　二　选手培养 315
　　三　亲分割据 318
　　四　落选者的前路 322
　　五　恶徒衰运 326

第十五章　生活改善的目标 330

附　　录 337
　　解　　说 339
　　写在《讲谈社学术文库》发行之际 348

第一章 眼观之时态

一 新"色音论"

世人所能明见之世道变化,至今已有过几轮。历史,不仅在于追寻并记录远去的过往,对于多数人来说,连接日渐淡去的旧痕迹与眼前的新气象,理出个共通脉络,同样是历史的职责。然而,正所谓当局者迷,要身处历史洪流中的人看透当今世道之全态,实属不易。

隐士如鸭长明①,逸者如吉田兼好②,确实做到了达观天下,却始终没能把这份超脱传授于世人。对历史抱着敬而远之、远而疏之的态度,而策划繁复的计划,不亲民,也无法及时应对瞬息万变的世态。此实为憾事。有没有再浅显易懂一些,令人尽可一

---

① 日本镰仓初期歌人、随笔作家,著有《方丈记》《无名抄》《发心集》等。(若无特殊说明,本书中脚注、随文注均为译者注。)
② 日本镰仓末期至南北朝初期的和歌诗人、随笔作家,所著《徒然草》与清少纳言创作的《枕草子》并称为随笔文学的杰作。

试的方法，能够让历史如一面小镜，走进我们的寻常生活呢？

首先，我们不得不略做尝试。江户在东海之滨诞生时，时代也即将翻过一页。日本子民厌倦了长期的兵荒马乱，个个瞪圆了眼睛，争相一睹这和平的新生京城，领略新世态的风采。无数文人舞文弄墨，往来之间，一册假借进京观光的奥州乡人之口，题名《巡游吾妻》①的观察小记留存下来。

当然，以时下的标准来评判，三百年前人们的心态实在悠闲得奇怪。说起当时关东的流行物之种种，庭树以山茶花为上，养鸟当属鹌鹑。不分贵贱，所到之处皆以此类为贵。记中大篇幅赞颂鹌鹑啼声风雅，山茶花花色艳丽，无出其右者，故又得名《色音论》。不过，这或许仅是文章的一种风格，毕竟就算在尊平淡朴素为信条的武家社会，也难以简单地将文化统一。

个人精神变化的表层体现，之于生活在同一时刻的人们的感受而言，必是变化多端。以山茶花和鹌鹑，这两样细微之物作为文化的代表自是不可能之事，况且二者的流行历史尚浅，是能拿来与于昨日堪堪成为历史的状态进行直接对比的事实。记中作出这样的评论，恐怕是未待旁人指导，就搭上几位志同道合的同伴，写下了自己悟出的历史变化路径，写下了自己经历过的历史。

此方法虽因其泛用度低而常受批判，却值得在各个必要的领域内付出努力一试究竟。如此，至少在自己掌握的现实领域内，

---

① 吾妻，又写作"东"，江户时代从京都（关西）来看，"东"指江户。

第一章　眼观之时态

面对局外人的文明批判家时，我们才能不至被批驳得哑口无言。三百年前的《色音论》写得容易，但这种将眼之所见、耳之所闻如实记载的态度值得一学。即便身处昭和最为复杂的新世态之中，我们不妨也尝试秉承这种态度，放眼新历史。这正是本书编者的第一个提案。

下一个问题摆在眼前，那就是我们的体验要朝向哪一个方向。不过必须舍弃"历史就是诉说别家的故事"的想法。面对不同的事，人们时而是局外人，时而是参与者。毕竟谁也无法保证诉说者能够始终保持"他人"的中立角色，而不会成为事迹主角，何况猜忌和好奇乃人之本性。本性在，纯粹的"他人的故事"就少之又少。

时间越接近现代，这个问题覆盖的范围就越广，参与氛围也更为浓厚了。而其中与寻常百姓关系最密切的问题，就是国民的生活方式发生了怎样的变化。因此，国民很自然地从最多人能同时参与的体验开始，进而深入开去。衣食住行纵使平凡，却始终是百姓的第一大事，每个人都对此抱有极大的关心和兴趣，同时自身也具备足够的知识储备。将这些也并入历史，则既能作用于社会，又能满足自身的需要。

即便文化的时代面貌不能展示其全部，至少国民生活的主力始终在向其倾斜，最终它留下的痕迹最为清晰。那些无人总结却尽人皆知的事实，跟随历史的车轮滚滚而来，却并没有什么需要我们广而告之的。我们只需要把它们当作朋友的事，不吝指点的手指便可。这样，人们得以反复审视万事万物，若一个人看错，会有千千万万人来纠正。而这就是当代的新"色音论"必须浓墨重彩地刻画色彩和物的理由。

二 染色与禁色

报纸时常能帮我发现一些有趣的事。前段日子，在大阪有一位有"当代泽市①"之称的盲人得幸复明。有人问盲人道，时隔八年有余重新开眼看世界，对什么感触最深，答曰：女子衣裳变得格外多彩艳丽，甚为吃惊。既居住于市井之间，纵使失明，总归是听过街坊邻居关于花色的一两句闲谈，并在心里描画过此般景象吧。可即便有这样的心理准备，一旦亲眼所见，依旧未能免于惊诧。

诚然，单单一个人的奇特经历并不能成为有力的参考。但假使我们闭上眼，回想起浦岛太郎时代的景象，恐怕也会为前后两个时代间的差异所震惊吧。从明治到大正，不到六十年的岁月间，变化不可谓不大。而世人却对此熟视无睹，认为理所当然，便自然无法化身为这位盲人，领略这一心境了。

色彩挣脱了莫大的束缚，才终于为众多年轻人的妆饰所用，色彩的解放是近代思想大解放的一部分。过去人们只有在幻想中才能描绘斑斓色彩，如今不仅让它们尽数成为现实，还凭着想象

---

① 泽市，明治初年净琉璃作品《壶坂灵验记》的主人公，座头，得观音之恩复明。

所不及的颜色种类，让美丽的造物超越了我们的幻想。这个变化绝不仅仅是"程度"上的进步。

日本素来被认为是色彩极端贫瘠的国家。坐落于天然色彩如此丰富的海岛，其语料库中用于表达颜色的词语却少之甚少，想要对细微差异作出区分，则不得不借助外来语才能实现。进入明治时代后，即便加上这些借来的词汇，常用的色彩词汇尚不足四十个。然而，在这个水资源丰富、日照充足的岛国，无论是苍翠群山的秋冬春夏，还是碧海苍穹的晨光宵星，都有无与伦比的细腻鲜明的美的色彩。

这两个互相矛盾的事实存在，正说明我们能够用双手创造并装饰上身的色彩，与我们眼之所见心之所感的色彩，两者之间存在着巨大的数量差距。我们欲给这部分灰色领域一个复杂的定义——"天然的禁色"。而进入近代化学染料时期，这些"禁色"无一不变成了百姓触手可及的色彩。

"禁色"同时也是国家制度。黄色被定义为象征皇室的颜色，紫色则为达官显贵们的特权，倘若穿到其他阶层的人身上去，就是触犯王法。虽然这些都是古老王国的惯常做法，但千百年后的今日，我们仍能轻易地洞悉催生"禁色制度"的缘由——即便在中世纪以前的社会，只要在时代的文化能力允许范围内，人们都渴望将尽可能多的天然色彩为我所用，这种对颜色的欲求与今日无异。

染色法是我们祖先最热衷，也是最想从外国人手中学成的技术之一。为此，高价染剂远渡重洋，成为流通量仅次于金银珠宝的主要贸易品。入手难、着色难的新品色彩自然而然地成为尊贵的象征，而禁止一般人争相模仿，不如说恰恰暗示染色工艺已经在某种程度上普及至了坊间。

自京都的财富垄断开始瓦解，俗称的杂户①也同时四散入乡间。形形色色的手工业者融入农民群体，在田野里讨生活。而染色师的出现相对较晚，并且与村落中的手染相争，即便到了近世开业门店有所增加，这种对立的状态仍没有得到改变。虽然散户染色师不能完全取代家庭染色，但已然足以动摇"禁色制度"的传统。

即便被限制使用某种色彩，庶民们仍然能够发动智慧，借助领域内专业知识，发明更加珍贵、更加高雅的替代品。正因如此，与黄金美玉不同，色彩的文化永远不会为一部分人长久独占。如若各条件具备，恐怕不待进入明治新世纪，"禁色制度"就早已瓦解，色彩的通俗化就已成为必然。但是，事实上抑制势力却仍存在，只是在多数人毫无察觉之间，这一制约已逐渐得到化解。

三 幻化现实

比起人类为自己套上的束缚，"天然的禁色"可要强力得多，

---

① 日本律令制下，从属于侍奉宫廷诸官司的手工业者团体。多为渡来人（移居日本的外国人）的后代，系大化改新前的品部民转化而成，地位位于良民之下。

第一章　眼观之时态

且这一制约残存至今。受限于财富和知识，直到不久前，仍然有相当数量的色彩是我们无论如何都难以驾驭的。纵使技术发展，能够轻易地仿制出这些"禁色"，人们又有所忌惮，不愿将部分颜色用于日常生活。即便不用法度去禁止，许多鲜艳的颜色和花纹也不会走进生活。

而生活的朴素并不一定是规划出来的结果。在江户后期，穿衣节俭告谕屡见迭出，与世间背道而驰者即便在山村里也并不多见。在东北地区的一个藩上，甚至连百姓该穿什么款式的衣服都规定好了。即便在没有着装制约的其他土地上，百姓仍旧自觉地不穿不合身份的衣服。说这是贫穷所致倒也言之有理，可即便他们罕见地富裕起来，也只在吃喝上毫不吝啬。或许是从众心理过重，讨厌标新立异吧；又或是为求生活安定，不愿断了经年累月养成的习惯。倘若我们对这习惯追本溯源，却发现似乎另有深意。

用于手工染色的植物大多采摘自山野，或散植于庭院边隅，可用品种之丰富、处理技术之先进，令人瞠目结舌。因此，生活中的朴素并非都是因为纯净、鲜明的色彩制作不出。当时的人们还会特意加上树荫之类的黑斑[①]，连条纹花样都尽可能往小里做。除了衣服，朴素的审美还体现在种种身边之物上，无论城镇还是乡里大抵如此。

种种迹象表明，与其说我们的色彩贫瘠，不如说是特意没有

---

① 陈年的衣服、家具，或者上了年纪的人皮肤呈现的昏黑色印迹的状态。

007

去丰富它。出身于天然色彩如此繁复多变的国家，人们体味其间奥秘，记忆其间玄妙，能应时而用之。而就是这样的日本人，却有着那样的品性，听起来可能有些不可思议，但转换视角就会发现，这或许是因为我们的祖先自古以来就对色彩感觉非常细腻吧。

最初，颜色无一不是人类从天然存在中学来，大体可以分为亘古不变和消长无常两种。地上的花卉、秋叶、春夏的新绿，美丽的东西无一永驻，这是万物之法则。蝴蝶和小鸟的翅膀有时会生长出人工无法企及的绚烂颜色，自古便有说法，称它们的来去传递着桃花源的讯息。

火常常被认为是灵异的，根本原因自然是那难以模仿的光和色。天边乍现的彩虹更是令洋海之滨的住民又惊又喜，中国以"虫工"①造字来指代这种天象，而日本又认为其是神蛇变就的庞然大物。此外，黄昏的天空颜色"天之红"②，抑或破晓时分徜徉天际的绫罗般的祥云，都是只可远观不可亵玩的尤物，其带来的感动也更深一层，因此自然就有了圣俗有异。不能将其用于俗世生活也有缘由。

我们绝不是没有发现色彩的多样，而正是因为过于深切地体会到神奇之处，自古人们反而忌惮起来，刻意避开这些最为鲜亮的存在。对此，人们应是颇有触动，特别是处于从孩童向大人过

---

① 原文为"虫扁"，即"虫字边"。
② 黄昏时天空呈现的红色，或指火烧云。

渡期的青少年对此尤为敏感。人一生中总有二三无法忘怀的深刻印象，它们通常都与异常的心理动荡有关。这会对个人的品性有何影响，又会通过基因将什么融入种族根性呢？这姑且留待不断进步的生理学去探讨，但至少可以说，对于日本的国民，从古至今积淀的梦与幻的素材非常多彩，且有迹可循。

我们往往在恍惚间，看见极为细致的五光十色，或深或浅地编织在一起的景象，我找不出合适的语言来确切表述，只得勉强用上"纹样"一词，姑且求得心领神会。而绘画、纺织技术传入之后，人们并没有立刻将其引介入日常生活，而是怀着崇敬之念对待它们。而这并非由于智能分三六九等、贫富阶层差距造成的滞后。佛教把宣传的主力放在打造金碧辉煌、庄严肃穆的堂塔上，不消说，这也是一种无意间的精妙。在天然色熏陶中孕育的国民宗教之心，一旦受到异常色彩的激发，就变得喷薄欲出、意兴盎然。

只要这两种色彩仍各自存在，不论技术如何日新月异，人也不会轻易产生触犯"禁色"的想法。亢奋这种情绪就像平野上的一座孤丘，没有亢奋的人生不免了无生趣；而屡屡攀爬又会为疲劳所扰，难以继续前行。因此我们面对鲜艳的、光怪陆离的色彩时，即便知道这是天地的馈赠，还是各自爱着如树荫般沉静的颜色，追求着寻常之日的平和。

为什么说是人们主动退避，而不仅仅是某种染料自身带有的限制，可以举纯白色的例子来探知。现在我们环顾四周，连厨房里穿的围裙都可以是白色的，但在很长一段时间内，白色都被认为是一种不可冒犯的颜色。过去的日本人除了在祭祀和丧事的日子外，根本不会身着白色。原本为了将婚礼和生日从寻常日子中区分出来，也会特意穿上一袭素白，但终究出于避讳的考量，逐渐弃之不用了。总结道：白色过于显眼，又清冷无瑕得过了头。

而一些别扭的限制得到解除，首先归功于现代人意识到异国习俗的传入利大于害，更重要的则是因为"亵"（非正式）与"晴れ"（正式）的界限混乱，曾经难得一遇的"亢奋"变得寻常，也逐渐无关紧要了起来。事实上，现代人几乎每时每刻都在亢奋，于是稍稍感到疲乏，就怀念起曾经的苦涩来。

四 牵牛花预言

这次我们换个角度，从服装和日常用品撇开视线。爱花之趣素来"朝三暮四"。樱花作为日本的国花由来已久，每逢春天人们便登高赏樱，又称"花见"。到了杜鹃、紫藤、棣棠争奇斗艳的四月初旬，村子便依据古来习俗，折花插于井端，抑或用于装点细长的船篙，举办祭礼。到了初秋又得忙活一阵子，野山之层林织锦，折下一两枝植于盆中，以祭奠亡灵。冬日则在门口放置常青树，效用大抵相同。

除却栗子和麻栎这些低调的果子，大凡屋外的鲜丽花色，都常激起我们心中波澜，惦念起庆典节日来。究竟是美的体验在先，还是庆典的气氛催熟了对美的感知，尚且无从得知。花木进

第一章　眼观之时态

入庭前供赏，与美酒最终上桌待品，其过程一般无二。

正如天岩户①的故事传达出的信息——"有趣"已经成为人们共同的感动之源。一时的幸福能够长久留存于记忆之中，因此越来越多有资力的人便在庭院里种植花木。"前栽"原本指农家的蔬菜地，现在又指上流人家在庭院里种植野生花草。时光流转，中国植物渡洋而来，宅邸内的色彩也变得不再单调，但即便如此，在接下来的很长一段时间里，普通民家仍旧未能欣赏个中趣味。

江户时期曾大为流行的山茶，也是当今人们难以想象的大事件。虽说山茶是土生土长的树木，原本盛开于山野或供奉神明。如果忽略季节的宗教意义，山茶也只能落得个无人欣赏的处境吧。然而，随着新品种的流入和新栽培方式的采用，山茶的变种花如雨后春笋，这已经是令人百思不得其解的事了，而更不可思议的是，城市里却只将其看作观赏物，每家每户都摆上一两盆。

也难怪当时的乡下人会震惊。可震惊之余，越来越多的人感受到其中情趣。养山茶走向颓势，而山茶花、木瓜花等汉字名字的花木舶来，短短百年，日本的园艺就变得缤纷美丽了起来。同时，园艺在上流阶层中走向衰落，不知从何时起被"圈外"的庶

---

① 天岩户，日本神话中的一个地方。传说素盏呜尊去到高天原后，四处惹是生非，令他的姊姊天照大神愤怒至极，决定把自己关进天岩户里，令整个世界日月无光。高天原的众神于是在天岩户外载歌载舞，又献上八咫镜及八尺琼勾玉，天宇受卖命则露出胸部和阴部跳舞。天照大神对外面发生的事感到很好奇，便将天岩户开了一条缝偷看，天手力男神便借机将天照大神从洞里拖出来，世界遂重新恢复光明。

民阶层所接替。迄今为止的历史学家总是将这个转变归结为单单一个原因——海外交通的开放，而我见未必，毕竟此前也并非完全没有流入的途径。

比起客观原因，影响力更大的是人们追求心理变化——将花草随意地种植在庭院中，不也甚好。最近外国旅客的见闻手记中，每每可见感慨日本人热爱花草。即便是小农家庭十坪①、二十坪的空地，也一定要在身边种上应季鲜花。皆说日本人与环境相处友好，但这种说法其实只对了一半。我们对花草的热爱始终浓烈，但动机却在不断变迁。现在，但凡有老人的家庭，总是缺不得菊、千日红、大丽花，有些人以为这是用于供奉大佛的。人们因为田地里没有美丽的花盛开，城市里瞧不见花店的花，而寂寥地感叹没有能用于上供的花。而这种怅然到了秋天又尤为明显。

流行的开创者可能只是出于娱乐的目的，而普及开来则一定有非他不可的理由在。俳谐寺一茶②有名句曰："彼时天真直欲折，今朝佛前献红花。"③ 连可爱的孩子也只有成了佛，才能为其摘取这株红花。信仰心逐渐淡薄，才终于促成闲人进行大规模的花植。当然，近代以来，外部的刺激也着实推波助澜。

---

① 日本面积单位，1 坪约等于 3.306 平方米。
② 指小林一茶，江户后期的俳人，幼名弥太郎，名信之，别名俳谐寺、苏生坊等。
③ 译者自译，原文为"手向くるやむしりたがりし赤い花"，为小林一茶痛失爱女后所作，意为"你曾经想要摘来的花，如今终于供奉给你了"。

第一章　眼观之时态

其次，西洋的花草几乎一时间蜂拥而至，这是明治时代的一大真实历史。当今近百种片假名标注的花，几乎都是那个时代的遗产。这也并不能简单归结为花植是最易模仿的西洋文化，因为改革初期劝农寮积极推行了奖励、援助政策。其中当以北海道的美国式农政为最甚，他们给开荒者异国的鲜艳色彩作为慰劳。这就不难理解了吧。

或许在当时，农村生活的寂寞单调因种植花卉得以排解已经广为人知；同时，人们又没有意识到这已然成为世态面貌改变的一大分界。倾心莳花弄草的理由在此之前就多种多样，而到了现在则愈加倾向于观赏目的。最初，国内人气最高的是妇孺皆知的千日红、百日草之类花期较长的植物。它们没有别样的花姿，只凭其易得而深得人心。

新品种不断增加，珍贵的花儿一波又一波地亮相市场，赏花不再需要苦苦等待，怜香惜玉的心境都变得寡淡，花卉与季节的关系终究是断了。每日向家中的佛坛供奉鲜花是近代主妇的美德之一，但为此不惜折下家中一枝独放的花朵的热情却消失了。而祖先们看着新绽开的蓓蕾时感受到的激动，我们已经无法再体会，其中的乐趣也化作凡庸日常。我们的民族就是这样与色彩交涉，并最终定型。

花草当中，牵牛花对日本的色彩文化影响尤为深远。其他适于园艺的花，艳则艳矣，大多色单而类少，唯独这株蔓草（牵牛花）几乎把各类颜色染了个遍。有时甚至会冒出连种植者都不曾

013

设想的花样，它们极限而肆意地实现了人类的幻想。

这一成就大多在日本国土内，且是百余年来国人一力修得。如此想来确是件愉快的事。史学家认为牵牛花从中国传入，而事实上，气候温暖的南部海滨早就天然生长着这种植物，受教于中国的是牵牛花果实的药用方法以及汉字的写法。如今，花卉品种改良已然停滞，转而争相改造花叶形态。但在过去，确实曾有过以牵牛花的花色争奇斗艳的时代。

大约在江户末期至明治前半期，虽则在所谓的专业人士圈内牵牛花已经不再受宠，各种奇特的花却在各地普及，人们尽情尝试自己想到的杂交和选种法，想要培育出从未见过的花色，其中一部分人获得了成功。当时人工染料发明时日尚浅，技术还有诸多束缚，不消说柿子、黑鸽等难以命名的珍奇颜色，又或者红、紫、蓝、水色等艳丽的颜色，牵牛花连扎染的效果都开得出。花造色之精妙可谓领先于工艺家数步。

至今还未有人能言明为何只有这种植物（牵牛花）遂了人类的想象。当然，或许只缘于一场邂逅，我们得幸早早地发现了它，并倾注关注和热情。人们无意识地为未来将掀起的次世代色彩文化夯基铺路，将这些微妙的天然色彩日常化、平凡化。牵牛花的园艺充分地向我们证明了一点——过去在表层的、阴郁的钝色的包围之中一手制造无为生活的国民们，其内心深处潜藏已久的对色彩的理解和感觉却也强烈如斯，也为了今日的真相大白，一点一点地做足了准备。

五 从棉到人造丝

每当谈起日本的纺织技术时——包括我——总会提到"模仿",或赞扬一句"青出于蓝",而这其实是不准确的。我们只是没有发明纺织技术的天时、地利、人和,才不得不假手于他国,此甚为可惜。可在色彩的进步上,我们同样有着不输于他国的素养,足以做出一份贡献。其他万般学术也是同样道理,将学术化而用之与始创学术的智慧并不相同。自古接受自然之恩惠,在自然中得到历练的我们,究竟能否承担起引导未来世界的色彩观之重任,现在还无从得知。至少,历史研究使我能够抱有如是期望——将来定能比当下前进很大一步,因为还有很多事等待我们去了解,值得我们去思考。

当下的环境有利于我们发展技艺,将来尚不可知,可至少目前有不少值得庆幸的事。就拿日本人对颜色的喜好来说,一方面受到过去的精神生活的影响,将素雅领略到了极致,同时又恰逢化工色素[①]的运用兴起。在两类色彩间的界限开始变得模糊之后,动摇季节信仰的诸多观赏花草才走进人们的视线。正如牵牛花栽培的适时流行,棉花的引进也恰逢其时。

棉花种子是在山城[②]之都的第一代期间,自三河[③]海岸登陆日

---

① 阿尼林,别名苯胺,工业上由硝基苯还原制得,是染料、医药和化学药品的原料。
② 日本旧国名之一,五畿内之一,相当于今京都府的东南部。
③ 日本旧国名之一,相当于今爱知县中东部。

本的，但在哪里栽培、用于何处，至今没有定论。第二次传入则相隔已久，是在俗称南蛮贸易的时代，意外的是，这次传入的棉花在很长一段时间内都没能广泛流行。而各地域的棉花种植规范化通常被认为是在江户后半时期，不久后的享保改革①正式规定了棉花的年贡算法。在此之前，棉花一点点地扩大知名度、提高声誉，突然被大规模推广种植，理由不仅是纺织技术的进步，更是染色界的新发展。

种植蓼蓝②的起因已无从考证，但至少能够推断出，由于家族手工染色在处理一些工序时面临困难，其实用推广一定归功于专业染坊。至于素体，能够最大限度地发挥藏青色染剂特征的当属棉花，麻布和贳布③之类虽也能着色，但效果终究不能令人十分满意。如此看来，民间服饰呈现出以藏青色为主基调的新倾向，蓼蓝染剂和棉花——这两种作物的协作引领功不可没。虽然这段流行为时短暂，可蓼蓝的清香与棉花的触感，常常令人怀念。

同时，郁金黄、桃色等只可以在棉花上着色的新颜色也开始受到日本民众的喜爱，从各地的民谣小调中能够窥见一斑。无论我们内心的色彩感觉如何纤细丰富，若是身着麻布也很难将其展示出来。棉花的流行正如打开了一扇门。我以为在各个民族中，

---

① 江户幕府第八代征夷大将军德川吉宗在位期间的幕政改革。
② 蓼科一年生草本植物，原产地中南半岛，高约70厘米，因可提取蓝色染料，故从很早以前就在各地栽培。
③ 细麻布。

棉花的推广史中都有许多值得纪念的事情。

在山本修之助①先生收集的民谣中,有一句盂兰盆舞曲唱道:"科布衬裙紧紧掠过小腿。"② 科布是指用椴树树皮织成的布匹,当时世人基本都能穿上麻布衣裳,但有些地方却连浴巾都只能用科布替代。这种布料能够使穿着它的人皮肤变得紧实,但触感粗糙,穿着不甚舒适。然而,当人们习惯了棉花包裹在身上柔软温润的感觉,健康和心情自然也受到影响。我认为,日本的年轻男女普遍对事物敏感,头脑灵活,或许正是源于近代以来棉花带来的影响。

事实上,日本人在棉花的使用上曾一度举棋不定。脱下穿了千年的传统麻衣,一任新鲜陌生的衣料上身究竟是好是坏,绝不是能够轻易定夺的。海洋气候国家的夏季格外多湿,必须在衣料和皮肤之间创造多个三角空间,每每轻摇蒲扇遣散闷热,微风透进道道空隙里,促进汗液蒸发带来一丝清凉。这是只有韧劲十足的麻丝织就的衣服才能实现。

棉花柔和,却束手束脚,不适宜春秋两季在外做活计的人。人们或许钟情于新鲜的染色效果,却难以忽略这些不便,而且爱给棉花涂上厚浆,每每洗涤都将其打平,以寻回旧来的麻布衣的

---

① 山本修之助(1903—1993),佐渡(日本旧国名之一)的乡土史学家,俳人。
② 佐渡岛民谣,该岛海府地区将用椴树树皮的韧皮纤维织制成的女士衬裙叫作"はだそ"。

触感。纺织方法中绉绸①在日本格外盛行，也体现了一国风情。后来工业生产的棉花布匹风靡全国，如此一来平民终于能在市场上购买到布料了。想来制作这些布匹的素坯也是需要大量人手的吧。

麻的另一个优势在于耐用，这一点日后反倒成为麻布不再受欢迎的一个原因。越是显眼的颜色，越是容易留下深刻印象，也越容易让人腻烦而时常想换上一换。既然总归要换掉，不如索性选择不那么耐用的棉花。各年龄层的喜好、各不相同的习俗也由这个时代源起。说起来，好像罕有其他民族能像日本人这样持有数量如此之多的衣服。不过，虽然嘴上说着多多益善，但也不乏好不容易收集来的宝贝最后落得压箱底的下场。

我们世袭的民族根性中还有比这更无益处的习惯——对丝绸的过度崇尚。棉的使用方法也因此有些偏离正道。中国曾流行过以蓄甲为美的风潮——虽然指甲本身绝非美丽之物。劳动人民不可能留着长甲，于是指甲变成了坐享其成者趋之若鹜的阶层象征。相比之下，丝绸要美上许多，但也与指甲同理，是作为非劳动者的象征才显得独特。

时至今日，染色已然走进日常生活，但彩色丝绸依然被视为上品，以至于市面上仿制品盛行。金布（阔幅细布）的传入和受人喜爱，或许源于物以稀为贵，又或许归功于它的名字与丝绸有

---

① 绉绸，或称绉布、绉纱，整个布面上有细绉纹的织物。越后绉绸、明石绉绸等在日本较为有名，多用于做夏季衣服。

几分相似。[①] 唐丝（机械纺织棉纱）虽不耐用，仅因其细作而得到普及。即便没有明治二十九年（1896）国家全面废止棉花关税，过去短粗的本土棉花也逃不过被取代的命运。

随着纺纱工艺在日本的蒸蒸日上，人们对棉花的感觉也发生了明显的变化。已经没有人再去计较洗涤时打浆的强弱，衣服都变成了带着微微湿润的触感轻贴于皮肤之上的子料。也是从这一时期起，女性的温和可爱具现为目之可及的打扮，让她们在人群中更吸引目光。由此，活在他人目光之中，对什物黯然神伤的思想倾向大行其道。

六 对流行的误解

一国的国风是什么，这个问题很难回答。就比方说，纵使一个民族曾在服装上达成过共识，到了如今这个时代恐怕也早就将古老的约定一笔勾销，众人趋同的愿望却逐渐占据人心。类似的现象在久远的过去或许也曾有发生，又或许是时有发生。麻布诞生伊始，因其取材天然、用途广而备受人们喜爱，纺织技艺也在此基础上得到发展，工艺的精巧程度令人震惊。谁料此后麻布反倒败于优势，因不再适用于新的生产经营策略而惨遭淘汰。

过去，评判农家妇女勤劳的标准与现今不同，那时的她们怀揣无与伦比的热情纺织神和男人们的衣服，一针一线织就麻布，

[①] 丝绸的日语发音为"きぬ"（kinu），而金布为"かなきん"（kanakin）。

宛如将她们的一生镌刻上纪念碑一般。可要是把成品放到市场上，标价却远远不敷辛劳成本。相比起来，新衣料却是那么易得。于是，即便在仅靠产麻糊口的寒冷山国里，大势所趋，人们也降低麻布产量，转而购入二手棉花衣服，或者直接购入二手棉花重新捶打、整理平整再出售，甚至原先的纺织机器都只能被遗忘于角落。能够预料至此、不赶时髦者，无一人尔。如果说这是一次机遇的话，那么要追溯到村人的心态——他们并没有坐等好事敲门。

无须特意发挥想象力，我们色彩的历史总是不可思议的，同时映照着文化的时代特征。棉花产业在日本刚刚兴起的时候，走进生活的新颜色一只手都数得过来。过去的人还在为衣服上极为朴素的颜色而兴奋，那模样在现代人看起来或许有些好笑。即便如此，正绀色①的香气仍常使我们怀念。条纹自外国传入后流行一时，辅以国人之喜好，恭谨地织入华彩丝线，就此成就了在这个国家里鲜有的色彩发达。

丝绸的条纹纺织历史久远，但随后人们又纷纷追随棉花工艺。而后，在与尚没有条纹纺织技术的国家展开交流时，我们反而努力将棉花做得像丝绸，又或者像毛皮织物了。同一时代里，种种织物纷纷登场，让我们的印象里有了"绵"这个字。其中棉法兰绒还惹出了不少逸事。

国人对素色和花纹颇有期待，奈何关键的染剂却难以入手。

---

① 用相对于人工蓝而言的天然蓝色染就而成的颜色。

只得用次品替代，于是衣服过不了多久便褪色变浅，加之布料本身质量就差，人们不免咋舌，怀疑为何要如此不讲究。不久后，在外国的支持下，几种常见的颜色终于穿上了身，但这终究不是靠着自己的能力得来的。

在世界大战期间贸易断层的影响下，日本自身能力不足的弱点暴露而出。从国内的生产厂家从上到下的慌乱场景，就能猜得一二。于是，从中央到地方各尽其能，大正四年（1915）颁布了"染料医药品制造奖励法"，一时间在全国掀起波澜。这个时期的制品不仅填补了一时的空窗，更在磕磕绊绊中开拓了国产染料的前途。贸易停滞提供了发展国产的契机，这不正与当今思想界有些许相似之处吗？

循着毛斯纶①工业急剧发展的痕迹，不难发现其历程与人力车有着共同之处。由传入之初的模仿，到紧随其后的日本特色化改造，最后甚至变成独此一家的特产。此外，它究竟在何种程度上融入国内的生活实际，今日我们方得一窥究竟。生产原料羊毛能否由国内自给自足还尚不明确之时，直接投入生产确实显得有勇无谋，但至少山民与棉花的经验时刻警醒我们——时不我待。

总而言之，不为之不仅经济受损，也无法精确地满足国内同胞们的要求。毕竟他们的偏好自由随性，时时变化。待风潮稍退再回头看，流行的弱点又那么一目了然。例如，毛斯纶衣物容易跑毛，只能作为时限一年半载的消费品，等到新鲜劲儿过去，人

---

① 平纹薄毛呢，薄而柔软的毛织物，经素染、友禅染、印花等用作布料。

们纷纷积累了经验，各家便学会了根据衣料的特点调整预算。用一句话总结现在的世道：即便是连一只羊也没有饲养过的人，也能取了羊毛纺织成衣裳。

自不必说，为了解决将来人们该穿什么的问题，最重要的参考资料当属历史。曾被作为玩具的毛线普及、变化更加显著的厚毛线衣增产，尤其是染色应用技术的进步，这些都是以过去十年内的薄呢技术为苗床发展起来的。从这个角度考虑，过去的一切尝试都不会是毫无益处的试验。而问题在于，试验中途冒出来的一个个噱头感十足的"理想的""完成品"等宣传语究竟值不值得信任。至少在这个问题上，"生活改良学家"的说辞就显得些许草率了。

人造丝和丝绸，虽是新旧织物的两端，也会在这个意义上被再试验一次吧。丝绸诞生于我们几乎忘却的久远过去，依然无法断言它的适合人群，同时又出现于时代末尾，很难说它能满足各个阶层的需求。流传已久的东西都自有其用途，遑论新发明之物了。我们不得不做的就是根据作用划分领域。整体上来看，除了应季需求之外，人们对丝绸的期待千差万别。人们对成衣竟多有将就，但能够抛开颜色和形状，从其他方面考虑丝绸及其价值的人少之甚少，这一点非常遗憾。

其中，颜色便是近百年来国民的共同研究课题，因为进入明治时代后天然和人工的"禁色"解禁。色彩之自由迷惑了我们的眼睛，人类已经不能再回到过去狭隘的井底了。莫不如再试着前进一步，先了解问题的轮廓，再慢慢由浅入深、触类旁通。画家和田三造①的色彩标本包含五百种，将其增加到一千五百种又如何呢？就足以囊括一切颜色，编成一部色彩的大辞典了吗？

幸运的是，多亏了常年在时代幕后进行的演习，我们养成了空想出斑斓色彩的能力。将空想变为现实的学术也自然而然地向我们走来。即便处在世界诸国色彩交易的大染缸里，也能够自信于为之提供了足够多的珍奇之物。我们绝非苦于贸易逆差，不过是由于过度的谦虚才忽略了优势的一面。日本也正如太平洋上的其他岛屿国家一样，只是把被欧美服饰的流行趋势拖着走这件事，看成了自身弱点罢了。

七 何为工装

正如"洋服"② 一词已经自然地融入我国语言，它所指代的物品也早就日本化了。反倒是因为多数人对其的传入、发展历程有大致的了解，所以不管过去多久，人们始终无法摆脱洋服乃借来之物的看法。朝廷对礼服的第一次改制基本是直接照搬邻国风格，一个最典型的例子就是唐装，而精髓难解，终究是难以学到穿法细节。

且不论内里鼓动的心各自不同，仅从体型而言亦是如此。同一件衣服，靠枪术和弓箭术锻炼出的体型穿起来与他人一定不

---

① 和田三造（1883—1967），西洋画画家，生于兵库县，师从黑田清辉，代表作《南风》。
② 原文用片假名，写作"ヨウフク"。

同。八字脚也是影响上身效果的。那时，有人打扮得像牧师一样，整日穿着长礼服，或是从早到晚穿着燕尾服礼数周全……从那时起，类似于洋服的衣服就已经出现了。正式的衣服穿起来拘束，然不断参照原版进行改进，当它们变成常服之后就不能再将其看成是借来的东西了。渐渐地彰显自己的特点成为自然之趋势。服装发展至今，我们不断矫正自身来完成与新服装的调和，这份纯真叫人不胜感慨。

洋服的推行既是时代的潮流，也是生活的要求，尽管这对一部分人来说可能是有些过于激进的决断。一个典型的例子就是兵装。军队早在明治四年（1871）就开始寻找新式的工作服了，过于老旧的军装已经不再适用于新的局势。恰巧当时的劳动者也有同样的苦恼，并在各自的领域内下足了功夫，最终也只是想到了把原先的和服分成上下两部分的方法。在那个时代，无论什么东西但凡添上个"洋"字就显得新奇，同时受到在正式场合身着洋装的群体潜移默化的影响，洋服风靡市井。但这种风靡并不是单纯的模仿，证据就是从洋服传入伊始就从没缺席过的改良。

例如，学生会在制服下面穿着木屐，在裤子上系和服腰带，中间夹着手帕，这种做法从三四十年前延续至今。而地方邮递员只有脚上穿着和式鞋子的形象深入人心。无论是士兵还是警察官，在投入最严肃的工作时通常都会对着装进行一些改良。夏天奔走在外的旅客下身穿洋服，在阵雨天气的泥泞中穿行时也会脱下鞋子打赤脚走路。

毕竟日本的气候风土不同于洋人国家，尤其在以水稻耕作为生的村落中，非要在非正式场合也穿着寒冷大陆国家的衣服，恐怕大和脚首先就不能答应。与其说是生活促使了洋服和化，不如说外来的洋服只是给日本的新式工作服提供了思路。

随着最近女式洋服的普及，这个推论也变得更加确凿了。即便不煞有介事地解释穿洋服是为了行动灵活方便，人们也不会将其与仅为凸显可爱的儿童服饰相提并论。越是对当下社会有着清晰认识的人越是明白这个道理。过去，想要参与劳动的女性却迟迟得不到适宜的工装，对比之下，今夕我们怎能不感到羞愧万分。当然，供女性穿的工作装要说有也确实有，毕竟在漫长的历史长河中她们的劳动贡献不容小觑，我们没有悠闲到可以不穿工装度过漫漫时光。

然而，在中部平原地区等地，女性工作服因某些原因被舍弃了。西洋国家的乡下常能见到女性穿着破旧淘汰的鞋服在田间劳作。与其相比，日本女性的盛装却有着与身份不符的数量，最可怕的莫过于其中一些是仅仅为了应付某一场合而特意置办的新衣。这个现象出现的原因之一是集体劳动变少，人们不再抵抗独自出门；而最重要的原因是衣服变得更容易入手，流行趋势更是不断推陈出新。

现今的常服曾是过去的盛装，也就是上流阶层女性外出时身着的款式。人们在街上没办法一直提着裙角，便用绶带把长袖卷起，折叠起大襟下摆盖住的沉重的裙撑，甚至还要时刻保持举止优雅。女性穿着这套行头坚持工作，现在想来实在是遭罪。

"洋服"的发现再自然不过。坐镇保守派的长老们之所以不得人望，不仅因为对飞跃式的进步持反对意见，甚至每每谈及此事就摆出一副要求大家都倒退回原先的工作装的态度。可一见到新旧衣裳的实物对比，任谁恐怕也不会唯唯诺诺地服从。过去的工作服在男女年龄上没有区别，而且颜色都不甚鲜艳，连名字都显得土气。按部位拆开来看，造型上似乎与新式的工作服没有太大区别，可过去把短上衣叫作腰切、小衣①，下半身穿的裤叫作劳动裤、毛坯裤②。唯一还能在城市里见着的工作服当属围裙，但也是细长的、垂在身前的款型，不同于以前乡下用横向的宽布往腰上直接这么一缠了事。系上围裙，手上戴手背套，下盘扎绑腿，冬天还要用一块大布折成三角，包裹住脑袋，脚上再蹬双草鞋，这就是以前最常见的乡村农民的模样。

夏天，赤膊也算是一种工装，但女性当然不能赶这趟流行。她们通常单穿一件无袖单衣配衬裙。这样朴素的一身在当时尤其受盛装女性排挤，却与当今的流行最有几分相像。只要换换颜色，改改花纹，稍稍变换一下裁剪方式，推出去说是日本的新"洋服"，定也没什么问题。实际上，工作服也彰显了各个时代别出心裁的匠心。无论是赶棉花的流行，还是刚刚兴起的将纪州

---

① 腰切，及腰的短半缠，作为工作服使用。小衣，短衫袢，半袖或无袖的、长至腰部的工作服，以麻布或藤布制成的单衣。

② 扎腿式劳动裤子，第二次世界大战中于日本全国盛行。

棉①用在衬裙、披肩上，随着可染的鲜艳颜色增多，裁衣匠们各显神通，让各个年龄段的人各有风采。

要说有什么地方没有发生变化，只有劳动本位的态度，以及自古流传下来的肩部、衣摆、领口和袖口处的细节装饰。又或者说——还有待今后改良的部分。要说当今推崇洋服的旗手们有什么不友好的地方，大概就是硬要否定本国的悠久传承，一口咬定是通过他们学得了西方的流行。于是，"为了多数人而将问题留待以后解决"的说辞，似乎并不是真的。

尚未解决的问题就在我们"脚下"。说起鞋子，这同样一直困扰着国外那些工作的女性。首先它价格高昂，其次无论穿着多么简单朴素的衣服，要想赶潮流、准确地搭配鞋子，就一定会影响工作。复活过去的木鞋也不妥，当然，或许以后他们来到日本，将日本木屐带设计学了去也未可知。日本人并不会过于在意它们变形破损，毕竟生在长在这样的土地和湿润的气候里，也不是所有人都能穿得惯洋人的鞋子。而橡胶长靴，则都是男人在穿，女性总把它们扔进角落，着实不妥。

还有一点值得注意，那就是鞋子与住宅的关系。在其原产国，除非双方关系非常亲密，一般很少会在外人面前脱下鞋子。然而在日本，玄关的正面就是为了和它"告别"而设计的。鞋子作为连接休息和工作场所的纽带，一日之内少说要穿脱十次二十

---

① 棉法兰绒的一种，明治初期产于和歌山。

次，而这也是拖鞋在日本如此普及的原因之一。

受西洋化影响的不单是衣服。要么木匠工艺从根本上改变，要么我们在楼梯口设置洗手池以缓解洁癖症，或者干脆连用手抓食物来吃的习惯都改掉，否则，鞋子就没有资格成为一般民众的工作服的一部分。虽然现代教育不断地告诉人们鞋子原本如此，不如放弃挣扎，但是单让劳动者忍受（穿鞋的）苦闷实在是不讲道理。于是，在这一点上遭到了许多人的抵抗。

日本女性与汗渍的斗争旷日持久。幸运的是，除却鞋子之外的其他束缚都在一点点得到解除，唯有男人们还身处拘谨的苦海之中。看着绫织物之类厚衣服直领上的汗渍，多少人都在懊恼——要是日本地处北纬四十度以上该多好啊！而一个个不为人知的缘由暗含其中，只是想法还未能遍及各处罢了。我们的工作服还尚未完成，只是布料、颜色、造型实现了选择自由而已。

八 足袋与木屐

明治三十四年（1901）六月起，东京实施跣足禁令。主要的理由是不卫生，而其背后的动机则是为向平等条约的缔约诸国展现首都的体面。禁令实施前夕，赤身、赤膊的管控就已经相当严格了。这与在绘画和雕刻展览会上推崇露出的美学势头齐头并进，想来甚是不可思议。然而，一个更为严重的问题还亟待解决——我们包住脚的倾向其实在很久以前便有所显现了。曾有地方法令公认包脚一事，但没有推进的意思，人们依旧可以自由地选择打赤脚走路。因此，可以说东京这次是开了禁令的先河，促使人们开始思考赤脚究竟对还是不对。

最初的跣足禁令只是要求脚与地面之间要有一层屏障，或者更应该说成是一项草鞋的推广举措。草鞋一般比脚掌小得多，于是穿着草鞋踩过泥泞后在大道上留下一串脚印的光景，甚至作为素材被画入当时的漫画。如果不是这么一群人，恐怕早在当时人们就不再光脚走路了。况且那时的伞也只能遮住头顶，蓑笠已然不再流行，而雨却依然是横着下的。除了扎起裤腿让小腿成为天然的雨具外别无他法。直到大正末期橡胶时代的到来才有所改变。因此，"手帕"其实是用来擦脚的，洗脚盆是家家户户门前的必备器什。禁止跣足压根不能从根本上解决问题。

而后足袋（日本式短布袜）在短时间内达到全盛，这也绝不是禁令的功劳。武家阶级从上到下都将裸足算作礼装的一部分，不光脚就不能自在地奔跑。而革制的足袋原本就是鞋子的一种，如此想来穿足袋也并不令人意外。可到后来棉制的柔软足袋进入了普通家庭，武家人还是总以病体或年老为由，一入冬就申请在殿中①穿足袋。

然而，以在庭前做警备工作的身份自然是穿不上足袋的。也就是说，不仅是在田地里干活儿的人，大众职业的工作服一般都不包含足袋。依我之见，寒冷并不是最初的理由，果然还是因为棉花织物的珍贵，或者说人们早在第一次偶然体会到它们柔软触

---

① 将军府中，将军、大名等的住处。

感的欢欣时，就已经将其铭刻进肌肤，甚至产生了依赖性，没有了它便感到不幸福。出井盛之[1]的《足袋细话》率先唤起了我们对这个问题的思考，此后东西工厂群雄并起，生产器械和工艺不断得到改良，看了年产额统计数字，我们甚至怀疑人究竟有几双脚。

即便人不曾改变，双脚上的生活也渐渐发生着变化。足袋于是成为工作装的一部分。原本只是用多余的旧衣服裁剪而成的足袋也逐渐分门别类，诞生了"跣足足袋"[2]"地下足袋"[3]等。或许有人将它们的流行归功于橡胶底和金色布袋钩扣的诱惑，但这其实源于鞋子的间接影响。

如果我们最近开始交流的西洋诸国处在更偏南的地理位置，恐怕不是现在的光景了。帽子、围巾、手套、耳罩，我们所用的日常用品无一例外都是为了御寒。防寒措施的充分确实令我们的冬天变得有趣了起来。但是介意脚被打湿、钟情于足袋能够发挥作用的工作，这对我们来说算是重大事件。水田淙淙排着水，终点却多是沼泽。光脚干活儿的土地，只有一点点留给了日本的拓荒者。

六十年间，男女风貌发生过两三次明显的变化，而不单单因为化妆技术的进步。就男性来说，世间对男子气概的判断标准也自然地改变。而人们又总以当下为正确的基准，回头看过往就总

---

[1] 日本经济学者，早稻田大学教授。其子为索尼公司前董事出井伸之。
[2] 为在地面上行走而穿的厚底布袜。
[3] 胶底袜，劳动时穿用的带橡胶底的袜子。

第一章　眼观之时态

觉得哪里不对。过去流行过耸起一边的肩膀、跨步前进的走路姿势，也有过交叉着穿袖子、抱起胳膊小步幅蹭着走的时期。仔细观察会发现这些流行似乎都受到了鞋子的很大影响。木屐（日文"下驮"）刚刚诞生时并不像如今这样受重视。《古今著闻集》[1]中提及有人将小马驹称为足驮[2]作，这个"驮"字确有寓意。走路全靠区区一根木屐带的驾驭，想要灵活使用还得练习才行。看来在脚趾的功能上，"独步"之美誉非日本人莫属。

另一方面，木屐又蕴藏匠心，历经多次改良。木屐店是近年来新诞生的行业，到了江户末期商品种类日渐丰富，尤其进入明治之后生产量又大幅提升。白桐木栽培便是就着这个潮流兴起的，国内甚至一时供不应求。无论作为常服还是华服，木屐都从未得到过公开认可，但它的普及却如此显著，这也算是时下日本人不愿意弄脏脚的心理写照吧。草靴、草鞋也是从这个时候开始走向衰落，简易的橡胶靴进军市场后它们便彻底消亡了。于是，各个农家又多了一项只能靠购买获得的物品。

若认为所有草鞋都是低贱的、穷酸的，那可是大错。一方面，这种用具但凡能够满足一时之需，人们通常就不会在意它是否粗制滥造，更不会注重其外观之美；又因为人们毫不介意穿着老旧的、破破烂烂的草鞋出门，它们才给人留有一种陈旧破败的印象。草鞋工艺虽已然衰落，但在不同地域还保存着制作非常精

---

[1] 橘成季编纂的说话集，共20卷，按神祇、释教、政道、公事等分为40编，是仅次于《今昔物语集》的说话集巨著，多有描写当时社会、风俗的故事。

[2] 即足屐，旧时对在木头上穿带子的鞋类总称。

美的成品。只是这种无法带来利益的产物不能在都市里站住脚，也不适宜在工厂里批量生产，但草鞋与麻布之类不同，其成本比其他任何产品都要低。

而在农村里这项技术也没能流传下来，其理由在于草鞋过于古式且不符合流行，而且人们不用思考各自的生活必需品。同样的情况频繁发生在各个领域。服装的材质种类日渐增加，对颜色和形状的喜好不断变换。但变化也并不是建立在将之前的东西全部毁灭的基础上——有新旧更替，也有恋旧怀古——流行趋势看起来杂乱，但其实这正是好事。假使每个人都从自己的境遇、风土和劳作的实际出发，毫无顾虑地表达自己的期望或困惑，重新在这些东西之间作出真正自由的选择，生活才有望真正得到改善。

九 时代之音

我谈新"色音论"一不小心就在"色"上施墨过多，但实际上二者并无轻重之别。而"音"同"色形"，很难将过去存在的形态原封不动地长久保存下来。在代表新世代的音符之中，也确实存在从过去留存至今的一部分，而欲将其从整体中细听明辨、与人共享，则再难不过，更何况当涉及评判好坏、作出取舍时。我们就是如此轻易地为一个个音符所震撼。

自然万物的悦耳之音颇多，但人们记忆、学会并传播的仅是很小一部分。乐器的构造相对简单，即便依据诸多法则，也不过

第一章　眼观之时态

勉强构筑起我们对自然音的联想而已。相较起来，人的发声要更加自由，模仿起自然来或许也更成功。可随着传递的内容变得复杂，声音逐渐分化，而其中仅有符号化的语言在激增。与颜色不同，世间许多音符是人类不带有任何目的创造的。而且其中的大部分比迄今为止的任何声音都要更加珍贵、更加有力、更动人心。常说噪声使我们疲劳，也是直到最近人们才意识到的。

恍惚间，许多侧耳倾听的机会就溜走了。自不必说过去的事忘得快，就连接连出现的音符的新含义，也多像一阵空虚的风穿堂而去，正如香道成为我们疲乏嗅觉的慰藉。为了从周遭的一切杂音中得到超脱，音乐成为时代的欲求，以期人们日常的听觉不会变得迟钝。不仅如此，复杂的声响都有各自的目的和效果，采取无差别的抑制是毫无道理的。

自古以来，诗人将万物之声形容为"天然音乐"，而其实有的声音比音乐还要更有趣。都市的嘈杂向来被以为扰人，可在过去，这里也有能够使我们耳目一新、感受到季节流转的存在。从巷口飞驰而过的汽车的轰鸣声也好，机械单调的厚重响声也好，在一些人耳中也是鸣得壮阔，并能够带来愉快。就像黑暗让我们不安，寂静总使我们眷恋声音。

大凡人们创造的东西——即便不是像染色这样有计划性——总是诉说着我们彼此的生活。人们也能当即解明个中奥妙，若是不能解也会追问到底。音符是社会不可或缺的知识。毫无批判性地、毫无选择地憎恨它，或者逃避它，无疑是错误

033

的举措。相信未来声音也会与颜色一并被缜密地梳理，人们将从共同生活的立场出发判断其各自的价值。这样一个"新色音"的时代即将来临。

就整体而言，一个强烈的声音能够吸引人们的全部注意，这是不争的事实，且效果比颜色的影响更加显著。因此，时常有人企图通过制造一种异样的回响来轻易地占据注意力的中心。直到最近，日本人在面对这种诱惑时才有了一些防备。进入明治时代之后，同样发生了稀奇事。很久以前我曾经将这个现象作为社会心理的一个问题提出，而直到现在也没有学者提出其他解释。

大山脚下的村民们曾有过同样幻听，被称为山神乐或者天狗倒树①的午夜巨响。铁路开通不久后，狸猫模仿着火车轰鸣的声音，夜色中飞驰在全国各地的铁道之上。又或者，每有一所新小学设立，一到夜里就能听见小孩子熙攘吵闹的声音。通了电报的村庄又往往引来报信的野獾。新开的酒坊里传来错季的造酒歌，演剧落幕后的空荡小屋里还残留着杂子②、梆子打节奏的声音。关于夜晚的传说不绝于耳。

类似的话题并非仅仅出现在某个地方，整个家族、街坊邻居总是说同时听到某个声音。新鲜而珍贵的音调给我们留下的印

---

① 天狗倒树，深山巨响，大地鸣动。山中传来原因不明的巨大声音，有人认为是天狗把树弄倒产生的响声。
② 在日本的各种文艺活动中，为表演、舞蹈、唱歌（谣、歌）伴奏，或者为营造气氛，用乐器（主要是笛子和打击乐器）或人声（号子、衬词）伴奏的音乐。

象，历经深刻而细微的发酵，作为集体幻觉再现。我们的同胞向新事物倾注的注意力，抑或从中获得的感动，如此强烈地袭来，成为超越推理和批判的存在。在如此频繁的连续刺激之下，新音色的效果被打了折扣，却如同语言一样，让声音成为最为复杂、最为微妙的东西。如此，初次接触者被大为触动也是自然之事。

因此，如果说音乐的流行让人们养成选择声音的习惯，尤其是只把耳朵借给自己想听的东西，生活确实会因此平稳很多。可即便做不到如此极端，想让人们领悟声音也是个高难度的事业。有的声音已经从世界上消失，有的些微存在，还有更新的声音正在出现。有的令人愉悦，有的无用又折磨耳朵……最为豪情万丈的或许并不是最高音的。声音，竟如此难解。

面对时下之流行的动摇并非聪明的象征。曾有人说，心若静，则地板之下蚂蚁相扑的声音自入耳际，这听起来或许有些夸张，可只要静下心来细听，还是能发现许许多多有趣的声音。听得惯了便不再以为奇的又何止是草丛间的虫歌、树梢的蝉鸣；清澈纯净如今却日趋消失的，又何止是野鸟的啼鸣。新生的声音，不论多么微小，总能深入人心。一位外国人客居日本时特别的发现，便是栎树的木屐跟踏上柏油地面的声音。是啊！这声音多么新奇，而又不同于上个时代。

第二章　食物的个人自由

一　村之香、祭之香

音声、色彩总是瞬息万变，全然不顾我们是否应接不暇。而与其相反，只有现代的香味处于我们的掌控之中，而且越发有条理了，这着实不可思议。虽然在城市居民的五感中，似乎只有鼻子总是能多作休息，但这并不意味着需要鼻子去嗅的机会减少了，也许恰恰相反，是气味多到嗅不过来，鼻子索性抽身，限制了嗅觉能力。鼻炎医生、鼻病病人的急剧增加或许与此不无关系。

普遍来说，现代人的鼻形变得好看了，而鼻子的功能却在退化。耳聪目明值得炫耀，却很少有人为拥有灵敏的嗅觉而自满，反倒强辩为鼻子好用是尚未开化之人的特征。于是该领域的研究总是原地踏步，只有古老的气味能够冲击我们的鼻子，轻视嗅觉经验的人也越来越多。

然而就算现在，只要我们在田野间走一走，就能够明白我们的祖先从嗅觉中领悟了多少重要的人生经验。"日本的阿尔卑斯山"上的登山导游就曾指着山脊拐角处的瀑布断言,里面一定有人生活,在场的众多游客不可置信。而导游之所以如此肯定,是因为嗅到了气味——一缕青烟从谷底的小屋袅袅腾起,那气味弥散在澄澈的空气之中。

嗅觉几乎不能为器械、推理或计算所辅助,于是在这一点上,文明人反而更见劣势,细细想来,这类功能的丧失在其他领域也不算少见。而鼻子功能退化的一个原因,我以为可以归咎于烟草。相比过去,近代以来的烟草要柔和许多,但是分量明显增加了。烟民以吞云吐雾为乐,不断受到这种刺激,再面对其他的微、杂气味时,鼻子不免就无能为力了。

烟草能够走进东方诸多民族的内心深处,是有其缘由的,而对这个缘由的探知,迄今为止还仅囿于想象,而无人能够给出精确的说明。最初,是为在繁重的生活中得到短暂的休息,于是求之于烟草的强烈香气,可渐渐地反而令嗅觉成为它的俘虏。还有很多人使用大量香料,让嗅觉变得钝感,这与烟草的作用大抵是相同的。

于是,现代人还未对与祖先息息相关的物之香留下回忆,便匆匆与它们道别了。偶尔有人感慨于留恋的难以忘怀,却无有抒怀之计。例如,提起村庄的气味,现代人多想起的是堆肥、下水道的刺鼻臭气,但这只是活跃于白天的一部分气味而已。用文章来打比方,臭气就如同逗点,而被这种简单的符号分割开来的内容林林总总，何止千种万种。气味也一样，且会随着季节流转不断变化，只不过人们已经忘却了。掰着手指，算算接下来村庄会是何种气味，这可是土生土长的村人的拿手本领。

　　盂兰盆节和春秋佛事的时节，漫山遍野弥漫的线香①的烟气，让人们感受到了童儿也无法看见的冥界。每逢休息日或者聚集的日子，清晨洒扫庭院后泥土的香气使我们身心愉悦。做活计之时也一样，舂米场上细碎入尘埃的谷壳，是我们难以名状的慰藉；马厩柴门口逐渐枯萎的青草气味，使人们联想起午睡甜美的梦。然而最具雄辩力的，当属火与食物的飘香。冬日的森林里燃起篝火，就连萍水相逢的赶路人都如飞蛾般扑来。而对外人而言，饮食相对难以习惯，但行路途中家户飘来的食物的香气无不催生行人的孤独，于是加快回家的脚步。正是这种力量，从无始之过去便将人类与故土（产土②）相连。

　　可以说，鼻子正是为了嗅出气味而存在的。而后，村庄统合气味的技术便在村民的无意识间不断发展。虽说食物本就是一时之物，就如时间过了便不能找到一样。这意味着，当季的食物会同时出现在家家户户的餐桌之上。你家的晚餐和我家的晚餐如此的一致，是因为食材是从沼泽里摘来、从田地里挖来的同一个吗？即便是行脚商人远道运来的海鲜，村子里的人也总会买来商量好在同一天搬上餐桌。并不只是因为临时的收获颇丰而分给各

---

① 将丁香、白檀等香料粉搓成细长的线状固结而成，点燃后供在佛前。
② 出生的土地。

家，更是因为无论是多么稀罕的东西，不吃独食已经不只是一种人情的要求，更成为一种行为规范。

这就是最开始区分同伴与旁人的标准。在各户分用小灶之后，住民们也久久拥有着相同的气味。尤其是每逢大小节日——有些地方一年内甚至要举办五十余场活动——家家户户摆上桌的菜肴都高度一致。三月的节供当属干贝和蒜鱼，秋天意味着新米的清香，更有寿司、甜酒为节日助兴。无须特地选用香味浓烈的食物作为噱头，只消家家户户一齐打开酒瓮和醋桶，祭典的风味便充盈了整个村庄。

自然，不同地方庆典的感受也理应有所区别，可鲜有人实际进行对比。而个体的感知差异更甚于地区，而且普遍存在。人们只是试图说明某种香味与具体的物，而没有如在色彩领域一般设立"五色"① 这样的总称。可不知不觉，时代推移改变了气味表达的内涵，混乱模糊了气味的印象。直至今日，或许还有日本人就味噌汤、香物等的嗅觉记忆畅谈，可大多数气味却早已同化为一种模糊的"厨房的香味"了。如此一来，每家每户的空气开始变得彼此相异，撩拨着我们的好奇心。这就是由鼻子体验到的日本之新世貌。

---

① 五种颜色，多指赤、青、黄、白、黑。

二 小火锅[①]与火锅

饮食文化与颜色、声音有所不同,其特征在于在过去曾有过大一统的时代,随后逐渐呈现出分而立之的趋势。流行再也无法征服每个人的喜好,不同于音乐领域,强大亦难以征服群小。以吃得全为基础建立新的时代标准,难点也正在于此。如此一来,食物的品种逐年激增,站在历史的观察视角上已经很难给出清晰的评判了。但从大体上说,明治以后的日本食物呈现出三种显著的倾向,这是不争的事实:

第一,温热的食物变多;第二,人们更爱吃软的食物;第三,也正是所有人都发现了的一点,吃的东西都变得甜了。食物种类变多也许可以作为第四个特点,又可以作为前三种变化的结果。人们的喜好超出了已有种类的限制,在需求的驱动之下诞生了新的料理方法。新兴食品中,应该没有别人强加的东西。

料理的记录传递着古老的讯息。纵向比较来看,会发现上述三个变化有着非常明显的体现;若是从横向观察现代生活,又会发现倾向变化的各个阶段是分地域呈现的。并且,只有从这个角度,我们才能厘清变化顺序。过去,一顿热菜热饭就算得上是大餐,向神佛呈上的贡品里总有一道是热食。但由于仪式耗时较长,盛餐常常放冷。

---

① 原书为"小锅立",火锅的一种,用小土锅或小铁锅代替传统火锅的大锅,适用于少数人进餐的饮食方式。

第二章 食物的个人自由

热食的推广有厨师的功劳,同时也代表了东道主的热情。过去本也以此为贵,但实际上,这份诚意却往往很难呈给尊敬的宾客。理由非常简单,那就是比起热腾腾的饭菜,我们更注重饮食的统一性。想让主客上下共同享受用同样的火、同样的灶具烹调的食物,必须早早就开始张罗,为此双方不得不接受冷食,而不是张罗客人用温乎的小锅独自享用。

思考这个问题时,还需要将住宅的变迁考虑在内。家中烹调用的清火原是置于受荒神①直接管辖的自在钩②之下,除了有着特别许可的制品之外,其他是不得上桌供全家人吃进肚子,进而化为肉体的一部分的。直到最近,这种信仰一直在暗中约束着村民。而正式的食物分配很是麻烦,等凉了才终于能够进入众人的口中。即便有了炭柜③和十能④之后,炭火变得更加易于获取和转移,这种想法依旧根深蒂固。

于是,随着锅和白釉砂锅先后发明,先从大容器中分而取之,趁热享用的想法,最终促成了如今火锅兴盛的局面。烧炭技术的普及无疑起到了推进的作用,而最根本的理由则是家中取用的食材各异和神道中火的信仰的让步。

年轻女性似乎对小火锅的出现怀着巨大的兴趣,又或者说,

---

① 日本民间信仰的神之一,大致分为当作灶神供奉的三宝荒神,在屋外当作屋敷神、同族神、部落神供奉的地荒神,以及当作牛马守护神的荒神。
② 自由伸缩的吊钩,从炉灶等上方垂下来的用以吊锅、罐、铁壶等的钩,可自由调节高度。
③ 地炉,挖开地板做成的小型火炉。里面放炭,用炭火取暖。
④ 指火铲、炉铲,用于盛装炭火后移动等的带柄的器具或铲斗。

041

小火锅正符合了她们的本性。古有记载，在女性的推动之下，分灶现象愈加普遍。例如，曾有和歌咏一位遭受继母记恨的小姐：

> 黄莺为何啼，母乳香、小锅响，只恋生母养。①

出自歌论《袋草子》②。东北地区至今还有地方将杜鹃称作"小火锅"，且流传有姐妹由于争抢锅中的热食，肚破而亡的童话。

江户时期的女训中，多写着为人妇者最应谨慎的行为之一，就是绝不能吃小灶。由此反而可以发现，这种分而食之的风俗不知不觉已经渗透入了深闺佳人之间。而这种做法却并没有因为深宅闺秀的喜爱而免于被排斥。武藏③的神社的田游歌④举办至今已有悠久历史，歌词中也把吃小灶当作与虫害、鸟害等同的恶德，要从村中驱逐出去。

尤其在独守空闺的日子里，女性聚集在一起计划着享用美食，这是当下的普通家庭难以想象的陈年趣事。究竟是为了严禁奢侈之风，还是出于对女子任性行为的管教，其原因之复杂，老

---

① 译者自译，大意为"黄莺啊，你为什么要不住鸣叫呢？是想要母乳吗，是想要土锅玩具吗？果然还是因为想念母鸟吧"。收录于平安时代后期的歌论《后赖髓脑》，后收录于《袋草子》中的"幼儿之歌"版块。
② 歌论，共四卷，藤原清辅（日本平安时代后期公卿和歌人）著。
③ 日本旧国名之一，相当于今东京都、埼玉县大部和神奈川县东北部地区。
④ 田游是祈祷丰收的活动，日本民间习俗之一。以歌曲和舞姿来表现从耕种到收获的农田丰收景象，田游歌即其中歌曲。

一辈的人没能诉诸文字。或许是忌惮对家庭内部食物统一制度的破坏，或者说严重一点是对火神信仰的反叛，激起了人们的恐惧。

　　自然，历史不会论及这种见解恰当与否。过去，小锅被如此严苛地禁止使用，而如今则早已稀松平常，甚至有时又被当作主妇机敏的体现，在某个时代里也不知为何连肉串也遭到禁止，至于其中的礼法规矩的变迁史，至今竟无人解说。日本的风俗已然发生了惊人的变化，古来的国风习俗连吃食都没能引领。

　　至于现在的实际状况，我国对小锅的使用独一无二。有一部分人，一谈起日本料理就只会喋喋不休地谈起锄烧①的好来，他们也不过是不知牛肉、鸡肉的食用就是从这个时期开始的，不过是唱起半吊子洋腔罢了。同时，从秋田县等地的贝壳烧，到城市大道边上的火锅、乌冬面，各种大名鼎鼎的菜肴做法走遍全国，口味和使用的食材不断推陈出新。这些美食尽是始创于近五六十年内，自然有人对其普及程度尚持怀疑态度。

　　权且当作了解了变化的缘起，还是不能解释火锅发展至今的原因。我想再将思路开拓一些，进一步思考。首先想到的自然是食物与饮品之间的关系。在茶水走进寻常家庭之前，应该没有人特意把水烧热了再喝，同样在茶被引进之后，烧水罐开始时时放在地炉上。我以为，这或许就是热饮在日本受欢迎的起源。

---

　　①　日式牛肉火锅，将牛肉与葱、粉丝、豆腐等混在一起放入锅中，加入酱油、白糖等边煮边吃的一种火锅。

接下来又牵扯到烫酒的起源问题。《平家物语》中也有故事可证,在首座的琵琶师傅受宠的时代,烫酒的流行显得格外稀奇。这又涉及酒的用途的扩张史,可能说清了这个历史再谈这个问题会更清晰。但总之,在过去,人们喜爱温热食物的风俗远不比现在,多半是在受到酒、茶的普及之诱导之后,人们才逐渐改变了饮食爱好。先呼呼地吹两口再入口的食物,才开始被看作难得的美味。

下一个需要考虑的是女性的参与,也就是这个热爱小火锅的人群对其他人的影响。正式场合的佳宴向来是男人的主场,只有小规模的日常进食才通常由女性来准备,而在这个戒律被打破后,火源不再神圣,温热的食物开始变多。而刚出锅的热腾腾的食物又常使我们联想起母亲、妻女的温柔,情感的调味使食物加倍美味。

人们对衣物改良,是循着盛装的踪迹改造常服,饮食则不同,是从厨房开始。织田信长的厨师曾感慨道:我们的食谱退化了,食物却美味了。抛开旧菜谱,自由地选择食材,家常菜随性的尝试逐渐影响了本膳①。过去曾是劝客人吃几道热汤,来营造宾至如归的亲切感;现在则是借着分炉生火的风潮,把厨房一角搬进客厅。其背后推动这种进餐方式的人的智慧,让今日的人们在进餐时感受到喜悦。我们的食物变得温热,这是烹调女性化的

---

① 本膳料理的略称,是最正规的日本宴席菜肴。每位客人一份,放在托盘上。开始并确立于室町时代,现多用于婚丧嫁娶时的仪式菜肴。

征兆，渐渐的，这项工作应当全权委托于女性的思想倾向也被提上话题。

三 米饭今昔

而第二个变化，日本的食物变得软了。这个过程中也有妇女力量的参与。不论冷暖，锅煮食物的总量连年增加。在上代①时期，我们与所有岛国上的土著人一样，以啃食鹿和兔子的肉干为生。不久后，兽肉就不足以作为长久的食物来源，下一个目标就是鱼和贝类，同样也是不做烹调，晒干了就直接食用。而最为震惊的莫过于生吃干鲍鱼片②，那皱皱巴巴的口感令人敬而远之。到了现在，这种食物只是赠送礼品时的一个象征，在过去却是一般不过的下酒菜，实在难以置信。

如今装饰丰收盘③的橛树果、捣栗子④，在过去是常见的食物，若逢年节、宴席就会摆上餐桌。从胡桃、榛子等各种树木的果实，到生米等，都可以嚼碎了充饥。我们祖先丝毫没有爱护牙齿的意识，对假牙、金牙的需求却远远不如当下的人之迫切。牙质变差与饮食习惯的因果关系究竟如何，这是专业人士必须求解

---

① 日本历史分期，尤其是文学史、国语史的时代分期之一。主要指奈良时代。
② 将鲍鱼切成长薄片，抻开晒干而成。用于仪式中的菜肴，后添列馈赠礼品。
③ 将准备过年的饭菜盛在套盒中而成。
④ 用臼捣晒干的栗子以去除壳和内皮。因"搗ち"与"勝ち"同音（かち），故用于庆祝出征、胜利、过年等。

的问题。

另一个更严重的问题——与我们日日相伴的米饭变软了。"硬饭"一词在足利义满统治时期的记录中就已出现,这意味着早在那时就存在与其相对的"不硬的饭"了,不过对"软"的程度认知想必是今时不同往日。而想将现在的饭写作汉字的话,应该是"粥"。过去称之为"固粥",其物与饭全然不同。

而这也是锅的应用的一例。在军旅昌盛的时代,由于"甑"①和蒸笼携带不便,更为便利的烹调方法便自然而然普及开来,最初,按照正规的方法煮出的米饭含水量较少,送入口中的米饭粒粒分开,必须嚼碎后才能吞咽。进入明治时期之后米饭的硬度降低,仅在舌头和下颚的挤压下就能自然地滑入食道。而这个变化又有几个原因。

釜、灶的构造也蕴含了日本人特有的细腻与新意,更能够准确地表现出米饭的进化史的,是近年来饭碗和饭勺的形状变化。陶器光白的色泽着实为现代厨房带来亮色,但此外还有一件值得一提的趣事。陶器取代旧时的木制餐具之后的一段时间内,饭碗还维持着原先近似于壶形的形状。然而,随着时间的推移逐渐变得扁平,称"牵牛花"形,甚至更进一步向着碟形演变,而这也成为盛饭越来越得心应手的证据之一。

过去的饭铲形似西洋勺,中间有着明显的凹陷,而到了现

---

① 弥生时代(公元前300年—公元250年)以后,蒸米、豆等的炊具,底部有数个通蒸汽孔的深钵形陶器,架在锅上使用。

代，只隐约保留着以前的形状，几乎已经变成了一枚平板。饭勺既不再适用于过去松散的硬饭，也不适用于现在的"粥"。只有当米饭能像被切开的豆腐那般松软时，扁平的饭铲才能发挥作用。而这种新式勺子的普及恰恰又反证了如今米饭的烹调方法是经历过改良后的产物。很少有人考虑过米饭的变化给个人生活内部及外部交通带来的影响，但有一个影响必然产生——舂米时，需要尽量打磨掉稻壳，制造米浆，好让米粒抱团。

早就有人警示过对米的过度精加工会带来弊端，并详述了理由。但也不能轻易将不幸归罪于此，毕竟生活的变化并非独此一处。首先，过去米的消费量远小于现今，而水稻产地面积不甚大，乡镇和港口城市之外也难送到。不仅田地和山间不是三餐都吃得上米，甚而连种粮人也不能肆无忌惮地消耗这种食物。

明治二十几年，一位叫作埃克多的德国人曾受政府委托调查米饭在日本人食物中的占比，得出的结果在五分之一左右。他推测，若是士兵带着其他城市饮食习惯回乡，米饭的食用率应该会进一步上升。这句话确实言中了。虽说军营里为了预防脚气病会将麦子米混入伙食中，但麦与稻的比值越来越低，碗中的米饭也以可见的速度变白了。

执着于米饭的人群数量激增，质量低劣的外国米被大量运进山里，其带来的影响远甚于米饭的过度精白。过去就有许多人对白米是日本人的主食一事始终坚信不疑，也只有他们每每谈及日本的生活问题。而世上有一种质朴的态度，那就是无米不成炊，只有吃上米才算幸福。二者的碰撞，将人们的注意力集中于饮食生活这一点，使得日本的饮食问题被拘在了一个狭小的领域。

造成的后果就是白米之外的食物研究改良全无进展。小麦因其种类多样尚略有用处，其他的谷物甚至完全上不了餐桌。好不容易有所发展的土地农业退回从前，若非如此，就不得不为食物的运输支付高额运费，于是又成了无法期待其自给自足的特殊农业。明治以来的文化统一对这部分人来说是相当的重压。对于日本国民来说，大米不仅与日常生活密不可分，甚至被研究出了宗教价值。人们甚至去缺水的高原开拓土地，虽说是人口过剩使然，但永久定居是一件相当困难的事。

正因如此，我们对大米的消费格外上心，例如在一年的特定日子里，以米为主题辅以丰富的食材，以尽可能延续饮食的趣味。关于大米的诸多烹调方法，凭借着其美味温暖，平复了其他方面的不满。主妇们不为人知的智慧就蕴藏在这一道道白米料理之中。味噌汤、菜粥、什锦饭，不论名字听起来如何下里巴人，这都是一个时代里为解决饮食问题而递交的最亲切的解答。

这些可不是饥馑和贫困逼出来的"下下策"。为国家未来营养问题出谋划策的人早就需要将饮食改良问题纳入考虑范围。然而，大米的交易突然繁盛，一时间人们也沉醉于饮食解放的喜悦之中。吃上大米的幸福让人心安，却也让人忽略了对大米食用的控制，这一点倒是与棉花和毛斯纶的流行历史相似。如此，国民的营养问题绝不仅限于维生素 B 的摄取量。

四 吃鱼新法

有人将米饭变得过于精白归结于寿司米①的诱惑。然而，米饭代表了我们最为理想的饮食，若是想要获得更加奢侈的体验，只能把米饭做得再白一点。实际上，精磨的米蒸出的饭确实有着美丽的光泽。只要人们想要做出色泽更优的米饭，而不知其害，米饭自然会越来越白。

寿司米、酒造米等细杵米开始崭露头角的时代，刚好也是房州沙大卖，世人赏玩米饭的白度之风俗兴起的时候。恐怕不能说两件事情之间毫无联系。总而言之，寿司的今日模样与过去大有不同，且其演变是有史可循的。

所幸寿司的变迁能够从各地的实例中探知一二，只要简单地做个前后对比就能轻松地窥见其变化过程，至于其他食物，已鲜有地方至今忠实地保存着从前的饮食习惯。寿司的吃法早在《土佐日记》中确有记载，最初只是保存鱼类的方法，只是将其做成了巧妙奢侈的极致。

靠海吃海，靠川吃川，而海川边的收获有时过于丰富，一次吃不完。彼时的人们还不曾想到将剩余的食物远销，首先想到的是如何储存起来以备后用。较为简便的储存方法是晒成鱼干，且更适用于长途运输。接着又在此基础上作了改进，加盐腌制可能

---

① 用于制作寿司的米饭，口感较硬，且多选用黏性较差、干燥坚硬的旧米蒸制。

是为了掩盖鱼腥味，然而盐度分量不易把控，海鲜原汁原味的口感也不得已打了折扣。

唯有寿司，凭其独特的发酵技术，为海鲜增添了新的风味和香气。"鹗寿司"①的传说流传全国，可见寿司的发现或许源自一场偶然，但至少使用米饭来保存海鲜的方法源于人们的智慧。而现在，这种储存技术已经成为地方遗产，甚至只存在于两三家老店铺的口口相传之中了。我们无从知晓详情，但可以肯定的是，人们利用鱼类和谷物类内含的自然酸，等待时间来自然催熟。

酿造醋诞生后，酸味能够从外部直接添加，寿司的制作方法也天翻地覆。快寿司②一词应运而生，但随着更加快速的制作方法的产生，"快寿司"也被时代抛到了身后。现在的寿司卷、手捏寿司不过是米饭的另一种食用方法，比起"寿司"，或许更该叫作饭团。简便又新奇的新型寿司风靡全国，但我们很难将这种演变称作"寿司的改良"。

制作寿司的关键在于熟练。从外部加醋调味的寿司诞生之后，此前的寿司被称为腌渍品，放进罐子里，垛上石头，等待数日，直到大米和鱼类发酵完成。如此制成的食品与直接由普通的饭和生鱼片制成的食品相比，在营养和消化能力上存在何种区

---

① 相传鹗鸟有将捕到的鱼储藏起来，留待非渔季食用的习性，储藏的鱼经自然发酵味道鲜美，被人类发现并品尝，成为寿司的起源。《本草纲目启蒙》、《甲子夜话》（松浦静山）、《椿说张弓月》（曲亭马琴）、《味》（秋山德藏）等作品中曾有提及。

② 用醋调味的寿司的总称，先将用醋浸过的鱼肉和米饭相互层层叠好，再经浸渍一夜或数日即可食用的寿司。与"熟成寿司"相对而言。

别，这个问题从未被人提起讨论。多半是将它们完全当成两种东西了吧。人们常说民族嗜好源自长久的习惯，不易改变，但这个道理似乎在日本并不总是能说得通。

都市总是不断探求新奇之物、新鲜味道，尤其是在每天都要接触各类食品的饮食专门店里，更易感受那些急剧变化。人们以为，既然"鲊"（即寿司）是个旧词，它指的东西一定也是自古传来，殊不知这个名字下的东西早已更新换代了几轮，最原始的形态反倒为所有人所遗忘。在衣食住行之中，类似的例子屡见不鲜。

刺身——生吃鱼肉的一种菜肴，如今已经同牛肉火锅、鳗鱼饭一起构成了日本饮食特色。其实，这同样也是新奇的东西。断定刺身的出现与快寿司发展之间的关联还为时尚早，但至少这两样美食都是源于同一个历史偶然，并且几乎在同一时期崭露头角，这层独特的关系不能忽略。即便关东的海边地区在很久之前就有将刚刚捕获的鲜鱼切片食用的传统，若非江户三百年来的文化修养积淀，且随后作为帝国首都势力雄厚无二，这种极为朴素的烹调方法想必不会像如今这样支配全国家庭的餐桌。其实，《徒然草》中就有取笑镰仓人吃鲣鱼时粗鲁样子的相关描写。但《徒然草》的作者作为一介僧人，又是京都人，恐怕没有立场谈论鱼肉之鲜美，若是他实际尝上一尝，或许自会感慨世间美食无能与刺身比肩吧。可惜，除了近海的偏远山庄，大抵当时的人们不能一试。

鱼干和咸鱼发明之后，有些地方才终于吃上海鲜，而对于这些地方的人来说，新鲜的刺身只能是一生中难得的几次旅途中的回忆，是人们想象的线索。为了赶上寿司的风，各地争相开通快车运输通道、完善冷藏设施，人们争相模仿。或许是人们炫耀自己紧跟潮流，各地出现了精心准备的菜码。生鱼片味道究竟如何，并没有什么固定的规律，而是每餐有异的。但出人意料的是，即便在乡下，无刺身不成宴席的想法也已深入人心，寿司也是如此。

第二个要素对于这两种食品都有益——那就是酱油，酱油的发明推动了寿司和刺身的流行。其实，酱油的历史要追溯到明治以前，最初并不是用以给生鱼片调味，而是用于精进料理，是为了迎合寺院的喜好从外国学来的。不过日本的自然条件十分适宜制造这种调味料，不久酱油便成为日本的一大特产，并进一步衍生出酱汁，日后远渡西洋，出口他国。

甜酒制造中意外发明了醋，这十分有趣。最初只是从酱糟中舀水当盐分用，之后酱糟水反而成了主要的生产品。明治是这种生产最为跃进的时期。近代之后，醋的酿造技术才变得越来越精妙。而正如天然的果汁也存在优劣，对醋拌菜丝的好坏人们也要品上一品，这种品鉴的历史要比刺身和冷鲜鱼片要久很多。流行初期，人们曾羡慕那些在酱油的帮助下率先品尝鲜鱼之美味的人，一时间，过去的鱼干、咸鱼纷纷失宠，正如现在的醋拌菜。

值得庆幸的是，新的食品品种不断出现，而寿司的改良并没有随着过去的菜式而消失，或是长久共存，或是相互竞争，不同的菜品占据着各自的生存空间。虽日本全国均被海洋包围，但全土南北跨度大，各地的鱼的种类和口味都不尽相同。罐装食品的制造方法诞生之后，罐装鱼也开始在市场占据一席之地。选择的自由总是增加消费者的幸福感，偶尔存在的偏见才让我们感到悲伤。

五　蔬菜与盐

说起令人印象深刻的乡村味道，腌菜仍有很大分量，其作为某一时代的流行产物，诞生于一场偶然。蔬菜大改良也只开始于不久之前的过去，山东白菜以珍贵出名的时代仿佛就在昨天，而无须特意提起。其后二十年间，蔬菜新品种频出，消费量和种植面积都完成了喜人的提升。而在此之前，除了几个大都市市郊的繁荣光景，普通村庄的蔬菜无论是质还是量都很贫弱。

近世，大量蔬菜由外国输入日本，且进口路线也都清晰可查。据说很久前就一直栽种的蔬菜的种种，也都来自国外。其中以豆子、瓜，这些甚至看着不像是"蔬菜"的食物为主，其中外形格外富有异国风情的茄子是最早被种植在日本国土上的洋作物，这着实令人震惊。仅仅从作物种类的发展历史来看，或许人们将日本当成了沙漠大陆上的北狄①——不需要很多的绿色作物

---

① 古代中国对北方各族的泛称，如匈奴、鲜卑、突厥、契丹、鞑靼等。

就能够生存，然而这个结论其实大错特错。不种植，只是因为这座小岛上天然植物资源过于丰富，人们并不需要特意发展农业来生产蔬菜。而腌菜也正是诞生于这样的历史背景之下。

即便在人口暴增的时代，日本依旧是天然植物采摘的大国，国人疏于研究种植可见一斑。日本人对海产、河鲜如数家珍，采摘海洋植物用以食用的习俗也引得外国人惊叹频频。如今，陆地上的采摘更接近娱乐的一种。实际上，除非歉收，否则没有人会将野菜看作食物储备，采摘活动成为娱乐也是必然。然而，如果我们想象一下全然收获不到蔬菜的情景——这时才会猛然发现，蔬菜原也是不可或缺的食物。

"春七草"① 或许只是季节的仪式，而田里的芹菜、山蕨菜，总算下来每年的产量绝不算少，有些地方还能采摘到款冬、竹笋，灌木的新芽的味道也令不少人怀念。为采摘马兰草、艾蒿等而出动的城里人也不在少数。正如野菜（日语中蔬菜的汉字写作野菜）的字面意思，嫩菜最适合待冬雪消融后到春天的田野里采摘。直到如今，雪国的村人仍将这项活动视作一种游乐。山野游玩顺道采摘来的蔬菜，如穗、豆、蟹甲草等，常见的品种就十种有余，而其又属于各自的季节。从初春到初夏，短短时间里人们就采摘、囤积数次。

如此这般，从地方的一部分历史足以推测过去全国的生活状

---

① 元月七日用来煮七菜粥的嫩芽，指芹菜、荠菜、鼠曲草、繁缕、稻槎菜、蔓菁、蓬蘽萝卜等七种菜。

况。日语中的"菜（ナ）"原本包括全部副食，用来指代蔬菜的则另有其词，叫作花茎①。后来，"菜"用以专指蔬菜，可见蔬菜的消费量之大。抽生花茎就是菜的薹，想必是人们看着漫山的野菜大多都生有菜薹，才生出了采食的想法，而这个词就是那段历史留下的印记。

人们刚开始在庭院中种植蔬菜时，并不是不想种出像现在这样叶片茂盛的菜，而是品种改良之前，多数植物发达的只有根茎部分。加之植物成熟各有时节，不能随心所欲地收获，腌制、储存的需求就应运而生了。在东北地区的诸县，蔬菜中有一类被称作"无盐蔬菜"，只教闻者惊奇。这是因为当地人只能依靠储藏起来的盐腌菜来熬过漫长的冬季。盐藏蔬菜原本就是为了必要时取出泡水、去除盐分后煮着吃，这种风俗已经流传至今。

其他一些地方也有类似的煮食腌菜的习惯。我们不能够嘲笑这种习俗，毕竟腌菜这种食物很难说是最初就能算计着发明出来的。即便时至今日依然无人能为腌渍品的发酵原理给出充分说明。那种味道、那种气味只能是从成百上千次的试验尝试中偶然得出的结果。正如寿司提升了鱼肉的口感，酱油温和了刺身的肃杀，食盐则激发了生食蔬菜的趣味。

瓜、芜菁等向来用于生食，人们考虑用同样的方法加以腌渍并储藏，或者也真的尝试去做了。中断许久的食草生活竟然因为这样一种独特的发酵法而复兴了，这是不争的事实，关于腌渍品

---

① 菜（十字花科）的薹，供食用。

的许多有趣的研究开始推进。在关西地区，腌菜基本指的是腌萝卜，可见这里热衷于腌菜的人们，已经把目标从菜茎扩大到了果实。

泽庵渍①（腌萝卜干）确实像是泽庵这样的和尚想出来的大改革。或许可以认为泽庵为了防止盐渍后的蔬菜因为含有水分而难以长久保存，尝试了将寿司的制作方法运用其中。萝卜晒大半干，裹上含盐量高的米糠，既能为萝卜干添色添味，又能将剩余的水分全部吸收殆尽，想出并完成了这种发酵方法的人确实功勋不小。也有人说这不过是从中国渡来的五山艺术的一片，然而这种说法至今无法证实，况且，在盐渍物上裹一层米糠的做法原非一家独传。

关东地区的糠米味噌，不知为何在关西地区过去曾被叫作"糙秕"，这或许是新村博士②的研究领域。时有入禅门的遁世者将"连一只糙秕瓮都不应该有"挂在嘴上，反映出这种食品已经渗透进了这个阶层。那时甚至发生了有人想将瓜、茄子占为己有的事。

这种趣味以出人意料的角度向大众流传开来，尤为值得一提的就是泽庵渍因色泽、气味和独特的触感受到日本人青睐，甚至成为与牛肉搭配食用的酱菜。"渍"原指浸透于液体之中，在很

---

① 泽庵，江户时期临济宗的僧人，通晓诗歌、俳谐和茶道。泽庵渍，腌萝卜干，在晒成半干的萝卜上加米糠和盐，并用石头压住制成的腌菜，由泽庵和尚所创。

② 新村出（1876—1967），日本语言学家。

久以前人们就发明出酒糟腌渍、奈良腌渍，而今的日本甚至发展成为世界首屈一指的腌菜大国。究其根源，在于国民对食物的味道非常敏感，且不同于英国人那种一生忠于牛肉的克己的保守主义。既然有了那么多种选择，何不将各种蔬菜都放进腌菜坛子里一试，生食也可，放软了吃亦可。或许正是因为日本人是这样的一批不彻底的妥协者，腌菜才有了如今的成就。

盐的消耗量的一路上涨是这一趣味带来的重大结果之一。不同民族对盐的消耗量大有参差，而日本正是个中俊杰了。不仅因为日本人喜好食咸，还在于家家户户都追求着甚至压根不会吞入腹中的盐分。内陆也有一些散布的盐井，在过去只有周边的居民能够受其恩惠，至于其他地区的人虽则对盐的需求量大到运输不支，但也只能干巴巴地仰仗海滨城市的产出。

冲绳现在还保留着用桶汲取海水的习俗。本土自古有着这样一批女性被称为"松风""村雨"①，她们往返于深山和海滨之间，但终究行程艰辛难耐。因此连寒冷的北海边境，人们都用非常不完善的方法制盐。地方割据虽然在衣食等方面能够做到自给自足，唯独盐是不得不跋山涉水去原产地购买的必需品。而一旦盐的商路断绝，为此受苦的绝不仅仅是甲斐的武田②。不同于其

---

① 出自须磨传说。为汲水取盐前往须磨的海女两姐妹邂逅被天皇流放至此地的在原行平，相爱后被分别赐名"松风"、"村雨"。

② 日本战国时代，武田信玄占据甲斐，由于该地四面不临海，在遭到周边大名断绝供盐后一度陷入困境。此时武田的宿敌上杉谦信反倒无偿向甲斐送来了盐，于是诞生了"送敌以盐"的著名古谚语。

他物品，盐的交易绝对不能交给不可靠的商人来做。用如今的话来讲，正式的商业机构，也就是批发商、中间商等已经发展为稳定的行业，在创立之初，可以说城里的固定门面最开始做的几乎都是盐的生意。

同时，腌渍食物的运输还促进了连通山海的主干系统的确立。到了明治中期，政府首次将盐的专卖权收公，继而逐次废除了各地的小规模制盐业。盐的专卖收益更高了些，但经过各种努力后，大多数地区都能够维持盐的稳定供给了。盐渍食物让我们明白了一点——在日本这样的国家，将现有制度长久地维持下去并不是一件容易的事。

六 糕点与砂糖

前段时间，我听到栃木县一位一直生活在村庄里的九十岁老妇人说最喜爱的食物是鱼和香蕉，这让我不禁惊叹于当今世况的又一巨变。日本人头一次亲眼见到香蕉，至今也不过三十年。如今，每年都有价值数百上千万日元的香蕉从台湾某地运往各地，可是在不远的过去，日本还仅仅把这种水果看作一种产自热带的奇特食物。香蕉引入伊始竟作为都市夜店里的竞拍品供人一睹风采，而今，居然连村中乡民都能够随口谈论对其的喜好。

特别是在这个方面，我们的消费生活完成了显著的跃进。有趣的是，遥远的欧洲诸国也是几乎同时引入这种热带水果，并掀起香蕉热潮。横跨东西方的偶然一致，应该还有其他原因。看来，其背后原因远比单纯的"流行"更为深刻。

极富异国风情的香蕉果实也足以勾起我们的好奇心。不论色香味形，它都稀奇得超乎我们的想象。这正是自然的馈赠，还兼具物美价廉、容易入手的优点。若哪天看到它一朝风靡，或许也丝毫不会吃惊。但除自身特点外，从整体上说，香蕉的引入又恰逢日本国民对果实的态度发生转变的时期。

前篇谈论衣服的时候，我也提到过面对初识的东西，日本人总能迅速觉察到它的价值。这种奇妙的敏锐度究竟出于长期培养，还是与生俱来的天赋呢？总之新文化的产生源于新的邂逅，而不单纯只是原动力在奏效。在各种细微的影响下，日本几乎所有的水果都得到了改良。在这一点上，水果比蔬菜和其他年收作物进展得更早。例如蜜柑的种植在日本有着两千余年的历史，而直到在近世温州橘流入日本，或是明治末期受到脐橙的刺激之后，才出现了优良品种的竞争。

过去也有叫作桃子、梨的水果，但它们与现在的桃子、梨的味道全然不同。柿子的品种改良发生得更早，早在足利政权末期，以柿子的谱系图为原型创作的作品便已经出现，柿子的各种吃法也在这个时候变得丰富。到了现代，国内完成了举世无双的成就——甜脆柿新品种的发现，这是多么值得骄傲。

从产量而言果蔬实现全面增产，就种类而言外国品种大量传入，曾经仅仅作为珍贵木材被秘密种植于花园一角的石榴、苹果、无花果树，如今它们的果实却转眼间成为遍布城市街头的商品。不禁让人感慨，日本原来具有如此庞大的生产实力，潜藏着如此惊人的消费能力。先不论是否为必需之物，还是与其他什么东西重复生产，总之如果抛开这一内容，国力消长的问题也就无从论起。

即便处于天翻地覆的变革之中，"果子"这个词依旧维系着其原有的含义，想来有些滑稽。字面意思，果子过去指的是山野间的树所结的果子。在口感优质的"水果"还不同程度上被视作珍品的时代，人们摘来野果充饥，抑或单是咀嚼来消解无聊。栗子和栲树的果实过去都是常见的甜果子。时人对甜品的喜好程序我们不得而知，相比于现代的品种而言，这些果实在甜味上确实要淡上许多。

甜米酒、佛诞会①上的甜茶，以及寻常日子里也能够吃上的煎甜葛，都有着令孩童怀念的母乳的味道。日本的制糖法很明显是承袭自中国，且主要效用在于哺育幼童。如今在很多地方，现如今的"果子"都被称为"饴"。后来制糖法改良，果子新品种普及，我们的甜味才开始变得浓厚。

砂糖在过去很久一段时间都被放在药店里出售，恰似如今的糖精一般，大众视其为灵丹妙药，而这种信仰反而为日后糖的铺张浪费埋下了引子。南部诸岛有一块黑砂糖产地，当地人把它当作糖一样吃。本土也有人将其视作上等的茶点，捧在手心里吃。

---

① 又称灌佛会、花节，每年阴历四月八日为庆祝释迦牟尼诞辰而举行的佛教活动。日本在这一天会装点花御堂，中央摆放装满甜茶（阿玛茶或把鲜花茶）的灌佛桶，桶中有一尊佛祖诞生像。前来参拜者向诞生像泼洒甜茶以祈求祝福。

白人凭借酒精在他国间的贸易行业里平步青云,而我以为砂糖也有异曲同工之妙。其中尤为露骨的要数糖贩子吆喝的口号,说什么人均糖消费量就是国家文化的计量器。而天真的日本人竟然如此轻信了这个说法。

食品业的从商者自不可能放过这个天赐良机。尤其是在精白碾米技术高超的现在,市场上砂糖制的果子独步天下也是自然。例如将砂糖结晶制成的冰糖,砂糖凝固制成的金平糖、薄荷糖等,冠以糖之名的新果子层出不穷。果子里放了多少糖,一尝便知。此外还有将糖霜像雪一样撒在甜食上的,例如糖饼。正如人们以小鹿扎染和麝香为上品,嗜糖的习俗作为上流社会的标志广为流传。尽管以糖的消费量作为评判文化进度的标准很是愚蠢,尽管我们在同一时期已经打开国门开眼看世界,但时至今日仍然有人对该评判标准信以为真。

然而流行并不长久。以明治、大正之交,人们对果子的喜好前后发生了巨大的转变。糖的普及促使食物普遍具有甜味,而果子的含义却再次回归土佐日记中记载的山崎驿站的名产,谷物粉末的使用越来越频繁。另一个巨大的变化在于水果含糖量上升、销量提高。

从本质上说,桃子、柿子、梨、苹果的甜味同属一种,不论是撒满表面的还是含在果肉之中的,砂糖就是砂糖。于是人们沿着一种间接的顺序,自然地接受了砂糖文化。然而一旦供给来源不止一种之后,消费者自身之外没有人能够计算出哪些糖分必要，又有哪些糖分是重复摄取。于是就像电灯发明之后油灯消耗的油量反而升高一样，我们的饮食也是同样，砂糖大获全胜。而就连"一杯倒"和"千杯不醉"之间的酒膏优劣论，不知何时也变成了酒与甜品间的争斗。

日本素来以饮用水之清凉著称，然而清凉饮品依然如此畅销，就是一种争斗——为了与罐装酒对抗，我们发明了罐装糖水。我们依旧受到兴趣与流行的束缚，取舍选择也只能在有限的范围内进行。从这层意义上说，果子和新品种水果为人类开辟了宽阔的选择空间，可谓大功一件。

七　新日本肉食

鸡蛋的消费量在很久之前就相当可观，近年来鸡蛋又逐渐被运用于甜点的制作。大城市里常见到广告宣传鸡蛋对大病初愈者、老人小孩都有益处。还有一点不知与鸡蛋的畅销是否有关，那就是明治中叶出现的新气象——甜点总是会带上"滋养卫生"四个汉字作宣传。直到如今，诚实的制造业者仍在坚守着这种宣传传统。但这与其说是制造商的坚守，倒不如说是担忧一旦不时时宣传，反被怀疑不卫生。那时的"卫生"这个词，含义似乎与今日有所不同。

这五十年内日本食肉率激增，都归功于这种宣传。大和民族绝不是某位历史学家口中"忘却肉食"的民族。虽然我们对牛肉的食用是个例外，但每逢寒冬便进山打猎可是自古以来的习俗，有些地方还会饲养家猪以备食用。虽然当下的都市人觉得养猪脏臭难耐，刻意疏远，但药喰①（严冬进补）之风不断吸引新的信徒。尽管多数人只是说自己知道不吃野味求"滋补"也能健康一生之法。于是，我们从新的时代那里学到的第一条就是——要多吃。多么质朴的教育。时有人对某种美味相见恨晚，而通常不过是出于单纯的模仿罢了。

从以长崎为本山的兰学家的态度中能够窥见一二——学者大多都率直地承认西洋人在精力、效率上具有优越性，并将这个优势归功于他们与日本大相径庭的饮食习惯。不论这种态度是出于敬仰还是嫉妒，他们的潜意识都在于将来能与西洋人同台竞技时拿出毫不逊色的成绩，首先必须要做的就是改变日本人的饮食习惯，引导国民培养良好的身体素质。可见，我们对食物与心意性情之间关联性的理论，居然诞生得如此之早。

而日本人对于牛肉直白的喜爱与对砂糖一例有些许相似之处。我们的聚餐总有一种猎鹿后在山中小屋举酒庆贺的豪壮之感。肉不是每日都能见到的，于是一旦"破戒"就敞开了吃。吃火锅的乐趣，或者说火锅对我们的诱惑，大半都出自这个原因吧。

抛弃过去的盛相②、碗或者小碟子等容器，摆脱定量分配的拘束，现在的人们可以从大锅中尽情取自己想吃的东西，这种饮

---

① 进补，严冬吃兽肉。从前在冬季为了滋补而吃鹿肉或者野猪肉。
② 盛饭用的量器，用于盛份饭，将等量的饭盛入该器皿分发给个人。多为矮圆桶形。日本过去用于给犯人发饭。

食方式是全然没有受到西方影响而由日本独自开创的,让人们感受到了全新的自由之味。与此同时,服务方式也进行了一场大变革。略去繁杂的手续和装饰、成本低廉、亲近大众,成为当今大众餐厅的先驱。

牛锅店兴隆一时,在金锅、银锅这种愚蠢的设备诞生之时到达巅峰,此后虽然未至于衰落,但已经鲜有新的店铺开张了。而其兴盛的成绩能够长久留存,并不仅是由于这种饮食为国民对美味的评判增加了一种新的标准。若非牛锅这种奇妙的饮食作为过渡,日本也不会如此轻易地成为西方型畜牧业国家吧。而外国料理的食材,包括肉在内,总归会从某个地方进口而来。火锅的流行促进了猪肉在短时间内的推广和改良。

非常新奇的是,马肉也赶上了时代潮流,搬上了餐桌。马肉的廉价似乎使这个变化显得理所当然,然而,笔者从未在日本之外的地方听过类似的见闻。农家不曾专门饲养肉用马,老马肉质硬而口感不佳,于是,找准时机让马转换用途、摆上餐桌,可以说是日本畜牧业所独有的现象。从前倒是从书上读到过中国也有类似的做法,只不过对象是狗。

明治以前的日本还没有"一鸡两用"的先例。或许也是斗鸡成为平民的娱乐项目之后,人们才了解了暹罗鸡的美味。有人一时兴起想一尝鸡肉的味道,便特意与相距较远的人家交换鸡来吃,甚至催生了专门的中介。而时至今日,饲养食用鸡已经与种植蔬菜别无二致了。一来,人们不再需要养狗、养鸡来看家护院，更主要的原因则是国民对肉质的需要不断增加，而至今为止食用过的肉类又已然匮乏。

阅读足利时代的日记等文书时发现，当时有条件的家庭都会捕鸟食用，从雁、鸭、鸿雁到野鸡、山鸟、鸽子、鹭，横跨的物种之多、消耗的数量之大令人瞠目。捕鹿、猎兔活动也十分兴盛。我们的祖先确实没有饲养过家畜，但这绝不意味着我们是食素的民族。动物饲养方式的改变，一个是因为猎枪的铁炮弹将野山中的物种赶尽杀绝，另一个原因则是为了食物的供应不再受到季节限制。

撰写饮食史的人多爱以嫡派正统为基准，于是写出的尽是些偏离实际的东西。任何时代都有正统的拥护者，但从人数上来看这个群体不过是一小部分人。其实唯有每家独自的做法才能够反映饮食的实态。西洋菜全然是在牛锅的引荐之下才走进日本人的食谱。而谈及进餐方法，刀具的引入确实新鲜，至于具体的吃法、做法则依旧承袭本土，从"一品料理"① 的出现便可见日本人悠然自得的性格。

而这也和西装差不多，就算自认为是西洋风格，其实从源头就早已日本化了。每日衣食是生活之中最不必费心的部分，甚至可以说是人不必再端起架子的唯一时刻。并不是把所有东西逐一正式化就能一劳永逸。因此日本也极少使用强权来促进统一国风，多数情况下我们的国风呈现出一副散漫的、随性的

---

① 日本一种可以单点小菜的进餐形式。

变化的状态。

相反，西洋料理却在一点点试着统一。越来越多的餐馆宣称自己是某国风味，口味正宗，从原本没有像样的好馆子到如今已出现在街头街角。中国饮食文化的复杂向来远超日本，且由于版图宏大，各地饮食文化差异较大，开在日本的中国料理店不过是取其中最为简易的一小部分进行模仿。不过，国人共情能力很强，抓住外国饮食某一点新奇的特征，人们就能够迅速与之共鸣。

正如我们认为嗜好牛肉是洋式餐饮的精髓，油脂则多被认为是各式新菜肴都不可或缺的要诀，很多人还错误地将其与流行的"滋养卫生"联系起来。油脂带来的味觉体验还影响了对美味的评判标准，饮食界越来越难以达成一个新的平衡。萝卜青菜各有所爱，而到了现代连一家之内都众口难调。于是人们开始外出，各自追寻美味。

饮食同样受到一些经济因素的干扰。例如米饭需要淘洗、灶煮，因而很难从家庭中割裂出来；进入现代以来生鱼的供给十分充足，但因不易保存而在商品化上略迟一步。城市中的饮食方式自然在种种影响之下发生着变化。如今的寿司在客人面前制作完成，便是其中一例。

虽然还不至于站着用手抓来吃，但确实这个时代大兴简单朴素的料理。光是以一品料理为范本研究面向孩子的糖果和米糕、御喜烧的专家，据我所知仅东京就有数十人。虽然他们说是非常注意食品卫生，但据他们所说，肉类选用的似乎是马肉。如今竟已变成孩子在路边尽情吃马肉的时代了。

八 外出就餐

儿童游戏"扮家家"如此流行，恐怕在日本以外并不多见。每逢盂兰盆节或春天的民俗大节等特殊日子，人们便在户外聚餐。孩子们久久难以忘却那时的愉快记忆，于是纷纷效仿大人们张罗庆典的样子，这就是扮家家的由来。由此可见宴会筹备工作的紧张和复杂。即便在今日，在庭院里起灶煮菜也令大人感到异常的兴奋，因为对他们而言，和人群一起进食本就是一场盛典。宴席上得有酒助兴，而男人们谈笑间浪费现象频出，于是举办频繁了钱包自是遭不住。大人们因此将次数极力缩减，以致孩子们越发感到庆典弥足珍贵，便通过扮家家来不断回味那份快乐。

即便不现做食物，外出就餐本身就是件愉快的事情，有些家庭会提前在家烹调完毕，带着现成的饭菜出行，到达目的地后就着清水吃。这种食物人们曾称为"驮饷"，也就是现在的便当的前身。看到有人腰缠便当出门，就能知道他这是要出差数日。进入明治以后，腰便①这个词变成了这一人群的代名词。而就连驾马车的人也会随身带着便当，虽然他们并不是缠在腰间。

与在家时的饮食相比，便当要简单朴素得多，且通常是冷食。有些地区又称便当为"烧食"，兴许是因为要借助野外的火

---

① 带饭小职员，指每天带着盒饭出勤的低薪职员。

来烤热吧。渐渐的在外就餐的机会变多了。当与家庭成员或者挚友相距较远时，可以借助便当这种简便的形式与对方共享"家的味道"。而有些客人一次"做客"长达三个月至半年，几乎成为主人家的半个成员，这也是现代形成的新习俗。

紧接着，茶屋出现了。正如其名，茶屋是路边沏茶的地方。热饮变得容易入手之后，便当的含义发生了不小的变化。于是炖菜茶馆也应运而生。说书先生在考证时总爱搬出水户黄门等书，实际上明治时代之前，世风一度大改，人与人的交流变得频繁，炖菜茶馆的门店甚至开到了乡下。炖菜易得，因此除非进山打猎，否则人们远没有必要从便当下翻出梅干来吃。尽管如此，仍然会有古风的人不愿进炖菜馆，而这并非只因为他们想要节俭。

还有一种店叫作料理茶屋，虽然数量不多，仅在城里可以看见，但它的出现比炖菜茶馆还要早一些。从它们冠以坂本（坡下）、桥本（桥下）等屋号也可得知，这些店铺最初开设于街道两边。料理茶屋也属于炖菜茶馆的一种，只是"料理"一词在烹调上更显得用心。大概是受到新式旅馆的启发，他们将上门者看作临时的宾客，并提供与本膳相当的佳肴。

既是一场盛宴，自该配有盛装侍者、有美酒相伴。由此，"客人"一词又有了"花钱的人"这层含义。茶馆最开始并非作为娱乐场所而开设——其他种类的茶馆与旅行地、午餐便当等无关，在此不作赘述——上门者为一碗热腾腾的日本汤向茶馆老板道谢，正如宾客感谢主人的招待。为了减少腰缠便当的不便，人们造出如今街头餐饮林立的景象，继而催生了当代的简易食堂。

料理茶屋过于正式沉重的店内布置，直叫出手阔绰的人也不免感到压抑，于是明治时期的茶馆改良大抵是冲着简化的方向去的。在此之前，茶馆的招牌是家常菜、合菜、茶泡饭等，改良后都为简单的菜式所替代了。在民间，茶泡饭不过是寻常饮食，有的方言中意同早饭，另一些方言中又意味着午饭。总之，就是省去一些形式的外壳，让客人在茶馆吃上和家里一样的饭菜。要是价格再便宜一点，估计也就轮不到便当出场了。

而便当的原理与影膳①相似。打开便当的人，看着家人带来的饭菜，心想，此时此刻，全家定是围坐餐桌前分享同样的食物。这种美好，给了离家的人以无形的滋养。这种与家人共享美食的方式别开生面，也让便当多了一份看不见的滋味。然而，与家人分开的次数日渐增加，甚至超过了自己的预想，各个房间里开始架起了小锅，个人喜好也拉开差距，煮豆子、佃煮②等小火慢煮的食物悄然融入我们的生活。

住在同一村庄或者部落，甚至同一屋檐下的人，彼此的饮食习惯都不尽相同。随着家庭统帅力的减弱，家族个人的私有财产，又或者说零钱的问题，变得复杂了起来。

---

① 又称阴膳、供膳，为祈祝外出参加战争或旅行的人的安全，留守在家的人供奉的饭菜。
② 以酱油、料酒、糖将鱼虾贝类、海藻等煮制而成的一种海鲜食品，味道浓厚，因最初在江户佃岛制作而得名。

一膳饭①原本有着不吉利的寓意而常为信神之人所忌惮，现代人倒是不再把它当回事。而后明治期间许多街道边上的炖菜茶馆都逐渐改造成了盖浇饭馆。在定价定量的消费形式下，单份的热饭菜、热面条走入市场。丼（大碗）取代了先前的饭碗，天妇罗丼、牛肉丼、亲子丼，略显怪异的名称很快传遍全国，成为这个时代特有的景象。

有趣的是，在有些家庭中便当已不能在生活中占有一席之地，同时有人一日三餐靠便当过活。于是制作、贩售便当的行业兴盛了起来。也就是说，作为同伴他们的偏好背道而驰，而在外部来看他们又在无限趋同。古来数以百计的食物中，除去特殊的几种外，都得以保存。而明治大正时期又诞生了数百种新兴菜肴。无论是从食材还是烹调方法上看，像日本这样饮食种类繁多的国家，整个世界上恐怕都屈指可数。

生活技术赋予我们选择食物的自由，因此当下的我们是幸福的，而作为日常商品的食物尽数摆上货架等待选择。卖家需要推出的是既便捷，最好又能同时满足买家多种需求的商品，这就是流行不断变化，而我们又时常接受推销的原因。同时让人感慨城市如何便利，与此相比又引人思考村庄生活又损失了什么。

厨房的革命还在继续，每一位食品制作者所面临的劳烦丝毫没有减弱。不同于以面包为主食的西方国家，公共食堂、共同就

---

① 一碗盖浇饭，大众食堂等卖的单份大碗盖浇饭。又指供在死者枕边的一份饭。

餐的重要性虽已经得到了日本公众的承认，想要真正实现起来依然困难重重。热饭、味噌汤、咸菜与茶，这是现代的核心家族磨合出的新式食谱。其给人留下的印象之深刻，早已将它的影子刻在了寻求超越当下的饮食梦想之中。

第三章 住房与感受

一 弱不禁风的房屋

当初小泉八云①先生遍游日本，我们的城市还只是由杂乱的木屋构成。他不无同情地评价道：日本的房屋如同岐阜提灯一样风雅，但也同样脆弱。认为现在的房屋与几千年前的没有区别大错特错。甚至觉得这种房子也勉强能住的思维也早已消散在历史中。长久以来一直与这种风雅的岐阜提灯式房屋朝夕相处而不自察，直到倾听了遥远的异国人的评价后我才恍然看清。

祖先来到并扎根这片土地，已经过了不知几个几千年。为了建立更加富裕的村落，他们以共同建立村落的决心，走过了天涯海角。即便后来逐渐地分散到日本的东侧北面，也久久不忘南国温暖的日子。即便居住在半年积雪覆盖的深山，他们也依然继承

---

① 小泉八云（1850—1904），出生于希腊的新闻记者、纪行文作家、随笔家、小说家、日本研究家、日本民俗学者。

了祖先的喜好，只建造遮挡不严的小屋。单纯而倔强。这种风俗一直持续到他们开始思考居住感受。

即使房屋改良不是偶然发生的，但基本也都是依靠了外部环境的推动。很少有外国人比小泉先生更懂日本。日本人即使气候酷热也只知道用团扇，即使天气寒冷也最多关窗、盖被子睡觉。他们如何会在这片湿气严重、温度变化极大的土地上，过着与外界别无二致的生活，又怎样对抗火灾风雨呢？有这样的疑问也很正常。

如果将原因归结于日本人淡然的性情或是感受力的迟钝，是得不到正确答案的，并且至今也没有人这样做过。与衣食不同，我们的房屋构造，还受着前人日常生活方式的限制，而且其程度超乎我们想象。若是衣食不称心尚且可以轻易替换，但房屋不同，人们不能轻易改变选择。若是上辈传下来的房子，更是不甚满意也只能住下去。而如今人们发现即使是自己盖房子，也要妥协和忍耐，因为人总是在不知不觉之间被所谓的体面裹挟。无论是过去还是现在，这种限制的种类都非常多。同时，我们也学会了许多调和方式，能愉快地随波逐流。

大正十二年（1923）发生的一场地震，摧毁了关东地区许多城市与农村的新旧房屋，同时也扫除了与之有关的旧有习俗。这段历史总让人眼含泪水，但是那时的人们为了迎来更美好的明天，抓住了这次机会。那时人们建造了多种多样的房屋，尝试之丰富，放到如今都难以想象。虽然背后付出了不少代价，但我们脑海中潜伏已久的各种天马行空，都尽数得到了表达。人们前前后后仔细地探索了居住感受。许多东西正在消失，其中什么值得惋惜怀念，人们了然于胸；许多东西依然存在，其中的阴暗寒冷和那些不尽如人意的地方，人们坦率地进行了批判。

这或许正是等候已久的时机。其他区域的城市改造也在稳妥推进，村落并没有作为局外人只是冷眼旁观，但因为不能决然拆掉所有，所以也没能迅速作出改造决断。而此时没有改造需要的范本，或者有资本的人认为完全西式风格才是最安全，因而人们没有做到充分思考房屋的舒适度问题。虽然我们尚无法预测这到底是失败还是成功，但在我们回顾历史的机会都即将逝去的现在，我们可以在历史范畴中看到过去的那些束缚，以及为挣脱束缚而作的斗争经历过何等艰辛。

在西方的城市里，人们实际上也不知道该如何处理那些宏伟古老的石砌建筑。人们很难把它们全部作为一种纪念保存起来。或许现在那些新房屋不久后也会进一步改造，但在确定最后的形式之前，我们应该想好自己追求的是怎样的居住体验。

二 仅容旋马中修炼

有一个事实或许每个人都已经发现：房屋的种类自古有两种，而且二者融合并存。一种规格大且建造精美，另一种较为粗糙。但这并非因贫富贵贱而产生的差异。同一户人家，也需要同时拥有两种类型的房屋。上山劳作的人为了捕猎或烧炭建造小屋，开垦远处田野的人需要搭建农屋。这就类似天智天皇①收割稻穗的草庵。

设计了两种类型的房屋，或许起源于古时候对应着冬夏两种时节。临时建造的小屋是其中一种，现在的办公楼依然建得宏伟，但也属于这一类。宫殿楼阁也是由此发展而来的产物，人们为了共同的信仰，按照需要建立起的神社，虽然后来成为一种重要的纪念，但按照其建造之初的功用来看，也当属此类。因为生活中对房屋功能并无太多要求，所以一般而言不需要特别夸张的建筑，忍耐和将就是平常事。后来，逐渐出现了用小屋代替居住用房的习俗，逐渐地大多数小屋变成了岐阜提灯一样。

以前小屋的用途非常广泛。比如产妇分娩，或另起炉灶单独生活的人都可以住。而准备祭奠仪式的人也要搭一个精进料理的屋子，在里面过上几天。旅行的人原本是不能在别人家里过夜的，若是与达官贵人有关系的人家，为欢迎贵客，会搭建一个供住宿的房屋，这种小屋叫作"假屋"。这种小屋用完后或马上拆掉，或就此荒废。若是军营，会经常搭棚露宿，但如果要暂时停留，他们也会搭建临时的假屋。

总之，小屋就是暂时把一群劳动的人聚集起来的宿舍。我认为这里的"小"应该不是指房屋小，而只是指一群年轻人的。过去农业渔业的劳动队伍和矿山山林一样都有类似的小屋。而"长

---

① 天智天皇（626—671），《日本书纪》记载的第 38 代天皇，本名葛城，在大化改新中发挥了主导作用。

屋"是将小屋聚拢在一起的永久性房屋。在日本大大小小的新兴城市里，建造长条房屋的需要尤为强烈。而这些房屋，就是令小泉八云先生十分震惊的那些建筑。

大都市的小屋生活可溯源至遥远的室町时代以前。有些战国大名曾把京都作为常驻地，但住所大多还是暂时搭起的假屋。只有将军或许会为提高房屋舒适度而在构造上模仿故乡的宅邸进行建造，但家臣人数较多，只能住进共用的长屋。即使在江户地区，最初人员更换十分频繁，一直要从家乡唤人过来，因此他们的休息场所异常狭小。

原本住过去的只有男性，没有生产育儿的需要，并不会因此拥挤，但后来人们逐渐为了减少路途舟车，就将家人聚来同住。而后又称"御定府"，可世袭。一家无法得到足够的住宅，家里的女眷、孩子就只能在不知不觉中忍耐并适应。房屋的一面透过格子窗户可以望见沟渠的石墙，另一面的玄关与后门相隔一道翼墙。直到明治时代末期这种长屋依然四处可见，许多人居住其中。我们曾一度认为这是东京风的房屋样式。

从"根小屋"一词的广泛使用就能知道即使在地方的小城下町里，人们也过着差不多的生活。根小屋即是集中建在城根的小屋，供听命于领主的家臣居住。但有权势的士族实际上能享有稍微大一些的宅邸，与江户大名和家人一样，只有少数地位较低的小人物才住在长条房屋内。江户时代诸侯家臣在各地轮值，他们的武家宅地空间狭小，而士族则鲜有这种拥挤生活的经历。而商户的住房无论在哪个都市里都别无二致，大部分人都忍受着长屋里的生活。我认为其产生的原因是为劳动统一。

城市里原本有房东，他们买下一定面积的土地在上面常住。与武家的住宅不同，他们把门面建得很窄，以让一条街上能住多户。但是新兴城镇中的劳动力数量庞大，这些房屋终归不够用。因此，房东们又在自己的土地之上建了许多共用的长屋，让自己管理的工人住进去。后来，房东拥有越来越多的自由，他们就不再继续亲自领导长屋中的工人，而将介绍人、担保人的工作也交于他人之手。担保人也住在长屋之内，而他身边不经意间聚了越来越多的工人。最后，对外就只留下租客的身份归房东管辖。从这里也可以看见以前小屋生活的影子。

等到共用飞机成为一股潮流，就能在城市的天空中看到空中交通的痕迹。东北地区人们能分到很多的土地，很多百姓的家门前有一块空地。但东京从最初就土地少人口多，加之更多人涌进东京，于是生活在胡同小巷、栅栏、下水沟非常常见。大多数大道上的店铺之间都有一条窄窄的小路，城市的长屋沿着小路绵延到尽头。或者干脆说是杂乱的小木屋堆在一起。许多顽强肯吃苦的人就在这里发迹。在此之后，这里的职业变得完全自由，逐渐出现了世世代代常住的人。但仍近一半都并不是完整的家庭。

根据京都的记录来看，这类住房也都是小屋。只是建造的小屋只被当作临时之所，大正时代末期甚至出现了"救济小屋"的称号，因此住小屋也就意味着一种贱民的身份。人们逐渐将长屋和御长屋看作大多数市民的普通房屋，而实际上住在里面的人的生活习惯已经发生了改变。人们最初是为了外出挣钱才住在长屋，但后来一直住下去，终是丧失了回家的路。因此长屋里的生活也就象征着忍耐。

如果说市民与村民的生活之间有何不同的话，那首先要说市民与这种面积狭小的暂时住所之间的妥协，一直修炼，甘之如饴。一部分农村里的小屋当然在发生变化，只是变化的方向不同。即使日本国土再狭小，农村人口也不会过分聚集。在城市里租房谋生已经成为理所应当的事，人们将搬家视作换衣服一样，同时木匠通过自身技术，将狭小的面积巧妙地或是聪慧地利用起来。高效利用空间本是有原因的，但后来人们觉得这种风格做法不妨学之，甚至连家中无须过于紧凑的人家也跟了风，接受了这些空间的限制。

后来江户改名为东京，在大量人员流动过程中，人们的心理发生了变动，但过去那种先出去工作然后寻找栖身之所的做法一直保存。店铺狭窄一事人们已经无奈接受，想通过从外边寻找美食和观赏之物来聊作慰藉。但许多人认为既然要常住于此，即使再小也至少要独门独院。虽说公共浴池比澡盆更好，但是自家总要有一间厕所。而后，人们觉得实在难以在已有的地方常住下去，于是城市也逐渐向四周扩展。

最初，这也只是把老式的共住长屋放大了建在后街。但随着交通情况逐渐改善，不知不觉中郊外的空地成为新的目标。郊区生活的出现，或许是因为刚进城的人怀念绿树蓝天，故而落脚在郊区，但后来那些世代居住城里的人也煞费苦心奔向了郊区，只将工作场所留在城市内。这就意味着，迄今为止的聚居生活只不过是一种无法回避的无奈，等到条件允许了，人们马上要寻回原本就属于房子的舒适感。

三 从纸到玻璃的进化

日语中"部屋"一词如今指家里的各个房间，但过去它意味着小屋，或者是一种特别的小屋。现在也有的地方将借给劳动者安身的小屋称为"部屋"。还有"木部屋""味噌部屋"等词依然在广泛使用。住宅和大城市的长屋一样，原本是分成了众多的小房间。而小屋与主屋（正房）最明显的区别，除了大小之外，还在于是否设有灶屋。

部屋主要用于睡觉，而一日三餐则是聚集在一起，因此部屋不需要太大。随着建造技艺发展，人们能使用更大的木材后，便把一部分部屋共同组成了一栋房屋，但仍然有其他一些是单独存在的。近世时期的大多数分家，都只局限于分伙做饭，直到后来人们才分割土地，将土地经营分割开来。因此，新宅已经不再是单个的房间，而"部屋"一词也成为家里一块区域，再无其他意义。

如今农村的很多小屋，都是从这种劳动小屋进化而来。事实上，这里的人与城市里的人一样都有着同样的忍耐，对于房屋舒适度作出了让步。这些小屋最初不是为单身之人建造。在农村里，单身的人也就是意味着未来要结婚。因此房屋同时也是婚房，不久后就会用于养育众多孩子。但令人庆幸的是，对于农村的孩子来说还有房屋外的世界——父母白天一直在外，因此房屋小也不会带来任何束缚感。

住在城市长屋里的孩子们，父母经常会让他们出去玩耍。如果不远处就有一小片空地那自不必说，即便没有，路上也是孩子们玩耍的场所。孩子们可以带着陀螺或者纸鸢在路上玩。父母逐渐地开始担心路上不安全，并且告诫孩子们不得上路。公园或寺庙也是孩子们常玩的地方，这都是因为小屋中并没有留出白天需要的空间。小屋没有满足人们在白天对房屋的需求，但这并没有对他们造成一丁点儿的影响。

我们日本国民从小就听大人说户外也是家的一部分。同时，我们必须首先感激每天晴朗的天空和湿润的空气。日本北部的降雪季节与南方的梅雨季节，是孩子最感觉憋闷的季节，同时父母也会思考改善居住环境的时机。然而即使是改善，如果只停留在扩大房屋面积这个层面上，很难达到目的。而城市中很难扩建。这时人们想到的是设法让房屋变明亮。

不难想象日本刚成为西洋旅行者嘴里的纸窗之国时，农民们是何等喜悦。房屋本身是为了抵挡寒风，为此值得舍弃木窗柴门。如果扩大窗户面积并调低位置，则无法应对狂风暴雨。房屋的一种效用就是在进入的瞬间化白天为黑夜。点起炉火，家里会变得明亮。这也是人们祭拜火神的原因。但除了冬季，无人愿意如此。虽然没有历史记录，但日本人有着下雨天睡觉的奇怪习惯。

虽然很早之前人们就知道用白纸糊隔扇做成采光拉门更好，但有段时间里纸并不作为商品出售，农民无纸可用。后来因缘际会，纸成为孩子的启蒙必备品，逐渐走进千家万户。观看近世草双纸的图画，就能发现家里的隔扇上的纸都有各种各样的字。这种现象到明治时代中期在很多村落中依然常见。再后来孩子们上学了，房头的空间再度有了价值，成为纳凉胜地。

屋内光线变好，带来了许多意想不到的好处。屋子变亮，人们首先发现的就是天花板上的淡淡污渍。第一个体验洒满阳光的拉窗的人，一定对它刻骨铭心。而就在同时，厨房里的餐具中也出现了越来越多的白色器皿。想必阳光和闪耀白光的餐具相映生辉吧。就像人们所说，白盒子只有第一次使用的时候是洁白的，之后一旦染了别的色，就永远地留下了。或许正是这个原因，农民们才想用漆器吧，无论它是不是精细物什。

如今，清理水壶和罐子是主妇们的日常工作，但那时这样的活计越来越多。因为之后人们会越来越喜欢各种样式的器具，一看见别个的物什，就想要买个一样的。事实上，从这个时候开始，人们一有机会就扩大房屋面积，添加走廊，将房屋里里外外都装修一番，让房子更漂亮。这是对房屋的改良，而相比之下以前的小屋则彻底变成简洁素朴的正式住所。与都市里住在长屋里的人一样,他们在妥协中找到了得以安身的小满足。换言之,贫农已经成为一种固定的世态。

另一方面,自古日本还有另一类普通的住房,据说原本各阶级都住过。即使与其他国家比较,这些房屋也分毫不显得简陋,完全不必过谦。房屋能满足生活中的所有需求,而且外观壮丽。但相对于国民总数而言,使用者数量很少。大多数房屋在各个部落里相互独立,因此诞生了随心所欲的设计,极富变化。后来一度成为一种建筑风格,为人们所骄傲。但也有不好之处,人们即便忍受诸多不便也要维护原样。而一旦家道衰落,房屋改造费用很大,所以有些房屋就再没人修缮,任其荒废。

这种房屋特征是木料粗、房檐厚、客厅、厨房等处都宽敞无比。但由于这种房屋是为多人共同劳动、饮食起居的时代而设计,一旦家人分别独立成立小家,就只剩下空荡荡的屋子和深深的寂寥。这种房屋最初也有光线不足的问题,只能用大片地炉的火焰,抵抗阴暗与湿气。窗纸最初只被认为是一种简单的改造,但对于这样的房屋而言,实际上带来了不可避免的巨大变动。

大房子里的各个角落都亮堂起来意味着家里可以安置多个隔板。人们在所有的柱子间装上门框门槛,搭起隔扇,但在一边隔出来的空间却并不幽闭。日本国内长时间无法生产玻璃片,那些进口的玻璃,人们都是珍惜着用。从这个时期开始,无论城市还是乡村,很多人把玻璃镶进拉门的木框里,静静地在屋内望向屋外。透过窗纸,外面的景色只是一团光线,换成玻璃之后,跃进视野的突然变成了一个个具体的真实景象。

家里的年轻人闲来无事或读书之时,也流连在这个角落。透过玻璃窗,他们渐渐知道了家长不知道的事,有了自己的思考,心中自我的世界也逐渐形成。夜晚,人们提着行灯可以四处走动,这也并不是多么久远的事。而后来出现的洋灯,更是让夜晚变得非常明亮。再后来,电灯进入各家,照亮每个房间。这时的家终于成为私有空间,除了慕名借宿之人,无论何等宽阔的房子也不再与人同住了。我在以前的书中,称其为火的分裂。

四 卧室与棉被

火的分裂即是火炉的威力的衰弱。以前,每当秋意渐浓,人们就开始一点点消耗后门的柴堆,把它们放到巨大的火炉内燃烧。家里住的所有人都要聚在一起围坐在火堆炉旁。火炉正对面的座席,被称为"横座",当然坐的是一家之主。只有这里横着铺了一张席,因此,称为"横座"。一般而言火炉右手边是客座,没有客人的时候其他家庭成员也可以坐,而另一侧的上座则较严肃,不允许儿媳或者女儿去坐。这个座位还可以称为"执勺",只有坐在这个位置的人掌握家中食物分配大权。因此,将家中饭勺传给儿媳,就意味着家中权力的传承。在横座对面的下座被称为"木尻",因为这里没有任何铺头,朝着木柴的方向,因此得名。

在老派作风的大家族里,主人夜里工作的时候,也要时常到横座稍坐片刻,但这并不一定是优哉游哉的工作。最早厌烦火炉的熏烟,想远离它的正是他们。后来有了第二种小火炉,但这里与大厅不同,天花板很低,所以不能燃大火。这时炭就投入了使用。

炉钩逐渐进化成中间低凹的炉铲,因为那时已需要时常运火。或许过去就用着现在的土筑的炉子,但是与现在不同,那时若炉边不见一家之主的身影,总觉得有些冷清。为了节约燃料,这种炉子用得越来越多,而且还能产出更多的熟炭。有了炭做准备,小锅就呼之欲出了。之后还有做饭炉和硬炭。

火盆在不同地区有不同的叫法。有些地方还称之为"岗炉"①。所谓"岗",意思是很高的地方。人们没能想到将火盆拿进屋里,会引起住房的多大变迁。总之,若没有这个契机,绝不可能在炉旁招待高朋。

棉花的普及给这个时代带来一个巨大的影响。如果缺少这一环,恐怕暖炉也不会出现。关于暖炉这个神奇物品的起源,现在依然没有个定论。总之后来屋内小炉里不燃烧柴火,用火铲可以挪动里面的火。之后的事,我们大抵也能猜出个七八分。这与火盆结合就成了移动暖炉,而后又进一步发展成哨卡暖炉。这类小发明的相继问世,可以在江户末期的文学作品中窥见一斑。而直到约明治四十年(1907)才在农村得到广泛使用。这给每家的生活带去的差别,比食物的影响还要大。

---

① 日文原文为"オカ炉",此处中文使用了假借字"岗"。

第三章　住房与感受

以前的冬夜里人们常常解开衣带，用炉火彻彻底底地烤腹部和背部，然后披着衣物睡觉，如果太冷就在火炉周围睡。但同时需有人晚上不时起来添柴。常听说那时有人整晚不得休息。暖炉是一个让老弱安睡的好方法，但它并没有惠及所有人。但是有了暖炉，我们的睡眠方式才发生了改变。

或许是日本人的睡姿无足轻重，未见书籍中着墨于此。只有少部分画像中的上流睡姿为人所知。人们对这种细碎的小事闭口不谈，甚至觉得这是件羞于被人知的事情。实际上日本人的睡姿不仅更适合舶来的床，而且与传统住宅十分协调。后来棉制冬季睡衣出现，原有的自然着装被视为低俗。人们没有进行任何改良就全盘接受，这实属可惜。

进入秋末卧室就变得更重要了。将刚收割的新麦秸晒干甄选，满铺在地上，夜晚时还能散发淡淡芬芳。一般人们还在下面放两三尺深稻谷壳，而且年年换新。记得睡过麦秸稻草的人，应该为数不少。或许只有生活非常朴素的人，才会说它比煎饼棉被①更加舒服。如今棉制床品的普及，已经让人们再不会觉得秸秆舒适了。就像看着留下来的建筑中卧室的构造就能理解，这原本并不是穷人无奈时的选择。

家主基本上都在房屋中央的尽头休息。保护家主的人背朝入口坐在正座上。只有这里的隔板自始至终有窗户，下面的许多门槛有五六寸高。虽然需要跨进来，但好处是不仅便于阻挡入侵

---

① 薄而粗劣的一种棉被。

者，同时还能防止秸秆溢出。也有人拐过去将入口放在侧面，而正面是板墙，因此妻儿的卧室大都相对阴暗，但用秸秆铺床的时候，暗一些也无妨。

然而棉花最容易吸湿气，也很容易染上汗味。因为人们保存了卧室原有的构造和布局，独独换了寝具，这就成为各村卫生吏员最需要挂心的地方。这种没有思考的双重生活方式在家中还有很多。房屋束缚我们至此，又让我们养成了许多意想不到的生活习惯。

五 地板与客厅

有很多方言将私室叫作"纳户"。而正如字面意思，纳户原本是放置物品的地方，但事实上它兼备了卧室和收纳室两种用途。伊豆的许多岛屿以及但岛①的一部分岛屿上，村人将这种房间叫作"帐台"，而帐台也是个古词，指那些有身份地位的人的卧室。

看二条城其他正式的书院构造可以发现，台上主公坐的一边有较低的发梳形窗户，连接着下一个房间。有人称其为武者隐，是设置护卫的地方，挨着它的下一个房间就是帐台。而矮窗一样的入口，是为了预防外敌入侵。武装者想从这里潜进帐台的时候，里面的人就有一定的准备时间。虽说有内外的差异，但防御的功能一样。在农村的老式房屋中，或给卧室门加装高高的门

---

① 日本旧国名，位于今兵库县北部。

槛，或将卧室正面围住，或只有穿过走廊才能到达卧室，皆是同样用意。

在佐渡流传着与此有关的藏老①的传说，即日本能乐的《蚁通》② 中的情节一样的故事。传说在必须将老人遗弃山里的时代，行孝之人会将父母藏身于其中。还有些地方将这种稍高的门槛称为"耻隐"，如果没有它，屋中的秸秆会容易被踢散，而且就会被别人发现自己睡在秸秆里。这种说法是比较新的说法。武者隐的传说也有大半是和这个相似，或许二者之间有着什么非偶然的联系。

思考至此，我们会发现，铺榻榻米的客厅的尽头有一块高起来的地方，人们如今称之为"床"，用来摆放挂件、插花等，但是它原本的用途并不在此，可以想象它原本是睡觉用的"床"，可谓此床非彼床。至于为何这个地方的功能从幕后走到台前，这个大变革主要可以用建筑技术的历史来解释。以前会为尊贵的寄宿者，新建"假屋"，而假屋大多与主人宅子很近，更像是带客厅的配房。后来工艺逐渐进步，人们开始利用巨大的檩木和柱子，并且乐于使用复杂技巧，家里数间房屋与正房合并，客房也成了家中常设的空间，提前在家中备好。彼时，贵客来访已频繁至常备客房。当然，也有说法既然有了常设的客房，这种贵客待遇后来就惠及了更多客人。以前只有那些有资格被邀请到炉边客

---

① 传说中日本曾有弃老习俗，而人们为尽孝则想方设法将老人藏起来。
② 能乐剧目之一。

座的人，才会被让到内厅。但因为有了客房，在客人暂居期间，他就是客房的主人。

现在在旅馆里还能体会到那种感受，住宿的人会暂时得到坐主位的权利。如此我们便能够理解为何有时主人甚至把客人推到龛前了。正如主人的横座背靠卧室一样，主宾在客房里也可以倚靠在龛前的装饰柱上。客殿里铺满了榻榻米，在上面铺上棉被就能睡觉，也不需要特别的装置。但如果去掉这龛的话，就看不出想要优待客人的心意了，因此这个区域就有了更高尚的用意。

将卷轴挂在墙上与插花进入一般人家的时间大抵相同，都是从室町时代开始的。将花插进花瓶的日子原本只有七月七日。这也是一种盆景。起初挂的画也被规定仅限于宗教画作。不久后多种风流汇集于此，人们将器物与植物进行有趣的搭配，富有人家会陈列数十组搭配，这个时代的古董浪潮一下子高涨起来了。为了观赏插花而做的装饰也曾被称为室礼。在茶台无用之后，地板便与它连在一起了，无须多言，这也是促进了茶会和俳谐相结合的灵光乍现。

我也不能说清为什么隔扇意味着宣纸的隔断。但或许家中空间的分割是最初的原因吧。同一屋檐下经常会出现两个主人，就必须设置两处卧室，此时屏风已经不足以成为隔断。而另一个更大的变化是，如今家中所有地方全部铺上了榻榻米，其根本原因是客房合并入正房及坐礼的变化。

在客房还是单纯的小屋的时代，能招待的客人人数是有限的，那时在普通住房中，主座、火炉正面朝向庭院即可。然而，增建客房之后，主人就会带很多客人进来，后来同辈、朋友也跻身贵宾待遇之列，时常推杯换盏，最后招待的人多到所有地方都坐满了人。榻榻米本来如歌牌的画那样一人一张，但后来朋友越来越多，就把火炉周围都铺上了席子，而相互谦让非常麻烦，进而将席子铺到客厅中间。这或许也是为了方便酒席间主人敬酒时出入。

如果客人是真正的贵宾，则正座的人都平坐，而其对坐的人则跪坐。在日本，伺候长者的一般礼法是，双膝并拢跪坐，双脚足尖抵地，小腿放松。这样，可以在长辈有需要时立即起身。这个方式长辈也心中安定，因此现在只有女性的坐法稍稍放松些，男性无论主客依然是身前双膝跪地，身后双脚伸开，趾尖抵地。这完全是因为宴席扩大的结果。随着人们之间的交往深入，最后客人也不必强忍盘腿坐，主人也不用正襟危坐。

这样的坐法搭配过去的地板有些不大方便。客厅自古还称为铺席客厅，这就可以看出客厅中早有铺席的历史。而后，待到明治时期，榻榻米的范围已经扩展到除走廊和厨房之外的所有空间。这一过程，也是人们逐渐忘记榻榻米也是一种席子的过程。现在，不仅在没有客人的时候榻榻米也铺好放着，而且有钱人甚至还在上面铺上绒毯或虎皮，再在上面铺上第三种席子——坐垫。于是，人们甚至可以忍受用刚刚脱过鞋子的手直接拈起果子吃。这些是不便，但是并不是历史传下来的不便。

六 出居的衰微

榻榻米原本是折叠的意思。最初它中间夹秸秆做衬垫，开始与寝具关联的历史并不长，就如坐垫用作褥子一样，都是不久前才开始的事。现在榻榻米都是衲缝的板状，而且有一定的厚度，只用在室内。曾经的榻榻米可以挪动，铺到地上，而今也依稀能够看见一丝痕迹。地板上区分高低，可以让休息变得更轻松。以前每次都要脱鞋，现在可以把脚搭在下边即可。

自从用棉制足袋以后，人们反而觉得穿着袜子走在榻榻米上，能感受到几分惬意。但若不能将其等同于单纯的铺地板的房间，依然存在许多令人介意的事情。其中就有灰尘清理的问题。为此如今的大扫除等也是在敲打榻榻米的声音中开始和结束的。日本文学不时哀叹浮世的尘埃时，我们的灰尘还是非常单纯的。纷飞杂乱的纤维有些许长。如今毛、棉的各种纤维，所有的纸和炭屑，都变成了粉末，许多微生物集聚于此，刚好散落在榻榻米的编织缝隙中，又随着早晚的铺展和收齐的被子漂浮在风里。

而灰尘落定的时候，刚好是我们睡觉或者吃饭的时候。食案的高度在不断变化，如今已经非常矮，就像要充分接收落下的灰尘一样。除了高度，桌宴的大小也在不断发生细微的变化。即便人们知道一块榻榻米的高度做床铺尚且绰绰有余，但没人思考如何将其改善。这是因为近年来人们给食宴铺上了榻榻米，将其做成床的样子。可能是因为食案做成床还有些富余，当作席垫还略有不足，略有些尴尬。

如我之前提及，客房发展以来，日本的出居生活就逐渐衰微。地方不同"出居"所指称的地方也有不同。有的地方称内厅为出居，有的地方将店间茶室作为出居，但二者都不是"出居"的原意。出居，就如同字面意思，是在屋外与外人共处的地方。严寒时节，也会共同围坐火炉旁聊天，但通常是在靠边的光线好的地方，放上圆垫相对而坐。不做好准备是不能轻易将人领进客房，茶室之中更是需要多加用心才行。

如果是小房子，人们大多能在房门口站着聊天；但如果是有大门的大家庭，这是家事的一部分，而且是一种磨炼，更与社会息息相关。因此出居这块空间曾被大户当作非常重要的地方。甚至曾经一段时间贵族把出居当作会客间用。但那时普通人家大多时间都在外劳作，每日待在出居的或是做针线的女人，或是习字的小儿，总归都不是一家之主所处之地。渐渐的，出居原本的用途已经模糊，加之客厅日渐发达，出居最后变得可有可无。

商人利用这个空间做展示，医生和其他居家工作者则将出居划在工作区域以外，在其他许多家庭里这个空间已经成为家中无用的一室。若是有外来之人，人们也将其分成两种，或是邀请进客厅款待，或是说完事情就速速打发出去。日本人的待客之法，有些人认为过于盛情，也有人觉得略嫌冷淡，恐怕原因就是出居的衰微。

只有近代的文化住宅①逐渐地注意到这个缺点，但最终大部分人都认为出居并不必要，因此出居逐渐在新建房屋中消失。在村里新建的房屋里，许多人最初将出居视为走廊的一部分。后来妇人逐渐提高了社交能力后，茶室、前门、起居室和出居之间可能不需要严格区分，但出居和客厅之间若没有差别，就一定会导致混乱。玄关本来是作为客房的出入口特别设置的，这也应是受到长屋生活的影响。可是后来玄关似乎成了中心，而房子也主次颠倒地成为这个临时设施的附属品。

武家时期的前期，贵客临门②是生活中的一件大事。时间宽裕的人群爱好出游，而当时旅馆也并不是全国各地都有，于是就有了贵人来临。贵人来临与下级谒见不同，是一种许诺。不过此后不久这种风气就逐渐消失了。但为此准备的内厅却依然存在，让人们不得不开始调整它的功用。另一方面，来访之人除贵人之外，时常有一些亲人旧友。这种风俗由来已久，也有人称之为"拜见"，是一个有生命的习俗。但这些人来访期间，只是被当作临时的家庭成员。这二者后来日渐混乱，无论谁来都让到客厅，然后席上欢歌笑语，家中好不热闹。这种情景让孩子们不知如何是好，这是一种束缚。

现在的房间构造，不论是客厅还是起居室，无不来自外来影响，正在改变着传统格局。出居生活重新显示了它的必要性，但

---

① 日本大正至昭和初期兴建的有现代感的西式住宅。
② 身份尊贵、官位高的人出游时借宿下级家中。

代替它的接待室却被客房推崇分子推离了生活。

若要改善居住体验，必得一个地区共同合作，否则无从实现。颜色、口味已然相互影响融合至此，而房屋的建造却不能如法炮制。因为提供房屋建筑的技术已经固定，木匠的设计确实在一点点发生变化，但依然分成几种结构系统。如果将自己学的尺寸、比例过度改造，恐怕会有难以承受的风险。因此，甲乙两府县之间的房屋风格迥异，但同一地区的家家户户却大抵相同。即使最后人们觉得房屋结构多有不便，想要进行改造，改造方案也几乎都是尽人皆知的那几种。世上鲜有大胆而自信的设计师，因此难有足以借鉴的范本。最终，有人认为莫不如照抄国外积累的经验。但这种设计又与日本生活方式不协调，材料上也受限。于是，我们又不得不忍受一些新的不便。日本的房屋比其他任何东西都要古风，拖累了衣食等东西的发展进步，皆因人们在等待一个用之无悔的成熟设计。如今，幸得一些建筑师能自由发挥想象，并作出尝试，但成品却未见一二。于是一种风格尚未形成，很快就又被后来形式取代。一种风潮的形成，竟如此不易。如今和洋折中的例子屡见不鲜，但与其说是折中，莫不如说是拼凑或许更贴切。

七　木材浪费

迄今为止在建房子的材料上，人们没少耗费心神，也没少纠结。在建筑材料上，人们可没能得到像衣食一般的大自然馈赠。

整体而言，像日本这样植物繁茂的国家，以木材和茅草为主要建材，既是顺其自然也是别无选择。不过人们对建材的使用，可以说并未十分考究。最初用茅草覆盖房顶，十分花费人手。而后的木板房顶，正像今天的马口铁房顶一样，不仅是单纯的灵光乍现，而且还便于修葺，但这仅限于木板廉价之时。

木瓦板工艺要尽可能将木头削薄，而后又逐渐做成小块，这样既经济又便于操作，将小块木瓦层层叠盖在屋顶上非常漂亮，但就是十分耗时费力。另外，若用钉固定，木头易腐，若用石块压上，容易滑落，用横木阻挡，积雪难除。此外还受大风、火灾威胁，危险颇多。但即便如此，它还是长久流传下来，压木瓦的东西也是各地各有不同，有的用树枝，有的用方石、圆石，海边则用贝壳，甚至成为各地特色。

这主要源于建材的代替品难以找到。按道理说茅屋并不是什么复杂的建筑，但若是周围没有生长茅草的地方，则任何时候也无法兴建。因此，各地的房屋材料都是和古来的土地经营法相互配合的。苇、麻、桑、竹，各地都在将就当地产的材料。从另一个角度来讲，茅草的产量在不断缩减，想退回到过去的茅草屋顶已是不可能，也无法指望各家各户自己准备建材。

部落内想要按顺序帮助各家修葺房顶，或者在灾后修复，需要互助组。这个组织不仅承诺将一年生长的茅草给一家使用，还集体去收割、搬运。在互助组解体之前，茅草的生长就已经难以维继。加之，一般而言制度不允许民宅使用瓦顶，因此各种各样的代替方法就出现了。从京都南部到大和①，人们更多地用稻草代替，而且人们对稻草的使用异常自然，与房子的轮廓巧妙协调，甚至让人觉得他们当初是为了美观才选了稻草。话虽如此，这种耗时耗资的盖顶方式最初并不是人们想要的。

其他的许多地区用小麦秸乃至大麦秸秆搭扎屋顶，恐怕是因为无奈之下已将茅草地开垦成了麦田吧。用这种秸秆扎得好的话，屋顶外观与茅草顶无甚差别，但使用年限却天差地别。茅屋顶精心搭建后能用上四五十年，而麦秸秆屋顶用上三年就开始老化。于是就再无结互助组的必要。于是山里冬日活计少的时候就会有扎房顶的手艺人整日在村中来去。有的人家人手不足，还要雇个日工做帮手。而那些淘汰下来的黑色麦草，最终人们会用来堆肥。

草屋合顶十分麻烦。畿内以东地区的人们会在茅草一端压上土，并用雨水砸实，防止它流失。有的会在上面种植一些三色堇、鸢尾之类根系发达的植物。而在其他地方还用蒲包压住屋脊，然后用竹子横着将蒲包缀到一起。这种方法不断进化，封顶的工艺日渐专业。还有一种方法叫作"箱栋造"，人们用木板包裹屋脊，还用杉树皮层层交错叠放。进入明治时期，瓦的屋脊越来越多，这提高了房屋外观的美感。即便在瓦顶不得用于平民的时代，屋脊和挑檐也是可以用瓦的。因此，在东海道上的驿站中，许多人家的屋顶只有屋脊和屋檐中间的一小部分会用茅草。

---

① 日本旧国名，相当于今奈良县全域。

全瓦顶解禁后茅野很快被开发殆尽，同时房屋的形状彻底改变。为了让水快速流走，减少家中残留的湿气，草屋的屋顶必须建成高度倾斜的角度。因此房檐低垂，雨滴飞沫直逼门窗。而瓦顶则完全相反，为了让瓦片不错位，屋顶角度非常平缓，还可以做到房檐前探，窗户明亮。用木板和杉皮做房檐并不是新鲜做法，但明治时代的各村茅草屋上房檐尤为盛行。人们用竹筒做落水管，将它的一端绕到合适的地方，如此人们就不用在雨帘中出入，而且廊檐在众多小户中普及，也是新时代的一大变化。

草屋的外廊一般比防雨门更靠外面，下雨时会被打湿，因此实际上用处不多。它是外檐变高、房屋变明亮之后才在房屋最外边加设的木板。它的出现极大地缓和了屋中铺上榻榻米立起隔扇后的不便，这从人们如何热爱它就能看得出。老人们如今也非常中意外廊，每日出去在那里晒太阳。孩子们也能放松地聚集在此玩耍。但凡路过的人，都会想坐下待上一会儿。此时，出居的部分功能终于回归了，而这主要归功于瓦的使用。

虽然我认为墙壁的普及比瓦更久远，但它的功能也是在屋檐高挑、檐头远探之后才得到更大的发挥。以前，雨水会冲走泥土，破屋之中土墙上的空隙甚至比木板墙更多。但是如果夯实抹好，它的防风效果很好，很适合寒冷地区。但实际上令人意想不到的是越是往北，木板墙壁越多。首先，可能是木材充足；其次，或许因为泥墙是个外来技术，人们难以用得自如。比如加麻刀让泥土抱团增加韧度，这听起来貌似简单，但却不是能轻易想到的技巧。

左官（泥瓦匠）一词不知缘何而起，但某个流派的匠人在一个地方安定下来之后，各家的房子终于越来越暖和并日渐壮观。而且，人们也准备好了住进装了玻璃的房子。房子采用木板墙壁也并不是不能做窗户，但位置、大小都极度受限。后来房子形状逐渐演变，加之隔扇、玻璃的使用，让各个地方的窗户各具特色，还让小房间数量增多。

一般而言，瓦片与土墙本应更能防止火灾，但事实上其成效并不显著。一些早早推行屋顶限制的都府，或者四面土墙的市街，都曾经历过无数次火灾而化作一片焦土。地方的大火也是越发频发。消防机构密布、器材先进，也是明治大正时期的一大特色，但事后的调查发现引起火灾的原因确实是增加了。其中与人们的心理有很大关系，姑且称为潜在的"小屋心理"，换言之人们认为房子终归会焚烧。

在小屋还只是临时房屋的时候，必要时它就是柴火。而后小屋逐渐被当作房子居住，人们也不过是不会特意放火焚烧它而已，而镇上的人并不会刻意防火。人们做的只是随时保持警醒，判断火警铃声来自哪个方向，观察风向风速，若是自家有危险，则准备撤退。为了应对火灾，各家常备箱笼轿辇以便搬运，据说还为此发明了板车。在农村，若是火灾只烧完一家便罢手，那当是可喜可贺，等火灾过后，村人还能来看望、补救，就仿佛现下的保险。灾害多发且种类繁多，而人们心中却能轻易放下。这属实少见。若是在城市，人们能立刻买来替代品，因此才会如此吧。那时若不是遇大火家财付之一炬，人们大抵不会哀叹自己的不幸。

在城市灭火是一件需要花大价钱的事。有些人家总觉得火烧不到自家，但偏偏没能逃过，等紧急时刻才盘算损失。当然，房客自不会费这个心思。在城镇之中，对别家灾祸不甚关心者大有人在，其中还有人把火灾当作经济的好兆头。大火过后，能暂时拯救一些失业者。在江户等地，消防队就是工程队，他们大多想暗暗助火力一臂之力。人们常因此而苦恼，百年前的《羽泽随笔》①中有记载。换言之，如果说房屋容易失火，莫不如说建造房屋之人在建造之初就作了它会烧掉的准备。

现在的保险制度之下，因为想搬家而烧掉房子的租客应该越来越少，但对房东的房子的亲近也越来越少。虽然说即便多次失火，若房子无碍，有保险反而会出现损失，但人们对火灾的担心，也实在是超过必需。时而有人希望自己家烧了才好。即便保险机构时刻警惕超额投保和重复投保，但还是很难杜绝人们蓄意放火烧掉自家房子的诡异犯罪行为。

家家户户对于炭火的稳定需求，让人们担心国家森林的成长会跟不上需求的速度。但是另一方面，这种过于经常发生的火灾带来的木材消耗毫无限度，终于我们开始需要从国外大量进口建筑材料以填补不足。而国内的价格也是居高不下，于是人们开始

---

① 冈田助方 1813 年著，风俗随笔。

把好不容易成材的木材削细切短使用，造出来纤细脆弱的房子。这种外观，绝不是明治以前就有的风格。

八 庭院艺术的诞生

房子的用途，就像衣食一样，并非狭义的个人所有。除了单纯地抵御寒冷风霜、夜晚安眠之外，还另有他用。就如衣服和食物还要给母亲，给其他自己爱的人一样，房屋也如此。人们甚至为了客人，哪怕是远处无关的局外人而委曲求全追求外观。以前束缚我们的人更多，甚至包括无缘见到的孙子、曾孙。我们是为了后裔都难以预料的时代的标准、喜好和舒服，而我们的先祖也为我们作了许多他们不曾用到的准备。然而未来如何无人可察，于是人们开始用神秘方法预见未来。或许家相、风水之类的词汇姑且算作新词，但这种想知道这些规则的想法是自然的。

将人放置在一片广阔的盆地里，说可以自由地选择自己喜欢的任何地方来建房，我认为至少日本人大致会作出同一个决定。从各地的真实历史中也不难得出这一结论。比如，背靠山丘的位置总比其他位置更早建上房子，而泉水上游的房屋也比下游的更多，这让我们不禁思考人们选址之前做了什么思考。后来，人们大多难以遂自己心愿，在最理想的位置建房，但人们会选择更接近的地方，而且还会用各种新发明来弥补不足。

山里既可以得到燃料和水，又可以挡风采光，但接下来还有事需要人们操心。于是人们在家正对面开出农田，从正门延伸出的一条小径穿过农田。或许这除了便于管理，可以欣赏稻穗低垂的秋收之景外，最初的主要目的是以此作要塞，防止敌人靠近。尽管现下极尽杀伐之能的恶人早已不再，人们已然喜欢这样的格局。而主人也依然满足于此，并不介意交通不便。可见，我们的居住感受有着复杂的构成，而我们身上至今还留存着自己都没有察觉的过去的影子。

换言之，传统的住宅满足哪些条件能让人们安居，我们依然没有答案。而即便与前尘过往彻底告别，我们也依然感觉到似乎哪里有不足。这便是近世新建筑计划者的烦恼。这样的烦恼出现在各个郊外的文化住宅里。以前就开始建造城市，或是往平原开拓村落面积的人们，曾尝试着与之类似的妥协或折中。

关东北陆诸县的山里，稍远的低地上立着的房屋后面，森林茂密，其中多是杉树、冷杉，又高又密。这岂是单纯地御风，更是因为无法忘却以住背靠高地的那份安心。或者小河的流水声似不足挂齿，却能给人们带来一份安宁。千百年来我们用耳朵确认水长流，这个习惯即便到了能够掘井饮水的如今，依然延续着，让我们爱着泉水声。如果我们早已自知，或许也不做他想，但日本恰恰又是世界上最热衷于用水的民族。

日本人从以前开始就是用水多的民族。用头顶着壶运水，远不能满足我们的用水量。门前流过的水，无论水质好坏，人们都会没完没了地在水里洗着。在山上安家，随时可以登高远望绝对是人生乐事，但若在山水之间选择，那一汪清水绝对足以留住所有人。日本的房子中很少有两三层的建筑，这既不是禁令的约束，也不是因为木材的匮乏，更不是对火灾地震的担心，只是因为人们不愿意失去脚踩土地的机会。

此外，人们对草木生长有着超过经济层面考虑的极大兴趣。哪怕是只能圈出数尺草坪，若在草坪上种植树木，其树种和形状也颇有讲究。我觉得人们最初将垂下的枝条看作梯子，祭奠从天而降的神明，这是院中植树的起源。但如今此类祭拜风俗已经不在，人们已然乐于让庭前松树枝繁叶茂，大多是因为树木繁茂与家中瑞相有关的习惯仍然残留，而人们因此得到心灵慰藉。自城镇长屋中憋闷的生活开始，人们着意盆栽也是这个道理。如今，庭院栽培的技术大有精进，已能算作我邦特长之一。对树形的喜好以及爱凝视树木的态度，全国上下无论城镇乡村都高度一致，或可窥见庭院艺术的风潮。这也是我们住房子时不可或缺的条件之一。

第四章 风光变迁

一 山水与人

山大多是浓郁的绿色，有着复杂曲折的轮廓。砍伐比以前更甚，几乎不再有人类没有参与过的地方。河川、沼泽也同样，水面日益变窄，颜色深、反光强，而上面的倒影越来越多。自然越发有魅力，只是人类不再有长途旅行，并没有发现自然之美，一任日子飘过。

对游山玩水的人而言，旅行变得安逸，同时也再鲜有人愿意再次去同一个地方，也没有了安静伫立欣赏风景的心境。此外便只是为了解决繁忙工作而东奔西走的人。可以说风景的妙味变淡了许多。难得风光日益秀丽，却没能用来滋养我们旅行的情致。而那些时隔多年重归故里的人，心心念念的只有曾经的过去，哪怕过去的山只有荒芜和贫困。若是那些旧景不在，他们总会发出一声叹息。他们怀念那些大小石块滚落的儿时河岸。

可以说这是人们心中潜藏的古老趣味的束缚，是我们对自然的不经心。所谓环境，要随着时代流转而变化，否则身在其中的人，人生会是一片荒芜。而我们也不能任其荒芜悲伤不止。新的生活，必须有新的足迹。同线条和颜色一样，要发生变化。

庸俗一词，最终成了对我们的奋勇努力的嘲讽。原因在于，我们没有觉得风景乃人类创造，并且从不追究它为什么会惬意地映入眼帘。那些富有才情的旅行文艺家们，无论在什么时代都能一时兴起滥发些个评论，企图根据季节、时间或自己的心情，立一两个自己都不能用上的规则。这就徒把我们看待自然的角度分成两种、三种，或者更多，着实让人为之遗憾。

很多人误以为我国固有的文学艺术过于陈旧，只有外来的才新鲜，这种误解的原因大半也在此。文学上其实也有很多粉本。语言就像颜料一样，很难随心所欲地溶解和涂抹。而没能做成歌的那些感受，比画不成的风景还要多。因此旅行变得自由了很多，旅游胜地也不断增多。作画要考虑房间大小以及挂件尺寸，我们想要的远不止于此。因此，新生的美丽事物，我们不能占尽所有。

就像一开始我们借鉴的洋画是以大陆风物为灵感的唐画。而我们从中选择合适的题材，最后又只吸收了其中的画技和心境。之后画中的题材自在的画风猝然兴起，哪怕是画垃圾桶上的尘土都不奇怪。画家的新的好奇心因此而被激发，沉睡的才能因此而觉醒，可谓大幸事。但更大的好处是，人们的新自然观也随之徐徐解放。

以前的旅人能歌善文，将旅行的心境传达给我们一部分。在弥次郎兵卫、喜多八①这类流浪者朴素单纯的旅行中，人们发现很多感受无法名状。观光团常说甚少有日本这样变幻多姿的自然之国，我只知道这并不是一句空话。越来越多普通人拍出不甚精致的照片，想用它发现自然的美。人们无论何时何地都能优哉游哉地享受风景了。这些都是明治大正时期的新风情。自然已经亲密融入我们的生活，而很多人却并未把自然当作自己的，这恐怕是唯一的不足。

因为人们认为人类虽能控制衣食、居所，但却无力控制自然，便放弃了对自然的努力。于是只有一小部分人来思考什么是新生之美，什么是失去的好。但就因为人类的漠视，未来的幸福正在遭到破坏。越来越多创造风景、选择风景技术拙劣的人不断助长着破坏力，甚至让它形成猛烈之势。那些争相出力的人，正是那些被过去的审美束缚的人，他们甚至憎恶那些新生之物，对风景的评价更是各说各话。在任何时代，都有很多热衷旅行的人只去名胜，是因为他们并无余裕学习复杂的观察方法。

二 都市和旧迹

若是一概将铁文化的伟大成就评价为所谓的煞风景，那就无视了大多民众的感受。哪怕是铁路这种单调的、沉闷的、像要冲

---

① 弥次郎兵卫、喜多八，十返舍一九的滑稽本《东海道中膝栗毛》（1802—1814年初印）中的两个主人公。作品讲述二人从东京经由东海道前往伊势神宫、京都、大阪的旅途中发生的滑稽笑谈。

开所有土地一样的东西，若是远远望去，也有别样的痛快。质朴的当地人都对这"和平扰乱者、煤烟噪声散乱者"不吝惜感谢之声。待人们对铁路司空见惯之后会是什么样的心境，我们不得而知。但总之，在这个岛国除了各处大川之外，再没有比这一线朦胧之光能引领人们奔向更广阔的想象了。

或许木曾山脉上的水电站破坏了山谷久远的传统，让山灵泣泪，而它成了平原经济活动的新水源，对深山中的人们而言又有多少印象也不得而知。但是与没有发生过任何变化的土地相比哪个更好，应该无须再问了吧。

城市因为越来越多想扎根于此的人而越来越具有活力。虽然矗立着一座又一座不完美的建筑，但是它们聚集在一起也有别样风情。一片老旧的古屋保存下来，就好像是缺了几颗的牙齿，断续而荒芜。有人以之为苦，要把它遮起来，然后把外面粉饰一新。对于这种掩耳盗铃的做法，或许有人深恶痛绝，但在同情者的眼里，这也是生长力的表现。他们甚至能创造更好的设计。

老实说，在白天明亮的光线中来看城市的话，很多东西极为碍眼，但至少夜晚霓虹灯下的城市，美丽得纯粹。只有这个确确实实是人类在进入这个世纪后，给古老的大自然的亲切馈赠。这一魅力，强烈吸引着很多年轻人前来。有人为此来游玩，接近这片土地，进而想装点这片土地。就这样，过去曾经种种喜欢的情调，就被人们不经意地忘掉了。然后，城市风光就走上了新的变迁之路。

另一方面，在镇上，人们普遍重视街道的古老，并以此为傲。将渐渐衰退的城市作为纪念物保护起来，并凭借这个招揽附近的旅客。但同时也有人急切地想要重新规划街道，把城市的自然老去当作罪恶。这个矛盾相当值得思考，实际上告诉我们，市民生活所需要的现在还没有得到满足。这种矛盾共存，不一定是因为想要于繁华中品寂寥的愿望，而是因为古迹也是一种装饰，一个涤荡心灵之所，我们需要将它吸收到城市的结构之中。城市就是这样，一面挽留旧的痕迹，一面每日追逐新时代。

以前的城下町最华丽、最吸引人的是白色城墙和城楼，人们每每来此都从斗笠下仰望。在很多游记中都有记载，在歌川广重①的版画中也能从松木间隐约领略当年的光景。即便是住在低矮的小房子里的人，也总把城堡当作自己的骄傲。后来，城堡原本的防卫作用就逐渐消失，反而作为人们心中的自豪越来越重要。废藩置县完成后，近江②的膳所③、水口④等最为旅人所熟悉的古城都被毁。彦根⑤原本也是同样的命运，幸得天皇驾临深觉可惜，下令留了下来，我们今日才能依然从火车的窗户眺望这美景。

其他诸城直到明治二十二年（1889）为止，都是由陆军省管

---

① 歌川广重（1799—1858），江户时代浮世绘家，因风景木版画成名。
② 日本古国名，今滋贺县。
③ 滋贺县大津市地名。
④ 古城下町，滋贺县甲贺郡属，现作为地名保留为"甲贺市水口町"。
⑤ 滋贺县东部中心城市。

理，但在这期间一些不必要的城镇就荒废了。于是转让给了原本与房子有渊源的人。如此，历史悠久的静冈、小田原①、津②、福井③、奥羽④地区的白河⑤、若松⑥、山形、秋田、西边的冈山等地共有四十三座城池成了民有。旧藩主家中仍有资力的人将其作为自己的土地，而其他多数的则由公共团体接手。老人们因此而颇有新的感慨，但实际上其管理是一件很难的事情。很多古城甚至寥寥数月，石墙崩塌，城壕埋沙，除了将其作为真正的废城别无他法。

城市中的公园，大都发源于这些旧址的开发利用。在高冈之上如此大兴土木，若不是有深刻的缘由，绝不能实现。而且这些城都曾是一方历史中心，这绝不是偶然。可以说，那里的一草一木都纪念着我们难以想象的历史大事件，都播种了故土的种子。

居然有许多乡里学起这个方法，争相平整山上的土。而那些地方，或是早已被人遗忘的旧领主的住地，或是小规模的历史遗迹。在这些进程中，未有少年能永葆新奇。上了年纪的人往往没有机会登上这样高的地方。维护工作总由学校或者卫生机构顺便为之，总是力不能及，因此最后还是渐渐荒废，日渐落寞，或者成为饮酒的去处。

---

① 神奈川西部城市。
② 三重县县厅所在地。
③ 位于北陆地区福井县。
④ 旧陆奥国与出羽国地区，约相当于今东北地区。
⑤ 奥州三关之一白河关所在地，今福岛县境内。
⑥ 江户时代会津藩的城下町，今福岛县会津市中心城市。

但至少这个经历能告诉我们，保留一处古迹也是留住美丽故乡的方法之一。东京经过几次大火，不仅房子，就连古树也几乎全部消失。曾经见证这一地区文化变迁的几株大银杏树，如今只剩下垂垂老矣的一株。此外唯有两三座城中的森林身经百难犹存，另有些许古城的遗迹书写着曾经的建筑。比东京树木更少的是大阪，几乎没有比如今的西式建筑更高的植物了。

如今石料的运输变得很简单，家家户户都能用上，但在三个世纪以前，人们根本没见过比城门上的斗形大石更大的石头。即使不去考虑多少人为了它流了多少汗水，也至少能明白一个地方的美，需要众人的共识才能实现。

三 海之远眺

世间万物皆有兴替，而海港盛衰、风光变化最动外来游客的心。曾经远处的浅滩上，锚的锁链交织成网，海上小船不经意地等待悠然漂浮，这番大海景色经常出现在画中。而今能看到的，只有路尽头的海角的影子，或是连名字都不会出现在地图中的河口，稍有些名气的地方也几乎再没有船的影子。汽船起航看起来非常慌乱，为此服务的小船非常多，一直左右忙碌。

内燃机船进入港口也才不过二十年，但渔村和港口却突然拉近了距离。好像只能靠近港口的渔村才能得到便利。不只打鱼的材料只能来港口买，甚至每天早上的鱼市也在这里，因此渔夫基本每天都是在这里度过。港口的水面上漂满了当地的船，而游客的船则匆匆路过毫不停留。码头的情景也和以前大不相同了。

很久之前各地区就发布了要新建渔港的计划，想要借机分享其他港口的繁荣并不容易。越来越少的港口能因交通的发展而繁荣起来。绵长的海岸线，宽阔的海边，还有很多小村落也都是一样安静异常。那些海风猛烈的岸边小村中，各家多是小房子，草木深深，在短短岁月中一片荒凉。因为他们已经看惯了大海，所以屋中没有面海的窗户，甚至比内陆的农家更加闲适，但目之所及都是清寂的生活。

除了两三处海边别墅区或海水浴场，或是面朝公路有汽车飞驰的地方，大多数渔村都已萧条。这或许是因为工作的地方太远，人们大多时间都不在家中，但其中一个重要的原因一定是这里的人对这片土地的爱并没有那么热烈。正当年的男人，都知道很多好地方，或者说他们有太多便利能够让自己享受生活。而女人、孩子和不能劳动的老年人只能忍耐到不能忍耐。

城镇中喧闹明亮的生活，总是相对于农村而言的。而平原上那些享受交通便利的人，一部分也已经过上了城镇或者郊外的生活。即便没有，他们大抵也能找到弥补的方式。若是他们的生活已经富裕，他们一定知道如何能生活得不必艳羡旁人。只有那些与港口日渐疏远的小村，才真正和城镇生活构成正反两面。有些地方，这两个极端的生活方式合二为一，于是就有了仅仅一小部分的港口城镇的粗糙生活。现在看来，只有两面互不了解、互不比较，才能幸福地生活。

这虽然和风景没有直接关系，只是将过去所谓的有识之士感知海边的能力，继承下来的人太少，甚至少于农民。他们甚至不曾想过来到内陆地区，加入那些乡人。他们大多是跨过大海来了，仅此而已。很多日本人视海边生活为异乡。或许信仰是一个原因。海边生活的人很多并不是渔民，他们建造了很多村庄，但是不知为何，他们并没有很快学会海边生活技巧。很多人把耕地开到海岸线跟前，看似他们对海只有忌惮和畏惧，没有亲近。他们能翻山越岭来到海边，确实难能可贵，但他们又对大海恐惧到不可思议。

　　河川也好湖泊也罢，总有很多人晕船，能掌舵者尤其少。很多外国人都惊奇日本的海洋文学竟然并不发达。其实并不能说完全没有，而是大家都对海洋采取一种冷淡疏离的态度，却找不到对其壮美的赞叹。虽然有很多歌颂海之子和天女的作品，但其中有的只是诸多哀愁。

　　　　羁旅世间，行至象泻，海人草屋待雨停。①

　　这首歌只有三十一个字（日文），却令人感慨。就像须磨物

---

① 译者译，原文为"羇旅、出羽の国にまかりて、きさかたといふ処にてよみ侍る 世の中はかくても経けりきさ潟の海士の苫やを我宿にして"，出自能因法师（988—1050）《后拾遗集》。

第四章　风光变迁

语①和明石物语②一样，海边一般是被流放后的暂住之地。人们就是如此，眼含忧愁之情看待海边生活。这就不难理解为何对海边风光的描写和爱好方式会如此偏离现实了。

但进入明治时期以后，海上光景大变，已经可以说是轰轰烈烈。在陆地上，哪怕是大山深处，铁路铺设与矿山开采，林业繁盛，早已今非昔比，而海上有过之而无不及，更加生气勃勃。所有的一切都在变化。原本等风等潮的日子漫长，很多船夫的半生都在等待中睡过，而今系船停航是不幸之事。过去雨季受天气限制，很多时日难以出海，而今用的都是蒸汽船，如遇近海无法捕捞，人们就出海去远洋。海上忙碌至此，甚至让岸边显得冷清。

与农村不同，海上本就是一条大路，极目远望，所有的东西都在视野之内。船越大，越能去到更远的海天之交。自大洋彼岸横跨千里到来的外国船只，全体国民纳税、集合力量创造的军舰、飞机、飞艇，价高更甚于都府高大建筑，这些新鲜东西不断在眼前出现又被更替。这种舒畅的心情，是仅半个世纪前的上一辈做梦都难以想象的新气象。帆船在柿本人丸③时代已经是海上的一抹风景。日本惯用纯白的帆布，我认为这并非单纯的偶然，而是人们深思熟虑后的选择。浓淡的绿色之中，目光也能追到一抹纯白，风平浪静抑或风雨交加，船帆和操控人都能出现在遥远

---

① 《源氏物语》第十二帖。
② 《源氏物语》第五十四帖。
③ 柿本人丸，即柿本人麻吕（660—724），飞鸟时代歌人，被后世称为"歌圣"。平安时代后其名写作"柿本人丸"。

岸边的人们眼中，人们都能感念他们的劳苦。

过去帆船上是清一色的白帆，在海峡之中风平浪静的好天气，海上满是帆船。不光颜色一致，连形状、角度都相同。等到西洋风的三角帆船来到日本，形状就有了变化，颜色也不乏稀奇色彩。帆船数极大增加，而且那些来往海上的大船上更是有数不尽的帆。那时望远镜已经稀松平常。文化，正在以与都市不同的形式，在晴朗的海上一波一波涌来。

夜里的灯火，在海上也别有一番雅致。以前海港里灯火照映到水面，各处的船如飞蛾般朝它游来，而现在灯火已经是岸上的人们观赏的东西。各种燃料实现供给自由，灯光诱捕的方法在各地兴起。在日本的海上，夜航捕鱼是古老的做法。在乌贼的丰渔期，从津轻海峡北到宗谷海峡都有远来的钓鱼船。夜色之下茫茫大海上，火光好似乱花渐欲迷人眼。这种情景，有着赏漫山花开的熟悉味道，在了解捕鱼方法的人来看，恐怕还有着农家秋收时看见稻田里满眼金黄的舒畅。

在港口居住的人们能够看着海上绚烂的火光，各自怀着心里的喜悦。照亮大海的是灯塔。在黑暗阴沉的夜里，借着灯塔的光抚平心中孤寂的不只是出海的人。虽说人们不能在城市灯光中沉浸陶醉，但是海上的星虹云彩无一不是壮美的风景。这不是古时留下的，而是新的时代给我们的馈赠。

四 田园新色彩

平原的色彩越发复杂多样，无不是人类无意识的创造。人们游山玩水赏美景，却也无意间为风景锦上添花。如今人与自然已经紧密相连，而过去人是人，自然是自然。村庄的改造，即便是用心为之，恐怕也再难更加与绿色的自然调和。

以前村里的颜色，就像那里的人所穿的衣服一样，都是灰暗不起眼的颜色。当然，曾经那个时代或许就是弱化自己的存在感才能求得安泰的世道。最初闯进村中的不一样的颜色，是巨大的建筑，是平民佛教的道场。其他宗教都远离世俗，或在山阴或在密林中隐居，而真宗则勇猛地进入了茅屋群落，在艳阳下的屋顶一览茅屋草舍。到了江户时期快要结束时，这样的景色已经出现在了各个普通的小村。

后来有人批判这里的白壁石垣，批判这里是村中唯一一个阁楼屋顶。这对四周的小门小户来说确实是很值得同情的事。有了这个建筑，村子变得好像是它的城下之町。之后不久瓦屋就推广开去，这是后话。用瓦来建筑，看起来虽花哨，但对寒冷的地区而言，它确实发挥了很大作用。普通的瓦不能用在冰冻的土地上，但后来人们发明了一种红色的瓦，开始在日本海那片绿色淹没的地方点缀轻快的颜色。而那时历史的脚步已经走到了明治时代。在此之前，村里的屋顶都是褐色或者灰色。

以松柏古树为上品的风俗由来已久，但在树间种花是明治时期的事，后来到了大正时期又转而以树之高者为佳。如今，桃李果田已经是村中盛景。过去流行芙蓉、夹竹桃、百日红之类红艳的夏花，现在已成为日本大半农舍夏天的基色。但若说大规模的风景改造，当属田园。荒野变麦田，就大大改变了色调，在中间穿插种菜花，其他人也是各有妙想，于是田野间还出现了紫云英。

有些地方只把紫云英当花养。若说起花，人们就能想到它，可见紫云英在农村的印象是多么深刻。在城市郊区开始养花草之前，农村早已变得像花园一样。加之后来作物的选择逐渐自由。若是其中少了原来的颜色，准又有新的出现，田野就会出现新花纹。过去雨中麻田漂浮的情致已经快被人们忘却。荞麦也是古来秋日一景，松尾芭蕉曾在他的《七部集》的连句中吟道：

野旷天低人未醒，醉看荞白染秋山。①

曾经芭蕉为荞麦作出如此诗句，而现在荞麦田大多变成了桑田。桑树也是小枝条，距离土地很近，嫩叶把一片土地都染成了淡绿。若是种到了海边或者湖边，绿色映照到水面上，更是增加了柔和的美感。

日本的田地都是分成小块给各户，他们按照自己的想法决定要种的作物和品种，这让田间色彩热闹非凡。哪怕只是稻麦，收割时间也有不同。田间层层不同的颜色，让人想起女孩子们喜欢的衣服。搭配上野草树木，在水云之间，田地仿佛就像精心装扮过一样。

---

① 译者译，日文原文为"又泣き出だす酒の醒めぎは 眺めやる秋の夕べぞた だ広き 荞麦まつしろに山の胴中"。

那时的田野的特点是，大多都已经平整，一眼可以望见很远。

大体上都是平原，一眼望去特征很是明显。田地开垦到能看见邻村之灯火，心灵的沟通便也活跃了起来。森林砍伐后留下来的多是乔木，这令人非常欢喜。起初，人们不想入侵神灵所在，才有了森林，而如今它们更像是村中信仰的纪念。旁边的杂生林树丛变成了农田，反而衬得古森林更美。若是坐着火车，一路也能见到不少景色。透过树中的点点缝隙，能看见一方青田，袅袅炊烟，又或是盛开的花朵。这个时代出现了这样的新景色，我们也没有觉得失去了旧物件。

人们总是想着让旅人眼里的景色更美，即便不可以炫耀自己的喜好，现实中也总有很多风景越变越好。当然，也有一些人颇下了功夫费了苦心，但是改造出来的却是个不堪卒视的东西。总之，自己的满足和悠闲安宁的感受，才是我们喜爱风景的根本。可是却有很多人把它忘记了。若是要怪，就怪那些硬要把拙劣的山水画塞到我们手里的人吧。

五 从山口到阡陌

自从路边的行道树由"并木"[①] 改名为"街路树"[②] 后，它们出现的范围就大幅缩小了。如今城镇的行道树正在逐渐长大，

[①] 主干（主要）道路两侧按一定间隔栽种的树木。
[②] 城市道路两侧或道路中央隔离带的树木，为美化城市景观、净化环境等而种植。

但沿海大路边参天的松树却在一棵棵地枯萎。即便还有人记得曾经走在海道路上的情意，即便人们要继续栽种，它们也是早晚会枯死的。虽然我们不知道这些树由哪些人养护，但我们知道比起种植，想要保持这些树的美观更难。就像家里一个接一个出生的弟弟，我们必须作好准备随时照看着。正如雷电风雨难以预测，行路树砍伐之日也突如其来。砍伐的理由大抵是道路的替换、拓宽之类，即便我们觉得可惜，也是无可奈何。这样的理由，不禁让我们担心那些樱花树。

但非要寻个根源的话，砍伐行道树的发起人归根结底就是时代。如果道路和以往样式一样，宽度也不变，而不会产生任何不便，那行路树就能一直保存下来。其实砍伐这件事从最初就是注定的。

松树备受德川幕府的喜爱，因此后来才如此常见。但事实上松树有很多优点。高且树枝形态有趣，适合种植在近世以来的官道上。当初在自然松林里开路，路两边种松树也是两相方便。但更有意义的是，松树寿命长，修路之初也是本着不做改动的远大方针，也算是和平主义的一个表现吧！

江户时期以前的武家经常重整道路，因此不时砍伐路旁的树木。据说路边作为里程碑种植朴树起源于织田信长，但事实上很久以前朴树就是一种行道树。有人认为朴树砍伐下来做成柴火能迅速点燃，适用于军队的篝火，因此路旁栽种这种树是为了日后方便。无论为何，这都不重要。人们对朴树抱有神仙般的信仰，

第四章　风光变迁

就是因为它在道路两旁的历史悠久吧。奥州①大道上种有相当古老的赤松，根据地方不同也种有细柱柳。它受到人们喜爱，不是因为便于做木柴，而是因为生长快。还因为这种树亲近水源。垂柳也是一样，有这种树的地方，就是更能得到清水的地方。

在路边茶馆出现以前，泉是行人的休息地方。多数道路就是把泉水的所在地方串联起来。从高清水、箱清水这样的车站名来看，就知道它们的出现比茶馆要早。从西行法师②的"清水流，柳树荫"中也可以看出，柳树在被写为《游行柳》③的故事前，早已是路边的行道树。它长得高，而且树皮黝黑，树叶碧绿，十分好看。

在山城④京之初，有令要求官道旁种植果树，但应该是没能当作行道树而大量栽种。现在如果是山路，也偶尔能遇见栗子树、核桃树、梨树，也有行人在树下小憩。真正需要行路树的不是这样的山路，而是穿过广阔平原的路。有了树，能遮风挡雨。而且在无边的田野里，为了打破单调无聊，还有很多各具特色的松树。而且在大雾中，在大风雪里，人们还可以把树当作标记。

据说东北地区有人在野路上被雪困住最后死去，从此之后人们就种植树木当作路标。即使植树的人最初没有刻意创造风景，但我

---

① 即陆奥国，日本旧国名，现福岛、宫城、岩手、青森县。
② 西行法师（1118—1190），平安时代末期至镰仓时代初期日本武士、歌人、僧侣。俗名佐藤义清。
③ 歌谣曲目，讲述南下奥州的游行上人路遇柳精的故事。
④ 日本旧国名，五畿内之一，相当于现京都府东南部。

们却自然逐渐生成一种情感，觉得行道树让人那么踏实、依恋。

对于行人来说，精神上的支持一样重要。以前人们都说需要旅伴，认为这是旅行中最重要的。如果没有，那就算是大丈夫也难免心有不安。那时人们在给信仰寻找对象，于是出现了大量的祠堂、石佛。后来经过无数岁月，因为数量过多，而在明治初年下令清理了。

于是大部分都被清理了，但是随后就出现了更多的新的马头观音、道祖神、观音。新路两边就算没有行道树，这些也是不缺的。这不是为了路上人马安全，也并不一定有多少人看，它们只是在我们最容易感动、最容易共鸣的时候，在常设的正式场所拿出了那样的纪念物。

近代的三次国际战役中，很多父母失去了子女，他们借路边的神佛祭奠亡儿。在此之前，还有人为师傅造笔冢，有当地出身的力士的石碑，也有人为死去的马立碑，还有人为祛除病虫害而建纪念碑，还有人为了纪念佛法会而立碑。此外，还有人为纪念去熊野①或羽黑山②参拜而立的行人塔。石头之多，已经是有碍观瞻。在人力众多但石匠不足的年代，石塔比较少见，人们不用塔，而是用冢。冢有很多好处，它可以在人们差不多该忘记它的

---

① 今纪伊半岛南部的和歌山县南部与三重县南部地区。旧国纪伊国南部。因熊野信仰中心地而闻名。中心地含田边市熊野本宫大社、新宫市熊野速玉大社、那智胜浦町熊野那智大社。
② 山形县鹤岗市。出羽三山主峰月山西北山麓的丘陵。因修验道为中心的山岳信仰山而闻名。

时候自然变平变小，最后只留个形式，而关于冢的传说也发生了变化。这样走在平原路上的人们就又多了一个亲近的路标。

就像旅行在不断变化一样，风景也在改变，呈现了不曾有过的轮廓和色彩。而欣赏风景的人的目光也不是一成不变的。整体而言，日本是山土制造了越来越多的平原，因此从上面穿过的道路也越来越平坦。曾经山坡上的路，在古时候也比现在更高，而之后的路就从山脚穿过了。最近从田野中划过的路越来越多。

如此一来，我们便少了从不同角度、不同高度看同一处美景的乐趣，从不同角度看一片山水，或者从不同高度看的乐趣逐渐减少了，但山口的路有了更多的蜿蜒方式。等能够乘飞机自由地在空中俯瞰，目之所及应当又是新的光景吧。或许我们觉得同一片土地只有一种观察的方式，但时代却拥有着无数种让我们得到新方法的法术。明治大正六十年，我们得到的，比失去的多。

六 武藏野的鸟

关东由平原连成一片，距山很远，不能远眺广阔的景色。大町桂月①曾将百草的松莲寺所在的丘陵与荒幡②的新富士山比作多摩两大景。远望这两处，也就能有几十个村庄，再远处就都淹没在一片榉树丛中了。榉树从古至今都是武藏③的一大特色。从江户城中呈放射状向四周延伸的道路有十几条，每一条路两侧都是

---

① 大町桂月（1869—1925），高知县生人，诗人、歌人、随笔家、评论家。
② 今埼玉县所泽市大字。
③ 旧国名，今东京地区。

农家种下的宅邸林，在主干路上又种了榉树，自然就连绵成林了。树是东日本历史悠久的功能用树，至于林的武藏野变成草的武藏野，恐怕是从这里开垦之后才开始的。

在陆奥"tsuki"① 这个发音似乎曾经是一种树名，在北武藏有地方以"都几"为乡名，还有地方以此为河流命名。随着住宅区向郊区扩张，树木不断被砍伐，树林便失去了与江户城的联系。但若是走出这片区域，仍然依稀看见几行榉树。虽然砍伐之风犹盛，但幸得树林的作用还在，才能有一些免遭灾祸，砍伐后的树根每年还能长出新的树苗。每年的新绿和秋叶总能带来两次美丽的色彩。正如扶桑树的传说，清晨穿过枝叶的第一缕阳光，夕阳下拉长的树影，都是人们难以忘却的情致。冬日树梢上的风鸣，也经常出现在文学作品中。它也是把春来后的鸟鸣带给广漠城市的无形之路。

以前江户城周围有很多灌木丛和大的宅邸。它们曾经存在过的影子，至今还在四处可见。大大小小的鸟儿用那些残垣做踏脚石，飞到市民的小庭院中停留。有人说这是有技艺不精的新手猎户在郊外的村落奔走，将鸟儿追赶进了城市。不知道鸟儿是不是进来了就没再离开，恐怕现在鸟儿已经不能离开了，因为东京已经是一个出不去的城市。家家在空中挂上了铁丝网，这如同一种新式的行道树，但却极大地阻碍了鸟儿的飞行。

不光是市里，其实山野间也不见了鸟儿的踪迹。在爱鸟这件

---

① 日文"つき"的读音，与"都几"同音。

事上，我们本不输任何民族。但如今，我们因为每年能出口数百万鸟儿的剥制标本而欢欣，于是日本就成了这样一个冷清的国家。

白头翁是最随意的鸟儿了。街道旁的乔木上、矮矮的屋檐上都有它们聚集的影子，偶尔还会出现在空地上。但如今高楼林立，玻璃、石头闪着光，电线火花四溅，车声此起彼伏，实在是再淡然的鸟儿也不会靠近这里了。燕子已有二十年不再飞回来，是家家户户装了玻璃窗阻止它们飞到房梁上。终是我们把它们推离了我们的世界。

明治时期，鸟儿排列在新架的电线上成了一道新风景线，画师们拼命画着这一幕，直到它变得司空见惯。但如今，燕子们已再不能表演那样的杂技。正如江户风的诗句感叹，"唯留昔日筑巢泥，不想一日落红绢"，曾经燕子筑巢的路边泥土，落在吴服店上的红绢之上。恐怕这种句子不加注释我们早已看不懂了。

在莫尔斯·爱德华·西尔维斯特的《日本一日》[1] 中曾记载，乌鸦飞来吃人力车提灯的蜡烛。东京的乌鸦就和西方的鸽子一样，不怕人。曾有记载称，在去陆奥旅行的路上，船在河中，女子在洗鱼，就在女子三四尺外，落着一只乌鸦，一直看着女子。奥州的乌鸦现在依然如此，但东京的乌鸦早已不同。首先是数量剧减。三马[2]的《风俗澡堂》[3] 里第一次描述了乌鸦的叫声，新

---

[1] 译者译，原著名"日本その日その日"。
[2] 式亭三马（1776—1822），江户后期本地作家、浮世绘师。
[3] 式亭三马著滑稽本，1809—1813 年刊行，以澡堂为舞台描述百姓生活。

年的第一天会在一声乌鸦叫声中迎来天明，到了明治时期依然如此。乌鸦的叫声甚至比鸡鸣更重要。为了保持这个旧风俗，鸟儿可要在新年第一天早早就饿着。

在东京，鸢起舞是晴天的征兆。飞舞的鸟群中，确实有一些是被人饲养的，但是它们一天不落地在天空起舞。在河岸的木材铺，如果有一日木材堆的顶上没有鸟儿，那就是鸢那一日没飞出来。鸢还承担了一部分清扫街道的任务。人们把死老鼠抛在路边会有鸢来将它衔走。虽然现在已经没有鸢来清理了，但是人们扔老鼠的习惯还在。

如今还能看见的只有麻雀和海鸥。麻雀在街上会把自己弄得脏兮兮的，因为日本的麻雀比西方的麻雀白色羽毛更多，很容易看出脏污。虽然它们的性格也更小气一些，但是即便在住处都难寻的时候，还能一直在市里生活到现在。以前家雀还叫村雀，因为它们在有人家的地方才繁殖到如此规模，想必是适应新文化的能力比较强吧。海鸥每年准时在大洋与陆地间往返，好像在告诉人们船的航线。虽然海鸥也可以算作经常到访的家鸟，但是除了住在船上和大洋边上的人，其他人对它们并无多大兴趣。

比起海鸥，人们更多想起的是蝙蝠。有很多人还记得以前黄昏寂静的街道上，蝙蝠发出的像细丝一样细微的声音。它也曾出现在画中，黄昏时候，蝙蝠伴着桥边或垂柳如画，深刻地描画了人们心中的忐忑，表达了人们焦心等待的情绪。但是这种意境符号，如今已经无人懂了。蝙蝠的淡出，不只是在城市里，它们与麻雀一样已无家乡可归。它们喜爱阴暗的地方，如今明亮的环境它们难以生存。连桥的下部都是金属制，仓库也是石头与砖造的，它们已经无处可抓，无法将自己吊在上面。树与动物栖息的关系，居然在树被砍变成木材后仍以这种方式存在。

　　人类无意识地破坏了大自然的平衡，在很久以前就已出现了后果。人们早就发现，没有蝙蝠蚊子会多得吵闹不已，大量捕捉狸子，野老鼠会横行。有段时间，捕蛇卖药的职业相当热门，这就导致了老鼠和青蛙等的过度繁殖。而关于鸟儿，最早的记录是明治元年（1868）。横滨建立了第一个西式建筑，大量的小鸟飞来撞死在了玻璃窗上。

　　苍蝇和牛虻也苦于透明玻璃窗。这与明亮透明像天空一样的东西突然中断了它们前进的路线。这对它们的冲击，不是外国文化冲击所能相比的。但后来，或许是它们已经学会了这个新的文化，最初的不幸不再出现。曾经，特别是在开港的海角，灯塔上的强光强烈吸引着鸟，于是在黑夜中飞翔的鸟儿飞向各国海角孤独的灯塔，被强光刺盲了眼睛，甚至很多都死去了。

　　这样多愁善感的生物被新的不安席卷，极大地限制了它们的繁殖。我们住在美丽的城市，总觉得自己失去了珍贵的东西。这种感觉，要用耳朵而不是眼睛来感受。在我们被新的噪声所扰之前，耳畔有着许多事物的声音。夏日卖秧苗、円朝①的落语中出现的近江卖蚊帐以及其他各种叫卖声。这些声音看似无用，却让

---

① 三游亭圆朝，落语家名迹。初代三游亭圆朝，1839—1900 年。

我们怀念。我们对鸟儿的感情，也是如此。

七 家与动物

近来流行起了养鸟，本以为它能填充鸟儿消失后的空白，但事实刚好相反。首要爱好养鸟的人不多，而且大凡养鸟之人也不会在野外倾听鸟儿的叫声。养鸟的历史一开始就伴随着人们猎奇的心理。现在也一样，赏鸟伴随着鸟儿的进口史。以前，我们在乡里满耳都是各种普通鸟的叫声。如今小孩子依然想把麻雀抓到笼子里养着，这种捕猎的想法是上一辈的风俗。

后来，人们甚至开始在深山里捕捉珍稀品种，甚至连黄莺、白眉这种普通鸟儿，都会选叫声好听的捕走养着。他们看不入眼的，只有屋外那些平庸的鸟儿。人们格外喜欢经过人类的技巧加工的东西，这正与屏退了野鸟的高大建筑一样，受人喜爱。而最近的鸟儿养殖，几乎已经变得和录音机、布匹制造一样。

驯养还有另一个意义。家畜养殖起源于驯养。曾经，鸡不属于现在意义的鸟类养殖范畴，它可以说是家庭的一员，曾经在信仰方面发挥着很大作用，与祈祷、占卜关系密切。可能现在会有很多人觉得这种想法很愚蠢，但事实如此。如今，鸡依然留存的职责，就是每天早上报时，这是其他方法都不能代替的。就因为这个原因，人类养鸡的数量非常多。

后来，从国外引进的品种中有许多珍稀品种且各具特色，削弱了养鸟人的兴趣。最终，鸟儿逐渐和猪牛马一样回归了被屠宰的命运。同样，肉鸡与蛋鸡甚至都不再担当报时任务。这或许是因为晚上家里光线一样很好，而且家中温暖，入夜的第一声鸡鸣和半夜鸡鸣越来越常见，反而被人们当作不祥之兆，遭到厌弃。而且鸡的报时职责，也完全由手表接替了。

猫和鸡不同，一开始就很受欢迎。虽然它没进过笼子，但与被饲养的鸟儿一样，受人喜爱。以前关于养猫的记录很少，至于为何在日本人们认为没有尾巴的才是本土种，为何对雄性三毛猫情有独钟，这些原因只有在近代历史中才能找到。

房屋结构发生变革后，越来越多的天花板变平，于是老鼠泛滥成灾，而蛇与鸢又帮不上忙。而且养蚕普及后，人们害怕老鼠带来跳蚤。于是猫的数量剧增。至于日本人和狗的关系，可以说从没好过猫。因为养犬要交税，而养猫则不用花钱。于是令人悲伤的事就发生了，有些人才尝试一下养狗，就很快把哈巴狗、洋犬丢弃了。

或许是因为在中国还可以食用狗，所以那里的人们常常将鸡犬一起提起，家家户户都养。而在日本很久之后才有了村子里的狗，但它毫无价值。它们很自然地趴在食物最多的地方，待在自己喜欢的人身边。或许晚上它们姑且也有个地方住，但是大多是主人都不曾认可的存在。后来，捕猎的需求越来越多，狗也开始跟着一个固定的主人，不再和他人熟络。再后来狗的品种改良不断进行，这对旧有品种是一种不幸。日本犬是最原始的品种，因此在品种的战斗中败下阵来，不久就消失不见，只留下杂交品种。家中洋犬流行后，村中的狗就无人再关注，成了流浪狗。流浪狗并不是野狗，却无人饲养。每年被抛弃的狗越来越多，有很多被剥了皮做手包，而且数字惊人。如果狗算作家畜的话，那我们养狗的方式也太难看了。

老鼠因为太过扰乱人们的生活而早早失去了我们的爱，但是它们和各家的关系，有时比村中的狗更深。看看那么多人不愿意杀老鼠，就能发现，人们开始用猫或者捕鼠器杀老鼠并不是什么老办法。很多人迷信地认为家中没有老鼠是不吉利的事情，而老鼠的躁动也意味着有事即将发生。这种迷信绝不是新产生的，因为它的流传范围实在过于广泛。

只有正月要忌讳提"老鼠"二字，很多地方叫它"嫁子"，是新娘的意思。通常是初五、初六晚上，人们会将年夜饭放入食器中，摆在老鼠的必经之路上。猫狗算作家庭成员，自当吃上年夜饭，连鸡、牛、马也可以。如此想来，最初的家畜和家里出现的动物之间，并没有明显的界限。屋顶的鸟、檐上的麻雀、鸢、猫头鹰，都像是来和人说明天的天气一样来到家里。它们的羽毛并不漂亮，声音也绝对与美妙的音乐无缘。但是它们来我们会高兴，不来我们会感到寂寞。总而言之，因为它们是我们的朋友。实际上大城市不仅失去了鸟儿，还失去了更多的古老的伙伴。

八 野兽的交涉

风景与食物同理，有色、有形、有味，却又不止于此，它甚至还伴随着独特的香味和声音。后来人们就学会了把它变成一张平面安静的东西的技巧，于是风景中的灵动就消失不见了。即便如此，人们也要按照过去画画的规矩，画中必须有人，或者必须花鸟相配，再后来甚至这些规矩都不需要了。

想要把许多感觉分开，让它们各自单独工作是个需要修炼的技巧。普通人恐怕很难想象一首无声的诗。因此我们对环境的喜悦满足，变成一种难以名状的虚空，我们不知何时连这种感知都失去了，要从一开始就去问别人"感觉"是什么。

学校里孩子们的话题过去和现在不同，而且同一时代的各个地区也不同。曾经的时代，人们可以互相只作最朴素的表达，而明治大正时期为茶余饭后提供了太多的话题。但是小孩子之间难以解释复杂的社会现象，因此他们之间的话题依然是自己身边的小事，特别是关于野鸟、野兽的传统话题。在这些话题中，有的是对朋友的捉弄，也或许是大人们不喜欢的事，又或者是天马行空的一时兴起。这些时常出现在他们的生活中，让他们欢笑、吃惊。

人和动物之间的关系日渐疏远，但关于人和动物的故事却越来越多。捕猎是一种战斗，但在人们口中它的结果不是自己绝对胜利，就是动物一败涂地。人们就是如此，会因为有人听自己讲自己的光荣史而开心。但是除了狩猎之外，人们说起的故事中，动物大多是人类的朋友。比如，狼虽然对其他动物残暴，但会陪人走夜路，若是人在狼产仔时照顾它，它会回来感谢。猴子敏捷，但难模仿人，兔子无脑，黄鼬狡猾，狐狸阴郁，狸子坏但是糊涂。这绝不是单纯地讲老故事，也不是道听途说。可能说法有些偏差，但绝对有人亲身经历过。

因此在这样的故事中，如果偶有需要确认或者需要补充的地方，少年们会仔细观察，而且会记得清楚讲给别人。无论这样的故事对他的人生有多少营养，人们不会在意，就像人们不会去确认食物中的养分一样。这是他们的第四个生活技巧。在他们离开故乡与外界建立联系之前，他们先用这种方式于自然中寻找自己。

如果我们注意观察小孩子对单词的记忆，就能发现他们先记住衣食住行，然后开始记住环境中的一个又一个碎片。因此，孩子们在有"外人"这个概念之前，就先接触了身边的动物。野兽野鸟的故事，如今已经变成了一种传说，这对我们来说是个大事件。那些明治年间生人经历过大正时代的人，大抵亲眼看见了这个变化过程。虽说有反证说今年三重县南部山区捕猎了狼，但可以说狼已经近乎绝种了。许多地方对狼的认识已经模糊，因为没见过真实的狼。

曾经在奥羽的山上，人们捕羚羊用它的角做鱼钩，在东京附近的山上，三十年前还有很多羚羊，人们甚至可以卖羚羊角。现如今，已经很少有报道说登山客们看见羚羊了。鹿也是如此，除了在二三灵场①之外，人们捕到的总数都非常少。就在五十年前，它们还算作应季食物出现在很多地方的餐桌上。野猪比鹿繁殖得快，至今在某些山村还有人苦于野猪带来的损失。

---

① 神社、寺院、坟墓等所在的神圣之地。

特别是在那些离岛上，人口增加之后，野猪野鹿就妨碍了人类生活。元禄年间对马扑杀野猪的活动非常有名，奄美大岛上现在正在推行这样的计划，人们斗志昂扬，预计今年捕猎 1500 头。这或许是家猪遁逃的结果，也或许是快速繁殖所致。在内陆地区，这些事情绝不可能发生。就算有，也只是有个三五头偶尔出现，然后被人类所捕。猎人已经不再是一个职业，仅剩的一些也只是捕猎小动物，或指导别人捕猎。今年在天城山的狩猎场内，虽然在尝试重新开始狩猎，但那些狩猎助手"势子"的赶兽技术太差，一不小心都帮着出来的野兽回了山里。这或许会制造野兽再次繁殖的机会。

鸠和雏山鸡同样如此。以前动物社会有着周期性的兴衰。环境好了之后，它们的繁殖兴盛，之后因数量过多带来灾害，被人类大量捕猎，然后大量减少，等待下一次兴盛的机会。像一些小岛一样，一些物种灭绝，并不只是狩猎者和大炮的罪。而是人类开发土地，无限挤占了它们繁衍生息的空间。和每家每户里的老鼠一样，它们之所以没了，是我们的敌意变强了。

不过最近的狩猎制度，进一步将我们与鸟兽之间的关系拉远了。狩猎最终变成了其他地方的绅士们交税后享乐的游戏。在当地出生的人们与捕猎再无关系。我们与鱼虫姑且还算朋友，但是鸟兽已经慢慢从少年们的兴趣中退出。我们寻找方法防止这些天赐的纪念消失在自然之中，但恐怕不待我们觅得良策，动物们早已遁形于我们的风景之中。

第五章 故乡、异乡

一 活跃乡村

人一旦走出来，故乡之于他们，首先是对乡村生活的清闲安逸快活的赞叹，而后同情留在身后故乡的人的寂寞无聊。可以说，初入城市生活的不安，使人们变成长期怀旧的游子，但过分强调家乡，让他们充实了城市，却又融不进城市。

学生中多有这样的人。他们喜欢阅读的《国民之友》杂志就曾对暑假归乡的年轻人说，"乘着秋风回东京来吧。不为了把乡村变成东京而归，为了把东京变成乡村而来吧"。而且这种做法终是无益。因为他们的家乡有时会比外面的广阔世界变化得更快。乡村已悄然发展，唯有在城市孤单度日之人没有得到任何讯息。即便家乡变化还未至东京一般，但至少他们的心灵故乡已是一片荒原，而他们却一无所知地哼唱着归去来辞。

即使故乡的山川不是变得更美更好，也绝说不上还是从前的模样了。许多记忆的幻灭一般会使人感到落魄。此事想来不通，但人们最讨厌的还是势力中心的转移。曾经优秀的东西如今已繁盛不再。虽然人们通常觉得那些去而不返的东西才是美好的,但有时人们甚至怀念过去不甚美好的东西,因为它们没有像从前一样等着游人回来。农村衰微的说法,让寂寞的人们尤为共鸣。即便家乡经济没有真的衰退,我们古老的故乡也只能后退。

故乡的新变化,一言以蔽之就是活跃度的增加,而离乡后时不时回来的人们带来的刺激也参与其中。以前乡村与城市不同,平常的日子乡村都在安静休息。种田和收获时节带来的巨大紧张感、盂兰盆节、新年和祭祀的准备,再加上不常发生的占卜活动,这种大事件屈指可数。此外,只是愉快的疲劳感以及平静的回忆让人心生平静。剩下的只有那些不需要勇气、冒险和算计的和平的日子流得很长。这被远游归来的人们视若故乡的心头之好。但是新的时代的文化,带着它的样子靠着文字流入进来。新事物汹涌而来,人们不得不沐浴更衣准备迎接。

仿佛很多制度继承了不成文的惯例,但全新的语言让人们难以将二者合一,连懂的人都严肃地对待它。就算为了作办公的演练,讨论也是要每天进行一点的,然后我们学会了正式的语言。为了将其与一般人家中的用语融合起来,至少也花了三十年。至少只有一部分公职人员体会到了更甚于城市的连日的昂奋。小学、邮局、医院、其他各种设施、各种工会、青年团等,每个都在重复着同样的过程。投入各种无休止的活动之中,想休养精力的人,都失望而归。

不久新城乡的合并就开始了。虽然在明治二十一年（1888）的市町村制以前就制定了制止弱小部落独立的方针，但终于到了这个时候，全国才同时开始实行。把不知从什么时候开始就存在的十七万多个村子和镇子合并成了一万二千个左右。被拆分了的村子不超过一成。

无论东西南北，合并之后的村子都与成立之初的状况大有不同，因为零散的、古老的村落的间隙渐渐被填满。而邻村彼此性情不同，又相互排斥。因此，很容易理解，虽然它们因同处一个地区而成为一个团体，又难以像军队一样稳定。虽然地界的争论因合并而变得无用，但最麻烦的是共有土地的问题。虽然之后确定的大字①尤其作用，但是不利之处在于割草砍柴的地方少，入会的权利不稳定。每个部落中都存在公有产权的严重不均衡。但将其平均分给新团体，是最难以说服别人的改良方案。

部落所有林的归置又花了二十多年的时间。于是用和股份公司一样的做法，让不提供土地的人出钱，或是出劳动去植树造林，依然亏本的人返还欠款，总之把其中的大部分都变成了城村所有。但在归置之前，自利、猜忌、防备、周旋等事故频发，简单来说就是故乡的人变坏了。一到土地的问题上，村里的人们都越发敏锐。可以说每个人都因此事感到些许紧张。

另外一个棘手的问题是，将哪里作为新城村的中心。外来的

---

① 町或村内的区划名称之一，面积较大，包括数个小字。如 A 村与 B 村合并成 B 村，则 A 村名表记为"B 村大字 A"。

人根据地形判断，似乎能确定一个无争议的结论，但选出来的大抵是部落中新的区域。原本合并的计划就是由外而内，为支持这个计划还修桥铺路，但是现在的机关大多在新城，因此那里的居民都来自各个地方。

本村元乡原则上是缩在远远的山脚等地方。但如今却要与传统相悖，将其带到交通便利的地方，这同样需要很大的昂奋。从搬迁到一切归于安稳，仿佛什么都没有发生。按家庭而言，经历了两代人；按年份而言，花了明治大正六十年时间。正如东京正在全国的努力下日益乡村化，寂寞的新城的首府也学习了各部落的思路，农家也顺序面目一新。为了不让在城里呼吸新鲜空气的人聚集，村人们竞相与他们读同样的书，听同样的知识，不知不觉城乡生活变得一致了。而且流行每每从小城镇涌入背后的大城市。

二 他乡来客

此时，家乡的生活不再安闲。道路自然地指引着居民到远方，同时又吸引着人从意想不到的地方来。有计划的移居是在人们稍微了解地理知识之后开始的。以前人们像植物种子一样随风漂泊，因偶然而走走停停，如今他们已经习惯安定。此时需要一条连接远方的笔直的新路，但是更需要的是滋润的土壤，或者说养分。

起初曾有一个时代全村只有一个外来分子，那就是寺庙中的和尚。僧侣要修行，因此不能住在出生的村子里。即使是幼时进入村子里的寺庙，长大后也会出去不再回来。或许这就是，外来的和尚会念经。过去的故事中时常出现，借宿山寺一晚从而结缘，后来被挽留常住，这些故事里的人就是旅僧。虽然他们大多不爱说话，但对世上之事很清楚。

其次的外来人是医生。代代名医之前，大多来自遥远的地方，很少根在村子。寺子屋①的由来也并不久远。百姓开始注意识字是在江户末。为此有时人们拜托镇上的人来，或者留下那些教养良好的外来人。这样的事情有很多。

有些地方的居民还不会写算，常从外边雇佣书役。代写、斡旋、翻译的事务逐渐变多，这样的人和医生一样被村人看重。虽然算用师等也是一种手艺人，但也有很多时候由医生或僧侣兼任。那时小村子里不必单独设立各种职业。

除了这些有限的有用之人，异类不仅不能落户村中，人们甚至对他们非常警惕。普通的工匠一年中只要在固定的时间来一两次就足够了。商人也只是在人们大概该买东西的时候，去脸熟的老主顾家转一转。御祷师、神官和祈祷僧侣之类，被称为"かすみ"，游走在广阔的区域内，只是在某个季节匆匆地巡回而已。到了近代，形形色色的陌生人出现了很多，但村人必问清其从何而来，意欲何为。但在村民们能确定其意在旅行之前，并不给予

---

① 江户时代为村民开设的初等教育机构，由武士、僧侣、医生、神职人员任教师。

多少同情。若非如此，他们总是做出最小限度的交流，想快点把来人赶回去。

但是像这样远来的人，是一定会与村人有交流的。人们一旦被引起了兴趣，或者结缘，自然就会到点提供饭食、天黑提供住处。有一种说法，在遥远的乡村，每天不知在村中哪处，都有五个、十个外来人和村人共餐。如若挽留，他们大多都会留下，不过很少有人挽留罢了。这与对旅客的款待保护以及对居住权的许可不可同论。

因为把自家房屋借给他人只涉及一个家庭的生计，而村里住则由村子的土地资源负担。劳动的自给自足原本是完全彻底的，若因为向外界借力而导致农业生产要养更多的人口，那必是人们极不愿看见的。进入新的时代，统管此事的力量难以为继，也无须维持。不胜枚举的形形色色的人进来，而人们也不能再用看异己分子的目光看待他们。其中当然教员、医生、警察变多了，但还有越来越多的人因着某种责任，不得不远赴他乡定居。这是近世的显著特点。

村子里有小片空地，也有搭棚居住的不幸之人。但其他地方都有归属，而且不允许任何人擅动。但是比起港口、城关，更自由的居住地在眼前铺开，在这里几乎所有旅人都能无条件停留，这就是明治新路的路边。

道路改造家乡的力量简直太大了，甚至大到超乎想象。因为已是很久以前的事了，我只简单地铺陈。官道也就是国家建设的街道，原本行政厅负责的事务不仅包括建设，还必须在其两侧每间隔一定距离配置管理它的民宅。这是前代的驿递法令①的正式规定。起初还能豁免地租和人马赋役相抵，多少对居民有利，但后来二者再无联系，仅征调马匹，而村民甚至要去做驿站的劳役。因此以前即便不惜制造林荫，新修翻修道路也不是易事。

明治新政第一次改变了官府的旅费支付法。无论车马因何来往，都只能按照规定支付，所以路就变成了当地人的工作场合。因此，无论是多么广阔的耕地或是原野，只要开一条新路穿过，都会有人迅速聚集于此。加上官府鼓励，四周的人们就不再介意此事了。村落中三分之一的中心地区是如此形成的，而另有三分之一因此而得到了发展。余下的城镇说是铁路催生出来的，大抵虽未中亦不远矣了吧。

村子里剩下一些人手把这个地区变成了最初的轻松的移居地。以前也有人家因人手不足，农家劳作难以为继，而到路边经营茶馆。但是那些都没能发展壮大。因为如今想开茶馆卖炖菜小酒，是需要一些与外界相关的素质的。不彻底脱离农作，就很可能被车马行人带出去。而想找人代为处理，又需要找那些行路专家，也就是车夫，还要带回来在近处给找下住处。

然而随着交通业成为自由职业，新旧街道两旁就成了所有生计方法的"展会"了。一旦人们确定不能从农业中寻找到分支，就开始探索其他职业，有资本的人首先想到的是酿酒厂、酱油

---

① 明治时期邮递、交通运输相关法令。

铺、油铺等。这就是今天小工厂的先驱。接着出现了与货运站渊源颇深的肥料杂粮店。但人们大多没有如此实力，而是开始经营一间一间的各种小店铺。正如人们常说，日杂店是历史最为悠久的生意之一。最初虽然规模小，却也是安稳的工作。

如果是较有前景的地方，还会有牙科医生、药剂师出现，也会有人来开钟表店、汽车行等，各家的二子、三子们争相大显身手，并与外来人口同台竞技，以竞得梦想的工作。不过劳力依然是要等待外来人提供。即便当地劳力富余而城中心的生活也更加轻松，杂役也并非农人们喜爱的活计。因此这些地区的移居完全自由，甚至不需要店铺担保和人身担保。

所谓生意，其好坏取决于客人和繁华程度。村落逐渐变成城镇，其背后的原动力无非是早早来抢占中心区域的那些人的脾性和手腕。这个倾向在全国都能发现。除了一些极其偏僻之处，其他地方都形成了或大或小的经济中心，而无论人们欢迎与否，都无法抑制它们的发展。

有一个事实，对离乡的人们来说很难理解，那就是村子难以承担责任的风气。所谓风气，应该就是看世界的眼光，或者是对待陌生人的态度。如若如此，那这种风气就已然成了现实，不过是以前人们相互统一，而如今每人各有不同。特别是路边的外来人越多，他们的态度越是虚伪，因为自己和外来人或许未来继续走着同一条路，又或者转而就去了别的地方。对于新文化，村子在任何时候都是买方，而街道不过是一个橱窗。村子里真正创造、发展的东西，无论有形无形，都未在橱窗的陈列之中。

三 初识异乡

顺着公路，天下的游子回到故乡，带着他们在外面世界学到的看世界的眼睛。正如人总有一些受欢迎的朋友，游子们带回的知识，很多也是值得人们珍视的。毫无反击能力的村人们，若对外来事物无差别地猜忌抵触，虽不至带来损失，至少是毫无益处。我们是发展家乡的一分子，我们能够热爱并陪伴其成长，是靠学得的知识做后盾。

将故乡与自己失去的幸福过往混为一谈的人自不必说，即便是与村子共同生活至今的人们，也鲜有人能对这个道理了如明镜。

今天，即便是经历并不丰富的人，也大抵能将自己的村子说出个子丑寅卯来。人们能够了解自己的村子，是因为他们见到了别的村子，是因为他们能够将自己的村子与十里八村外的村子进行比较。换言之，心里的故乡日渐清晰，是因为脚下的他乡之路越发熟悉。

这种倾向无疑是城市生活者引导的。但事实上城市在变成如此状况之前也是经历了磨炼的。当身边住着其他地方的人时，人们当然会发现，而且最初总是感到关系淡漠、心有隔阂。这种相互的冷淡，与此前的乡村生活相比，自是令人落寞，但也有人可以为之，唯有如此才能在竞争时放开手脚。人心原也有恶。因此，人们只觉得仅有的几个同乡值得亲近和信赖。当同县的前辈获得成功，自己也同感振奋，人们觉得这样自己的生活才能更有保障，同时也期待着对方能给自己更多的善意。然而人们后来才逐渐明白这也是孤独感的一个变种，就如以前进行的藩阀合并时一样。

藩阀首先需要加强势力，为此人们开始在与自己相关的人之间兜售人情。但巧的是，虽然相互往来没有准确目标，但总是那些希望得到帮助的人追着别人寻求互助。府县作为领头人，胳膊伸得也确实有些长。这时，好容易找到了同乡，到最后不过是一个外人。结果，同乡会就变成了靠着那稀薄的人情聚在一起饮酒的由头，失望也是自然的了。

士族和今天的军人一样，特别需要所谓假想敌。他们曾经难以想象身边能住上外人。江湖是他们唯一的社交场地，身边聚居的人都是自己的同伴，出门后也只会用只言片语的固定用语说话。然而，境况突变，他们突然遭遇了亲疏杂住的时代。这对他们来讲，是非同寻常的大体验。与人比邻而居、共同工作，是超越理论的现实的挑战。

在天真的好奇心驱使下，人们不能一直隔着墙说话。不仅这种境况全国上下出奇地相似，就连希望得到互相的认可的好想法也是一致的。明治初期，南北大都市中，特别是几个官厅所在地，宛然异乡知识交换市场一般。城中的商家也是如此。虽然他们的交际仅限于亲戚之间，难以接受外人，但一旦相互渊源加深，对那些了解地位身世的外乡人也再不能视而不见。

于是，以前游历文人和行脚僧人只从不甚拘谨疏远的人口中听到的故事，突然就有了恰如其分的意义，谈论的话题也与日俱增。报纸追随并推动着那些都市人的新风潮。虽说自古爱闲谈之人都会问"有没有什么特别的事"，但如今聊的内容已经在不知不觉中发生了变化。当然，人们认为对方并非与自己同种，才推动了这种好奇心膨胀，但这未必就带来了人与人心的贴近。这只是刚刚形成共同市民观念的都市生活方式给我们带来的第一个体验。

乡下的外来人数量少，身份也并不重要。村人自身难有机会体验外面的世界，但是循着大路远来的人带来的东西，他们不想放过分毫。因此他们很早就学到并赶上了外边的潮流。而且他们赶上的，无论如何看都不是坏的潮流。

进一步仔细观察，会发现一点令人担心的问题。了解外界与被外界了解是完全两回事。村中的万事通想要从门里观察外边的世界。他们没有刻意掩盖，却也确实时时让人发现模仿得不自然。我想应该不会有第二个国家的人愿意像日本人一样，将欧美国家的生活从厨房到卧室了解个透彻，也没有第二个国家像日本这样明知自己尚存不少误解，依然能够欣然接受一定的理解和猜测。或许有人说，那就把自己展示给他们看。可是自己给别人看和被别人看也是不同的，话题就又严肃了起来。

交通并没有像城市一样自然蔓延。如今回望历史，人们很难

第五章　故乡、异乡

相信在四十几年前内地杂居问题刚进入讨论之时，国民异常警戒。甚至有人认为若国力不足，即便平安存活至今，杂居必定使其灭亡。在各种声音交错中，才下了决断。然而外乡人并没有如我们想象一般杀来杂居。时至今日，国家还要设立观光局，让酒店吸引外乡来客。虽则如此，我们对外乡人的好奇心，却真真切切因此空前高涨。

而今杂居程度之高，直让人惊讶于其思想和感觉。或许这背后有着虚化自己而强化别人的单方面的个人兴趣。而它并没有让人更加适应都市式的平等交往，而是让在暗处独自观察、保持过度警戒成为习惯。这与儿童时期的矜持和羞涩不无关系，也或许是人一时间想错了方向。但根本上还是根植于日本国民深处的民族性格。我们要严防作出草率论断，认为只是因为日本人容易过度谦卑，容易承认任何新奇事物的优势。

四　眸中之光

国民气质中改变了历史的不仅仅有羞怯感。想要就此解释清楚，对我而言颇有难度。故而我姑且再谈一个，怒。这与异乡知识关联很深。

据说久在海外的上山草人①回国时，总觉得东京人的眼睛变得很可怕。这个问题好像存在于部分文人之间。这种感觉颇为主观，若非反复目睹的事实很难判断，但实际上这种变化十分有可

---

① 上山草人（1884—1954），日本演员，曾活跃于好莱坞。

能发生在我们身上。眼神是否险恶因人而异，也与境遇有关，原不是一成不变的善或不善。但对外来者而言，某些地区确实如此。

攘夷论还未及尘埃落定的时候，在白人眼里国人应是恐怖的存在吧？但在初期的游客的日记中，却写到国人面貌柔和。即便是在当下，若是去到交通不便的农村，或许也会有同样的印象，但我从未见到有人说过哪个地方无论男女老少都眼神凌厉。

光用语言难以准确地表达这种心情，或许有照片的话更容易理解。但眼神可怕并不意味着眼神的主人要加害于人，这种眼神只是投向一个有待了解的人。他们一直以来都和亲友一起过着亲密无间的生活，要和一个陌生人对视需要很大勇气。即便双方都想了解彼此，不自信的那个会放下视线，成为被看的那个。

通常群体的力量强于个人，如果有同伴则能泰然地与别人对视，而且也偶有内心强大之人能够直勾勾地盯回去。这种勇气，是意志力，也是能通过练习来培养的能力。古人将这种练习做成一种游戏，称之为"眼胜"，也就是现在"对眼"游戏的前身。

农民一般不善此技，但两个陌生人相遇之时，又必要分个胜负。通常若周围熟人多，那么一个人走路也毫不打怵。但旅途中人形单影只则很难一直眼神坚毅。虽说先来比后到更有自信，但这个道理不是每个人都懂，一城之中多有自我中心之人，只愿自己一人擅长而不愿授予他人。

因为他们觉得内心不强就难以在城中生活，若是别人看过来，自己也得看回去，总不能就认输了。最初的目的可能是要看一看那些并不熟悉的人，多了解一些，但是人们心里总惦记着不能怕别人，一来二去在对方眼里，这幅情景就变得有些不客气甚至有些侵略性。于是，动辄一个问"看我作甚"，另一个回答"看又如何"，一场争斗在所难免。

很多性格羞涩的人本不爱盯着别人看，等到他下定决心要了解别人的时候，他的眼神很难像婴儿一样柔和。我想，如果许多东京男人的目光都变得可怕了，我认为那只意味着求知欲重新觉醒，而并不是逆鳞乍起，即便吵架也在所不惜。

而且争吵，大部分也是交流方式的一种。若是想扬名立万或结识新人，大可不必如此迂回，不必用如此危险的手段。人们悟到了之后，近年打架的就明显减少了。这也是明治大正时期城市的一个特点。吵架的起源或许很久远，但对吵架的需求是后来才有的。如今吵架多是意味着胁迫、袭击、阴谋，或其他复杂的动机，有着难以消散的怨恨，但在过去多见的吵架中，还有着些许的憨直可爱。

过去，在参加祭礼、看戏、看相扑，尤其是赏花之时是必吵架的。那些需要饮酒的日子，大抵总会有一架。这些时候吵架，无论原因为何，等事后都可以推到酒上。虽然这么说有些不太好，大多时候还有个中间人。游玩的时候无论男女都结伴而行，因此一场架吵下来，或平分秋色，或有人险胜一筹，总归极少有一方彻底溃败。原本也并不是非要打出个伤亡来，愿意以如此危险为代价，是为着其他的目的。

据说有的男人热衷于此，三餐不吃也要吵架，甚至替别人应战。如果说他们只是为了证明自己的勇气，显示自己的男子气概，这种利己主义实在为我们所不齿。然而吵架能带来一个更为重要的社会效果，那就是结识新友的喜悦。这也是为什么中间人会得到双方的尊敬和感谢。事实上吵架是人们创造的一个机会。不打不相识，握手言和的那一杯酒，让曾经的外人不再是冷淡的关系。

曲艺、小说里总是只同情一方，而另一方则十恶不赦，人们觉得中间调解的方式没有意义。但事实上，时至今日更多的吵架最后都以把酒言欢收场。虽然这也是各种限制导致的结果，但在那个时代，人们确实难以找到其他能够如此直接看到相互价值，打破眼神对抗，实现平等交流的方法。

万幸这种拐弯抹角的社交方法在农村没有人用。村里也并不是没有争斗，只是做中间人的有且只有全体村民。人们通常与很多人维持着稳定的关系，而且调整的空间狭小。吵架，就成了改变的机会。如果少数外来之人到来，或者与村外进行交涉，则容易产生摩擦。但是这时处理起来就有了困难。

有人主张维持旧秩序，有人希望有人出面调解，难以达成一致。而且村中也没有市里那样能够胜任调解大任的人选，最后只能是推出一个似是而非的人勉强应付。结果只能是矛盾潜伏起来，拉开长期阵线，然后好胜、不服输的想法会让争斗动了真格的，让村民激愤时间变长。而这不仅是休养大忌，也让情绪不再昂扬，最后磨灭了生活的兴致。

五 地方抗争

不觉间城市已然发展壮大，而且成长速度直让人担心它带来城市的过度膨胀。尽管如此，城市的职责依然很单一。指导消费标准是官民共画的蓝图，但与以往不同，现在的城市不再从农村购买东西，不光是亲力亲为，还想要把多余的东西分发到农村去。城市希望收拢国家运转所用的一切物资，留下所用部分，再将其余整理、分配下去。这是经济都市自命的抱负，而且新的交通系统也提供了基础。

那些从各地方的农村来到城市的人也无不加入规划之中。消费的缓急、妥否，各地不尽相同。大小城市总体指导消费，但与各自生产力的平衡未能列入考量范围。无论人们买不买得起，令人心动的商品都涌进来了。这让人们第一次痛感自己的贫穷。甚至有人见此景，高呼城市是榨取者，痛述仇恨。

因此，农村想要控制着城镇不能生产的商品，与之对抗。虽然这确实是没有办法的办法，但大多反而被利用，最后只落得双方的弱者深陷其苦。最近城里有很多断袂离乡的人怨恨乡人无情。但从城乡对抗来看，这绝对是一个误会。

可以说，我们最初的约定是，举全国之力支持城市发展。各地甘于将家乡剩余的劳力分出来送进城市。至今仍有很多人放眼国外，自豪于国内城市建设的伟大成就。或许将支持大城市发展的乏力看作失败还为时尚早。无论是乡村还是港口，都是经过这样的阶段发展起来的。变弱、衰退，而后改造，这是必经之路。

城市的新尝试是随心所欲的，还从未受到批评和牵制。而在市民心中，尤其是刚进城的人心中，只有故乡还是心头牵挂，而周围的人都不过是外人，生活的土地也与己无关。这种风气的形成，恐怕是因为他们尚且没有体会到相识、携手的重要。想来，改造依然在路上。

城市间看似相安无事，可是终究还是出现了生存的竞争。当火车把大多数城市联系起来，人们立刻注意到城市之间竟然相距如此之近。如果城市只有消费和分配，有一二中心就已经足矣，此时力量稍差的地方就开始苦闷。一部分城市找到某种特殊生产，想要开拓自己的领域，但其他很多城市是利用与其他城市的一点点距离，夺走邻城的繁华。于是模仿在这种语境下被疯狂地实践。

曾经的城下町各自独有的氛围，如今已然被破坏；曾经与周围独特的风景浑然一体，而今也再无相干。最终，这样的城市有了一个，就有一百个竞相模仿，甚至陷入殊死相争。一旦中央商业干预此事，地方旧市的矜夸将更快崩溃。现在他们把那项事业的中心放在中央商品的经销上。除此之外，我们还缺乏自己制作或保持并展示给外界的东西。

小城市中的人口自顾自地急剧增加，却没有形成自己的文化。恐怕这也是日本独有的现象吧。城市之间确也会相互争夺大学或者其他学校，但那只是对繁荣的刺激，没有人把它们当作自己的文化去爱护。至于官厅、兵营、道路、铁路，这些畅销货的争夺更是鏖战不断，至今仍在继续。

这种风潮极大地推动了全国的小割据，进而阻碍了城市问题的外部联合共同探讨。特别是新的时代的公共设施基本结束，各城市对其所得基本满意，此类竞争逐渐衰落，规模大幅缩小，但是竞争的战场扩展到了各个角落的村镇。政党的诸弊、政治道德的颓败，都与此有关。城市的历史中，人们守住了城市应有的繁荣，却也过度干预。

如果没有这样的刺激，有些地方或许早已灭亡。各地把它当作生死存亡的大问题而仗剑执矛是有原因的。虽然至少在农村，这些问题并非迫在眉睫之事。但很多地方依然是失望并坚持着。如果说将这种做法当作盛隆之策的动机，第一当属衰微意识。尽管到如今，人们已然明白衰微的疗法并不在此。第二是村镇的经济中心，也就是商家和外来人造出来的新区划的希望，得到了公认。第三是地主们在刺激与地价之间的权衡。除了有权出售或抵押土地的人，地价上涨对他们而言也是无关之事，但是村民们在那时开始有了二心。人们甚至开始梦想着有朝一日农村变成了城市。

现在还有一个活动，我们称为"为了利益共享"。县级的前辈特别是立志成为代议员的人也参与这种活动，好像他们有制造问题的习惯。众所周知，日本是个土地贫乏的国家，很多村子因此而存在着很大的幸福感的差异。最初，若是不幸之处不能得到相应的补偿，人们是不会留下来的。但是时代变迁，如今很多地方已经只有不幸没有补偿了。而人们又不能潇洒地离开另寻他处，因此就开始努力寻求变不利为有利的方法。这正是近代农业改良的基调。

于是人心之所想已然开始照映现实。人们最花心思的是要在宪法平等统治下，不放弃任何国家赋予的权利。于是就像给小儿分果子一样，他们始终盯着别的兄弟姐妹得到了什么。甚至有一些居心叵测之人报告，甚至添油加醋，就好像若是动用什么力量，就能让自己独享一样。这样做虽不能把地方的政治意见变成眼前的现实，但起因却也是对家乡的一片真心。

越来越多的人不相信时代和环境创造的生活方式只能有一种，因此就有了改造。而改造，或有收获成功之人，但更多的则导致了动摇，或者带来一些难以消散的怨恨，让人们永远对相邻村镇心有怨怼。原则上政府是采用了一视同仁、机会均等的方针。但这里所说的"一视"，概括得颇显草率，日本这个国家有着如此复杂的地理、生态构成，却并没有被列入考虑范围之内。

因此只有容易模仿城市从而有望成为城镇的地方，才能高奏凯歌。但那里的土地生产也大多衰退，农作已经难以维系一个营生了。有很小一部分村子建成了旅店、别墅、停车场，而一路欣欣向荣；那些在地方斗争中败北的村子，村人们总觉得自己损失了幸福，而一直惴惴难安。如此一来，相互理解就又被推后了。

六 离岛深山

地方志是日本小学经常教的课程，内有地名和地形，还有精确的陆地测量地图。但奇怪的是，在各村一提到村子，就会认为和自己的村子一样的地方在全国有一万多个。这是地方容易产生争斗的有力原因之一。无论是市里还是镇里，因为个中缘由，总有许多不为外人知的苦恼。

镇子各有不同，有的像日向①与油津一样，以檐下散水为界划而治之，也有像作州②的胜山一般，包含了深山幽谷。村子也有五六种。平常我们想到的只有按土地面积划分的一小部分。村中还下分各种部落。此外还有数百个部落散落在烟波浩渺的大海上。岛上勿忘草的叹息古来悲切。但是进入新的时代后，它们却再不能有所慰藉。

第一，船的往来最初是私船兼做客船，但后来变成了大陆驶来班轮。船确实大了，但班次反而少了，而且停泊时间短。等船离岸而去，留下的就只有落寞。小岛的交通最终失去了主动权。第二，各种远去的大船和微弱的新文化的消息，又让波涛汹涌的日子变得无聊。内陆村庄竞争激烈很不容易，但是在岛上，村子从一开始就断了念想儿。

---

① 日州，日本旧国名之一，大体相当于今宫崎县。
② 日本旧国名之一，及美作州，位于今冈山县东北部。

海角之外也有与海岛相似的交通不便的村子。我们称它为"陆地岛屿",以区别于大陆。即便地处陆地,若变成一座孤岛,也同样无依无靠。若说这样的地方姑且还有脱离的可能,那远在海里的离岛之上,即便人们深知自己身处不利,也得不到向小岛以外的世界打开命运之门的机会。通常岛上的人口会不断增加,几欲不胜居住。岛上的村子,就是这样苦于内外的压抑。

当海岛快要容不下那么多人的时候,就开始出现了打工移居。岛上的人对故土爱得热烈,因此离开之初的打算只有打工。但最后,一去不返的人不在少数,这和赴美移居的正好相反。他们认识了外面宽松的世界,而故乡无法与之相比。即便回岛了,也再回不去原来的空间了。而且岛上与离开的人们之间的联系不充分,因此他们很难看清自己的境遇。对于他们而言,"为了利益共享"的举措是块鸡肋,或是稍稍改善交通,或是增加一些航路补助金,而这些都不足以给他们的未来带来希望。

最近国家终于想到了那些小岛,开始考虑有什么工作是只有那些小岛才能做的。万幸,小岛多在日本的南端。于是反季蔬菜、果树栽培就先到了岛上,之后畜产用的种畜培育、蚕纸制造等,需要人力的细致活计就逐渐到了伊豆、冲绳的离岛之上。据说此类的任务还有很多。

渔业因为需求不多,在岛上一般没有进步。而渔船开始需要资本后,也就脱离了岛民的经营。但是未来不走向大海,国民的工作空间就难以扩展,因此在这方面对岛民还是有利的。不过在小岛发现自己的优势之前,不知岛民还要苦恼到几时。

很多山村几乎与岛上一样孤立。与世隔绝的深山不只有肥后①险山中的平家谷②。被积雪隔绝的白山③西麓,越中④深处,虽然名字不同但地形相同的土地还有数十处。它们共同的特点是,翻越数千尺高山,一到冬季就生计难维,很多东西需要依靠山外,而除了劳动力再无能输出到山外的东西。

这种山村的经济难以改变。只要林业、农业的形态不改变,要维持生计就需要村外的工作。但是能与之互补的土地,还不知在何处。即便是在旧藩的藩篱密织的年代,这些背后地区的交通也没有被阻碍。很多山村是因此而逐渐形成的,并且在江户时期填补了劳力需要。

然而,最近的职业介绍机构却企图封锁这些渊源颇深的雪国村民。割据主义在意想不到的地方显现了影响。曾经在家乡警戒、轻视异乡人的习惯,被带到了都市,正要播下新的不幸的种子。在各县之间,多有反目,更甚于旧制时代。人们不仅没有精确的地理知识了解别人,有时甚至连自己那些传统的生活方式都不再想起。

---

① 日本旧国名,今熊本县全域。
② 传说平家败军隐居的山谷。
③ 石川与岐阜两县境内的火山。
④ 日本旧国名,今富山县全域。

第六章　新交通与文化传播者

一　人力车的发明

关于交通工具的发展有很多有趣的话题，正因为如此人们也不断谈起。其中人力车的盛衰尤为剧烈，而且其经过大抵能代表明治大正的世态，我认为这是现在值得思考的地方。人力的名称来自车力。追溯过去的话，过去有脚力、登山脚夫，甚至可以想到足利时代的力者（侍从）吧。所谓"力"，就是干力气活儿的人。但实际上，这应该是人们看到横滨的洋人的马车后产生的想法。初期的人力车很宽，而且车板平摊，这就不言自明了。

用人来代替马，放到现在应当没有人会认为这是一种进步吧。但那时候挽马难得，壮工却多。仅仅一两年的时间，人力车就普及到了所有道路的各个角落。倒也不是因为新奇，也不是因为有很多人要乘坐，只是因为这个工作是那个时代仅有的合适的工作。起初，很多失业的车夫加入，后又有一些只有一身蛮力的落魄士族。到后来村中强壮的男人也以此谋生。虽然需要头脑的工作更被人认可，但这个工作不需要特别的资质，是当时唯一的自由职业。

在旅店、车夫等阶级或组织成立之前，只有土地组合（互助会等）。老手们结成联盟，提携新人。但很多人独立于团体之外，他们渐渐将生计寄托在各地的路边。后来人数不断增加，竞争也愈演愈烈，竟出现了降价、挑事的情景。马车、轿子出现以后就销声匿迹的情景，竟然在此时复苏了。但后来车价逐渐统一，竞争慢慢也就只限于驾车技巧和车况了。其结果是，人力车制造业兴盛，车的改良让人眼花缭乱。

最初，加了车篷，后来又简化了斗篷的装卸，还有了遮阳掩面的透光车篷。这种车篷后来在关东非常流行。车体也多有变动，尺寸、形状均在改良之列。甚至同一车型难以持续三年。再后来，车上绘纸鸢上的云龙武者，为街道装点了不少色彩，后终究太过花哨，人们又开始模仿大名的器物，蜡染、漆画、家徽轮番登场。

车轴上挂几个鸣轮，锵锵作响，更显威风。车夫喊着号子奔跑在路上，让人怀念起驿站的情景。后来改成了像自行车一样在需要时响铃，还有的用上了汽车喇叭。人力车就这样安静地在路上穿梭。后来车轱辘加了胶皮，最后又变成充气的轮子，人力车也终于能跑远路了。

在短短时间之内，人力车的用途也发生了变化。曾有一段时间，人力车是唯一的外出工具。甚至连遥远的田间小路，也曾有人力车进去。还有不少车夫能日行二十里、二十五里。他们在休息站相互接替，如果行程急还能多雇上前拉后推的人。如此一来，路上的速度竟然比过去的车轿快很多。但好景不长，共乘的马车夺了人力车的客源，再后来铁路开通，就再看不见马路上、树荫下人力车飞奔的光景。就此，全盛时期结束。但之后的一段时间，仍能看见车站周围、城市内外许多人力车飞驰。直到汽车出现，人力车尽数化作历史。

人力车的兴起和转变都异常迅速。曾有人担心，人力车需求如此旺盛，橡树木材供给难以维持，而挽马无用武之地，但没有人预料到最后结果。连那些能顺应时代潮流的人，都没能有如此远见。共乘马车在那个时代是颇有些小智慧。他们从西方人的生活中选取了人们喜欢的部分进行了模仿。这让曾经繁盛一时的人力时代翻过了属于它的一页。首当其冲就是手提肩扛慢吞吞的登山脚夫。而后，在近畿地区还有不甚将就之人乘着二人共用的马车，在东京地区就只有艺伎和跟班们坐了。共用马车就这样，远离了时代潮流。

在过渡期文化的折中方案中，这种肤浅而问心有愧的东西之所以出现，并在当时被大肆追捧，是因为背后有着推动力量。幸运的是日本总会渡过眼前的，转移到新事物上，并很快忘记那个旧的。但痕迹并不会那么快消失，例如，东洋各港口都曾人满为患，那时正值我国明治初期劳力充裕的时代。很多人想靠回扣或租金糊口。或许有不少人对设计人力车并把它送出国门的人心怀感激吧，虽然其实这绝不是一个令人愉快的纪念。但我想不容我们忽视的是，在相当长一段时间里，它都会作为日本人发明精神的一个典范，引领着各地的人们。

日本自古是个很少利用畜力的国家，因此，很多拉车人到最后都没有感觉人力代替了牛马。很多人是为了照顾女人和老人，才雇用人力车。而在乡下也经常看到远行途中，车夫悠闲地和客人闲聊家常的场景。两者的关系既不是一时的主从关系，也不是贫富两端。但在洋人聚集的地方，这种交流方式难以想象。特别是白人，他们更习惯牛马。人拉车，除了是代替牛马而为之，他们难做他想。因此，他们即便没有用脚踢，心中的鞭子也打在车夫身上了。因此，我们属实是捧红了一个意想不到的物什，惹了邻国的怜悯。

二 自行车进乡村

以纽扣为装饰，用空酒瓶和罐子做花瓶之类的爱好，因为各地相距甚远，在彻底普及之前颇流行了好一阵子。人力车虽是国产，但在珍稀的时候倍受珍视。悠闲的骑行更能体会它的乘坐舒适感，但事实上只有一小部分旅行因此变得方便。现在的自行车最初引进时，也只是作为娱乐品。大约三十年前"自行车全部车型典藏"等问世的时候，名流中自行车高手辈出。还出现了嗜轮会之类的团体，就像今天的高尔夫俱乐部。把自行车列入必备物品清单的，应该是官方人员，但它却迅速成为医生、护士的专属。《妖风恋风》①的作者看到了女学生结伴骑车,衣袂飘飘,就有了书中卷首插画。

之后乡村中涌现了车技表演。后来普通人知道了骑车并不难,但依然很少去做。因为那时所谓的爱车家大半是游民。随着进口激增,国内生产也应运而生。从最初进口部件进行组装,逐渐发展为生产工厂。其中不少做起了修理、换件的业务,分散到各个地区。它们就像伯乐教人识马一样,让自行车进入了人们茶余饭后时间。

十几年的时间里,县里的自行车大会、大赛,都能吸引众多观众。而背后是经销商绞尽脑汁的推动。兴趣一词能被鼓吹至此,现在想来很是奇怪。之后,在旧物修理能力和国内产能的贡献下,自行车成了人人皆可得的东西。在镇上主要是小店员们用,这正符合了商人们的盘算。商家的学徒是靠跑腿过活的,如果他们不在途中耽搁,就能省下一半的雇员。

在其他许多行业中,自行车也大展了拳脚。路途浪费的劳动都被省去,人们可以到远处工作了。一日能往返的路程增加了一倍,旅馆的需求大大减少。越来越多的人觉得骑车有利,有的地方甚至连梳头匠和产婆都骑着自行车在村子间往返。

农户也大多出于实际用途购买了自行车,但他们想的却不甚周详。为了省去劳作往返的时间,人们早就花了不少心思,村子

---

① 小杉天外著长篇小说。1903年在《读卖新闻》连载。小说描写了当时年轻男女学生的日常生活,其中一位女性主人公因自行车事故住院。

大都将耕地开在住所周围。即使偶尔要去远一点的地方干活儿，路上也无法骑车。那时，农村的一大特点是三五成群出去劳作，而这时这种个人主义的交通工具显然不适合。农活儿中，需要搬运的只有农具、材料、收成，需要带出去带回来的东西非常多。农活儿有三分之一都是搬运。自行车虽然方便，但是设计之初却不曾考虑过这个用途。因此，自行车在村子里大多闲置，也无法给家里的劳力全数配备。

很少有像自行车税那样简明的地方税。这样一来，除了拥有者可以享受便利外，还可以了解他们的生活状况。如果不愿负担，可以当即停用，而且丝毫无须像养犬税那么不舍。虽然没有给自行车缴税的道理，但用作数据却着实合适。政府能准确把握自行车数量，谈起这个话题时非常方便。在东京四周平地多的县，各县有几万农民被征收自行车税。但是，一旦田里收成减少，农户们首先想到的就是抱怨自行车税高。

另外，为了节约，人们还尝试了邻居之间的共用。实际上共用方法非常发达，甚至值得为此组建个团体。还有个现象是日本独有的——车后带有拖车的自行车盛行。或许有人认为在日本带后车的自行车会越来越盛行。或许人们认为它带着舶来的情调，但事实上它不过是人力车的一个变种。以前手推车虽运力不强，但在很多地方足够使用。而且若不是有人需要随时带着东西骑车在村里转悠，即使有"后拖车"这个名字，也没人当一回事。

然而，日本是包袱皮的天下，优雅的人们，无论男女出门时如果手中不拿个东西，就觉得空空的。以前也偶有揎袖子走的，但大多身后都跟着随从。或许从几百年前开始，人们走在路上都是必备一根长棍，或仗，或拎，或扛，或顶，总归无人空手。自行车先是那些带随从的人用，迅速普及之后，后拖车的需求就凸显了。原因就在于此。市里的拖车造型简单小巧，而广大农村则是满街的大家伙。

拖车的驾驭技能既不是进口也不能传授。自古国人就不断练习在人群中穿梭的技能，而今又增加了一个新挑战。如何骑，怎么拖，可否通过，能否拐弯，这些角度、距离都是靠一双眼睛，就好像后脑勺长了眼睛一样。这种技能的习得，恐怕比学校的学习更重要。过去有人传乡下人的笑话，说是曾经有一对农村夫妇牵手去镇上结果臊眉耷眼被人嘲笑，但如今可大不相同了。不管是汽车也好，还是其他精密机械也罢，农村人都比市里人更无畏地想要学会操作。因为，虽然城镇居民的身份并不易得，但趁着在农村的时候早早练好才是上策。

三 火车巡礼

自从自行车进入村子，很多老人抱怨说，年轻人动不动就跑出去。其实，这是旅行工具进入居家职业后的必然结果。虽然火车与自行车规模有异，但道理一样。不过铁路的历史总是由专家掌握，而专家又都是生意人，因此难以从外部讨论其影响。

无论坐什么列车，必定有两类人对火车心怀感激：一是火车

第六章　新交通与文化传播者

带来出行便利的人，另一类是被火车带到外面世界的人。后者人数明显更多，如今依然如此。铺完一条铁路后，其他各地的"为了利益共享"活动就会参考其他地区的例子，计算未来新增旅客的人数。

一如资源开发大多最终都完成了计划，火车也成功地按规划吸引了众多人出游。过去人们甘于闭居，而火车让他们看到了大的世界，因此消费也并不算亏。这无疑可以算作提高国民整体生活幸福感的一项事业。但旅行最终还是更偏好骑车出游，因此火车并没有取代传统的旅行方式。

巡礼在日本的发展非常有意思。熊野参拜者日渐减少，伊势二宫成为圣地。无论如何考虑，都很难将这个变化只归结为信仰。但其演变过程如何，如今留下的痕迹模糊，已难作为参考。但可以看出，近代的巡礼至少将数十个灵地串联起来，像是故意将参拜的目的地分散开来。而参拜的重大意义，在于参拜途中。那时，参拜路上顺路去京都游览，或干脆把琴平①、宫岛②逛上一逛，也无伤信仰。中间有靠着孤独行者们的巡礼而过活的人。有称作六十六部纳经者的人，一生都守在一座寺前，其他大部分人与整个团体一起，奔向同样的目的地，一如当下的火车。

还有些地方把拜登名山当作成年仪式。说什么人一生总要有那么一次，一旦到了一定年龄就会加入这个群体。如果目的地不

---

① 位于今香川县。
② 即严岛，位于今广岛县内，别称"安云宫岛"。

远的话，甚至连外孙都带出来。人们是想用这种特殊的方法加强内部的团结，而了解社会排在其次。人们觉得这种行乐的兴趣难以忘怀，因此进入明治时代巡礼的热情也从未降温。虽然四国可怜的巡礼者减少了很多，但越来越多的青年男女趁春日好时光结伴出游。濑户内海的岛屿和沿岸出现了"三日路一日游"的新圣地组合，关东东海也有地方限定的三十三所八十八处，佐渡等岛屿每年都有岛内限定的参拜者。如果不考虑信仰，自由选择同行伙伴，就是今天的名胜巡礼。

而后旅愁日渐浓郁，这时有一些觉得旅途压抑痛苦的人想出了一些做法。集体行动壮了胆子，让他们能做在家乡时做不出的事。旅行对他们来说再也无须郑重其事，只当是移动的宴会。这种做法渐渐地也感染了那些独自旅行的人。很多人认为，旅途能过得与家中一样，这才是交通之便。因此，那时的火车坐满了人，他们读书、小睡，非常满足，一眨眼就到了目的地。旅行，与五十年前相较，至少目的和效果变得单纯很多。

游览本位使日本的交通系统多有浪费，这也是事实。虽然一年中的某个季节人满为患，但淡季的时候所有设备都在空转。特别是在北陆奥羽雪深的地方，游客骤减不说，还要支付维护费用，这就要花费双重开销。世界上没有其他国家像我国一样，因为积雪而影响经济。舶来的书中，没有记载如何应对堵塞铁路的柔软湿润的温带积雪。开凿隧道避免落雪，常年积雪无法除去。要处理此处的积雪，最高效的方式就是最朴素的办法——聚集人手人工挖除。于是，就有了很多人为了瑞雪兆丰年而来。这样，就免去了长期的开支。火车，在日本一半以上的国土上，赋予了人们新的生活方式，这种力量不可谓不伟大。

或许是因为北国之人也都是迁自南方，我们对雪中生活至今研究还不充分。特别是在深山里，除了一些劳动者无畏寒冷，自古以来大多数人都习惯冬季蛰伏，与外界的交通更是几乎断绝。旅人们对此也是心中有数，或是早早离去，或是住在谁家，窝在炉边一直等到雪崩消失。后来国家颁布全国一致的教育制度，指引孩子走出山村，这是英明的决定，但实际上并没有找到打破天然和风土的限制的办法。若是夏天，这里和外界别无两样，若是树叶凋落后，这里就好像另一民族一般，回到城市中难以想象的古老生活。尽管如此，尽管铁路也苦于雪海久矣，但它依然给这里送来了一路的生机。

这已然是相当大的改变。早已厌倦冷清的居民，善意地理解了这外部的刺激，他们为冬天也有工作的机会而高兴。甚至连那些打算一辈子居住深山的人，也渐渐地融入温暖的鲜活社会。积雪深处，开始一点点滋长了生气。雪橇流行，滑雪的加入，吸引了越来越多的族人前来。现在，终于有不少事为外界所知。最近几次大选也表明，日本终于成为一个在隆冬时节也能全国共进的国家。光靠游览团体随意的移动还不能拉近各地间的距离，发展至此，虽然也有电信、电话等力量，但主要还是火车带来的巨大效果。

四 水路变化

作为铁路工人的日常工作,他们每天都在深山中开山铺路。而水运,却信誉堪忧,甚至比过去更甚。迄今为止,那些大船只热衷远航,而忽略了近处。其中一个原因是近海风狂浪恶。但是,人们压根没有尝试过积攒与它斗争的勇气和力量。帆船时代的航海有着我们无法想象的悠闲。就如长崎一年一次的海外贸易一样,我们的班船在暮春风平浪静的时候出发,在秋风多变的季节结束航行。之后港口、船员赋闲无事,和北国的农业差不多。

日本海上是中世纪以来最古老的航路,但冬天风高浪急,海上就只留下波涛和天空。班船一年只有一班,若是晚一点还要过冬。没有点耐性可坐不了船。幸运的是,后来轮船问世,终于可以全年通航了。但后来遇到很多没有记录在案的故障,与之斗争的过程中,火车突飞猛进地发展起来。

国人对陆地交通的依赖程度之高,每个人打开地图一看便深有感触。作为一个岛国,我国有着如此自由的海域,却让铁路铺满了几乎所有的海岸线。横穿内陆的铁路,拉近了东西两岸间的距离,而纵贯南北的线路也更是被人看重。如果有人想去旁边的岛上,在登船之前要先大费周章地到海岸的突角,到达渡口。这很让人怀疑,日本的海到底是不是真的危险至此。因此,港口就失去了作用。许多在港口附近开设的产业,也都陆续抽身。仍然有很多码头在对火车的记恨中寂寥至今。或许即便海上通道一直像以前一样使用,港口也必然会衰退。

在帆船时代,风停了就要划船靠港,因此有很多停泊港。一点风都会影响船舶,因此在海角尖端大抵都是待风的港湾,而那里也会因此而繁荣。轮船时代到来,人们就不再想停泊在那种港口了,而是更希望船能多靠近陆地中心再下船。因此,近世有很多港湾被人遗忘,海角上的村子都成了比孤岛村庄更荒凉的地方。

海上交通有着不同于陆地的特色。它像是山峰两端的两个车站,但山路只是一个通道,但海上还有着更浓的人情。因此花街柳巷最早就出现在港口。以前有很多船夫年年往返在同一条航线,每每宿到同一家旅馆,就这样度过一生。因此,文化像海浪一样一波接一波地汹涌而来,却又没有留下任何痕迹在那片海滩上。

据说东回船航路①是出现在新井白石②之后。实际上纪州③、志州④和伊豆半岛、安房⑤和石卷之间,比七岛⑥之间离得更近。船的数量极多,因此人与人之间的关系也很密切。虽然没有官

---

① 江户时代由奥羽地方各港口经津轻海峡,沿太平洋至江户的干线航路。
② 新井白石(1657—1725),江户中期的朱子学家、政治家,著《读史余论》《西洋记闻》《折薪记》等。
③ 纪伊国,日本旧国名,相当于今和歌山县全境及三重县南部。
④ 志摩国,日本旧国名,相当于今三重县志摩半岛东部。
⑤ 日本旧国名,相当于今千叶县南部。
⑥ 形成列岛的七个岛屿,如伊豆七岛。

方记录，但事实上熊野居民的沿岸贸易范围广泛且由来已久。秋田津轻和北陆各地的交通至今仍留有鲜明的痕迹。铁路建成后，人们视大海如屏障，损失固然有，但更多的还有失去和感伤。

尽管如此，以后应该也会像濑户内海、松浦诸岛一样，私有船的交通相继复苏。即便不恢复以往的航线，内燃机船也会将更多的新港口连接起来。在伊势湾沿岸等地，内燃机船已经逐渐开始扮演火车的角色，并走向海外，甚至带动了熊野的许多河口湾。在伊予①和天草诸岛②有很多冒险家时不时乘船跑到太平洋上。可以说这增加了人们未来探索日本海洋的信心。

湖上航线也已经大幅衰退，只有一部分有复苏之兆。近江③的大津④由于铁路的势力，湖岸已经被铁路包围，但常陆⑤的霞浦⑥还有一侧通过水运相连。河船的交通，以一己之力与铁路抗衡，但从没有过一次胜利。虽然河川修整中梳理了水路，但堤坝加高，城镇已经与湖泊隔离开来。加之堤坝旁铁路修通，镇子样貌随之大变，再不能像过去一样劳作。画中出现过日本劳动中历史最悠久的一种——用绳子拉河船上岸，而今这个场景已然与镇子不再相配。螺旋桨船已经将其取代，在各个河流里尝试，但我

---

① 日本旧国名，别称予州，相当于今爱媛县全境。
② 熊本县西南部，以天草上岛和天草下岛为主岛，由大小110个岛屿组成。
③ 日本旧国名，相当于今滋贺县。
④ 位于滋贺县西南，琵琶湖西南岸的市。
⑤ 日本旧国名，大体相当于今茨城县东北部。
⑥ 车杆东南部，利根川下游湖泊，是仅次于琵琶湖的日本第二大湖。

想不久它也会变成一张照片，作为历史流传给下一个时代。

五 旅行与商业

在铁路已经穿山而过，骑车驰骋山顶的时代，还有一个千年历史的搬运方法流传至今——负载法①。这些新的旧的方法，有时会在同一个山口相遇。日本的世相的深奥之处、引人思考之处就在这里。赘述无益，我只选一个有价值的谈一谈——背夫。在（日本）阿尔卑斯山生活的诸君，想必不少人见过。从美浓、飞驒、信浓的山村，到北海低地购买鱼盐米，若没有火车，只能用这个方法。

背夫们的旅途，像画卷中的行脚僧人一般。箱里装满货，高高的货上盖遮阳篷，胸前拢背绳，手执短杖。短杖一端较粗，类似现在的棒球棍，下端支地用以支撑货物，站在路边休息。若是报酬丰厚，有时他们会背二十贯（合今75公斤）货物，而且一日之内翻山越岭往返。登山的挑山工或许就是从这个人群分离出去的，但不同的是，在背夫的家乡，连小姑娘还依然在用这个方式运东西。与普通的搬运工不同，背夫们自负盈亏。以前麻丝是他们带出大山的主要货物。由生产者定价，在镇上出售，并代为买回海产、杂货。有时他们能根据行市收些佣金。虽然生意小，但是姑且算是独立的商人。

赶脚的车夫们，也曾在很长一段时期内用同样的方式做长途

---

① 以前农村靠一根捆货绳搬运的方法。

运输，以此为生计。但各地批发商日渐增多，人们不出门便知天下事，他们就渐渐变成了现在的车夫。追其原因，归根结底是文字的力量。那些通过记录、书信知天下事的人，控制了现实中的旅行者。销路打开后，单凭一人之力再难维持供给，而船是他们最早的出路，因此它最早拥有了销路背后的指挥者。

从寺庙和大名们执掌勘合与中国海岸进行交易的时候起，船夫就替货主跑腿了。虽然他们只是跑腿，但还被允许带一些补舱的个人货品。到了远方港口，要靠自己进行判断、交涉，完成交易。因此这种远航的船夫走到哪里都很受重视，都是经验丰富的老手。但陆地则不同，为了方便，陆上设置了很多中转站，同时还可以进行监督。如此一来，所有运输都变成了短距离运输，任何男人都能胜任。因此除了需要翻山的生意外，其他的行脚商人很快就衰落了。

人口众多的狭小岛国上，没有机会组成大型商队。哪怕是牛马，若不是伯乐执意想卖到远处，也只是牵着就出去卖了。如今无须如此了，大车店也因此正在消失。但在过去，这些地方曾是市场的中心。村中的青年才俊，想借此锻炼营生之力，又觉得这是打开命运之门所必需的远征，于是就这么大步走向了陌生人群。这种收获，是农作中得不到的。这种做法如今看来肆意而直率，但在过去以牛马为生的人中却被接受了。

自驿马归批发商所用后，村里的买卖猝然变得被动了。除了出去买萝卜青菜的小买卖之外，其他商人几乎都是城里人。村人们就这样又失去了一个了解大世界的机会。现在绕村的货郎，或肩挑扁担两端挂篮子，或用更古风的肩搭布袋，其中装着各家剩余的收成，在村里叫卖。人们因他们资金缺乏而蔑称其为"三百旅人"，但每每又被他们把钱赚走。那些身着窄裤、腰插秤杆笔墨倒卖蚕茧的人和货郎同属一类。

后来自行车在村子里频繁穿梭，于东西南北各个角落街区林立，但农人依然不但没能利用起来，反而尽被人利用。现象背后，是深层的原因。随着买卖组合事业兴起，这些弊风得到一定净化，但同时，村人则进一步退缩。而后这种生活就成了农村应有的生活。如此想来，让人不禁唏嘘。

所谓的观光旅游的发展，城市和名胜的繁荣，也可以换个角度加以思考。从外面来到村子里的人，整体上而言与社会进步成反比，日益单调。行脚小贩很快喜欢上了村里络绎不绝的赶脚车夫，他们讲着山那一头的故事，诉说大海和深山的新奇生活。他们与要从战场回来的士兵一样，总是为听故事的人收集着所到之处的印象。

之后真正的旅行者也来到村子。他们可以说是熟透了世故和人情。对自己的家乡，他们并不想多言，但是双脚走过各地，他们对那里的变化颇有了解。于是，他们就凭着自己那原本有无都尚且难说的本钱谋了每日的营生。嘴皮子是他们最厉害的，总能讨了当地人高兴。虽然村人大多觉得他们会信口开河而有所戒备，但事实上他们并没有必要也没有需要骗村人。那些行脚僧人的奸猾已然成为谚语，妇孺皆知，但他们依然背着没什么分量的小物件在村里走动了几百年。这两种小买卖，是最早在村里形成的生意。

和服店的先驱三越白木①，自三百年前的江户时代起，就在路边摆了摊子。将其称为"吴服之圣"的，据说是高野行脚僧人。高野行脚僧有多种，其中最低级的是乞讨僧。那时除了直接管理土地的农民，没有人拥有衣食之物，所以应该没有人会拒绝别人给的食物。问题是，用什么换来食物。行脚僧们传播佛法、送上祝福，虽然这些无形，但是也被村人们当作一种商品欣然接受。游艺到门口卖艺，之所以能在村里谋得生活，是因为那时的村里缺少表演。以前村里的推销和后世的强买强卖大有不同，他们是努力寻找别人需要的东西去卖。因此，他们自然需要从外边学得更多东西。

漂泊者的历史在日本开始得早得惊人。中世纪以后，他们中的大部分人冒圣人之名，试图通过宗教让旅行轻松些。但实际他们的另一面是工或商。他们向所到之处的土著居民证实了不耕种也还有许多种生活方法，出现已近千年，不断将新的空气带进村子。村村之间的交易旅行，应该就是从这些人身上学到的技术。

曾经在很长的一个历史时期内，八九成的日本国民都是世代农民。这种生活是全国统一而固定的，人们厌倦，但只能苦等改

---

① 江户三大吴服店——三越屋、大丸屋、白木屋。

变的契机。于是，当难得的外界刺激到来，农民们就借机打造了现在如此复杂多彩的农村。这是农村发展的唯一动力。可以说，日本文化的一波又一波发展，流浪者的功劳不容忽视。社会的每一次改变，会有更有未来的职业代替流浪者的职业，然后在城镇有新发展的时候加入它的繁荣。

可以说，城镇工商业书写的每一篇发展史，无不意味着从流浪者手中夺下了一次饭碗。对国家而言，这或许是追逐幸福时必须进行的清理，但对乡村而言，是社会教育的一大损失，应该加以弥补。如此，历史悠久的流浪者移动学校衰落了，流浪者变成了应该被警察取缔的恶棍的别名。旅行，无论从内还是从外来看，都已经贬值。

六 旅行之道衰颓

西方的书上经常写，在日本好像没有人思考过行脚工匠的归宿。他们的旅行叫作修行，即便他们知道在同一片土地安稳下来会更好，但他们依然四处走动，只能说这是他们的惯例。我觉得或许其中最大的原因在于，要维持生计就不能待在家中。在城市还没有建设好的时代，匠人们也曾和老板们一起工作。

进入江户时期后，铁匠最先开始定居，尽管如此，其中的一部分人至今仍以巡游为原则。之后石匠也开始渐渐建造村庄，但是还不能说完全融入那块土地。等到了明治时代，器皿木匠才开始在各地形成小部落。木匠和泥瓦匠之旅也经常以选择将来的居住地为目的，但即便是落户在村中，但鲜有人定居。桶匠的工作很新颖，到哪里都很受欢迎，但他们工作的地盘大，不会只停留一处。因此，他们都是有趣的老江湖。

近世第一次出现了洋伞修理、瓷碗烧接的工作，那时因为需求有限，大多数手艺人都在漂泊，很少能在镇上开个门店。后来社会发展为他们的安定清除了大部分障碍，他们大多在那里有家庭，在国情调查的时候计入了村镇的职业分类。与远道而来的手艺人相比，这些本地的漂泊者并没有多少见闻可以告诉别人，渐渐的，他们以和当地村人一样的心情远望外面的世界。这样的手艺人，逐渐安稳下来，村中得到外界知识的通道就又多了一层障碍。

最后，若说明治文化中改变旅行、阻碍地方相互之间的知识交流的东西，那就是旅馆。旅馆变得过于单一。虽说以前旅店也是一种生意，但要说旅行者的住宿，除了借宿佛堂以外，至少还有三种。三种方式的选择取决于旅人与店主的关系，或者说二者关系可以分成上中下三个级别。

第一种是第三章中提到的借住式，我们称为"本陈风"。旅人借住住宅的一角，并向家主请求晋见。这样一种谦卑的住宿方式，最早从大名贵族开始，维新之际开始逐渐扩展到武士阶层。带口音的远乡人，无不期待这种待遇。起初只有本街道路上的旅馆如此，渐渐地村子里的大小旅店都竞相模仿起来。这里就产生了后来的茶水费①问题，从费用上阻碍了旅游的发展。

第二个衰退的是长租式，被称为"定宿风"。从那时的定宿到和今天相似的定宿，其间历史很长。一来是客人不再多次投宿，廉价客栈之名也失去了意义。同时，店主对旅客也不再像过去一样关注。以前旅馆主人会和客人一起维护生意关系，主客两方就像是临时家人。即便是手艺人或者盲人艺人，所有工作都能一力完成，人们也认为店家提供容身之所，即是加入了自己的工作。这些投宿之人大抵在所到之处都有合适的常住旅馆。

港口的店家每年迎接一次渡海船员，也就是给些优惠而已。艺伎船码头高度发展，本来也不过是定宿的一种形式。也就是在某一个时期内组建临时家庭，所拿的报酬算作家庭收入分配。当这些地方逐渐发展成茶屋风，那些每天出门谋生的人，便不再想去一天不能往返的远处了。

第三种住宿方式也在衰退，但镇子上还保留了一点点。我们称之为"善根式"或"接待风"。这种住宿方式的起源并不一定都是信仰之心。除非家中要进行祈祷，否则很少有人会如此做。村里难以将住宿做成生意牟利，所以想住下只能找这样的人家收容。这时，客人不是家庭成员，更像是被保护者。

如果小门小户，投宿的人可以分到女主人做的饭菜，如果是仆人多的大户，就只能烤下人用的火，吃下人吃的食物。若是从

---

① 大正时期掀起日本旅馆建设热潮，各地旅馆除收取住宿费外，还有小费和茶水费。而茶水费金额模糊，由客人决定，但会被他人评论是否大方，影响了旅馆住宿感受。

开始人们就无望得到这种自由用饭的待遇,很多云游之人从一开始就放弃出行了吧。今天的客栈还有些需要介绍,或者需要女主人帮着照顾,但如何招待,各处都差不多。主人们的心理准备非常充分,他们知道即使不是威风张扬的大名,客人也会发号施令。因此旅行就像中国人的婚姻一样,需要攒钱,而店主能得到的,除了钱也再无他物了。

人们想进入没有亲戚的村子,已经基本再无可能。街道上已然是车水马龙、烟尘笼罩,但小路上走着的却无一不是陌生面孔。偶有外乡人来,也是各处都需小心谨慎。外乡人不会平心静气谈论异乡,本地人也无法熟知家乡,将家乡之事带出去。人们除了对免费、廉价的住宿有需求外,更需要一个轻松的对话的平台。如果不尝试做些什么,因旅道衰退而失去的,便再无可能失而复得,无论是城镇、小城还是乡村。我们的好奇心依然旺盛,因此虽然与他乡信息隔绝,但中央的消息正在急速滚滚而来。

第七章 酒

一 无酒不社交

酒，自出现在世上起，其用途越发广泛。过去人们也承认酒是不可或缺的，哪怕是不喝酒的人也是如此认为。但是，现在酒中的深意却已经发生了变化。究其原因，大抵与街上酒鬼越来越多的原因相同。简单来说，接触陌生人时，人们需要作好心理准备端好身段，当这样的场合越来越多，人们就想起了古人屡试不爽的良策——酒。

明治时期的社交大多发生在心存隔阂但又不得不在一起工作的异乡人之间。换句话说，当初各藩志士促膝执手共商国是的时候，酒的重要性已经备受认可，但那时的心情想必是片刻不得闲。但后来太平年代到来，酒桌所议之事解决得越发容易，共饮的人也是不停轮换。当然，凭空找了由头就开席的自然不少，但根本上还有着交友、迅速统一全国意识的大志向，人们都将喝酒这一新增的生活费，当作为处世智慧而付的学费欣然接受。若非说这么做有什么不好，应该也就是人们奉行保守主义，并没有探究除此之外有没有他法吧。

不过，这样的思考逻辑原不应如此。我辈浸在凡俗世事多年，偶尔想投身新尝试，或挑战精神修养中难得的经历，喝酒转换一下心境也是必不可少。而祭礼或重大节日之时，美酒更是座上宾。节庆、祭祀的意识本身就拥有让人情绪高涨的魔力，而共同举杯更是让很多人同时置身某种特有的情绪之中，这也便成了惯例。这番周章对喝不醉的人来说，是白费心思，但是但凡喝醉，大多数人都会与平常大不相同。

正如天岩户传说中有趣的一幕，满座宾朋表情一致，朝向一方的巨大光芒。也就是说，那时所有人的内心一致。但是，新的时代是以一致开始的。不再有一人为斗争而相聚，都市、乡村精神焕然一新，世间日日是盛典。出去的人时时处在兴奋之中，再没有靠酒来制造情绪的必要。于是，喝酒，与其说是有意为之，不如说是一种惯性。

正因人们平日疏离，一旦相聚才必须喝酒。若有意将这一习俗的形成用古老的逻辑来解释，恐怕就是如此了。酒的滥用并非始于明治时期，而是更早。有时人们甚至放肆痛饮，全然不管彼时彼刻是否需要高昂的气氛。又或许正是因为气氛过于高昂，才需要用酒精来掩饰。明治时期所谓的应酬已经大抵如此。地方上，饮酒之风日盛，多年以后人们更是对那些醉酒后的反常行为难以忍耐。

第七章 酒

　　甚至有平时寡言少语不善言辞的人，对外部的冲击毫无抵御能力，倒是可以借酒一抒胸怀，大颂饮酒之德。而这些人来到新的时代，不得不参与新社交，也是不易。因酒早亡的人增加，不爱酒却硬着头皮学了喝酒，借酒加入友人圈之人也不在少数。但世态如此，也实属无奈。而酒局，更多还是以灌醉对方为目的巧妙周旋。如此，日本的酒消费量和人口一道，一路高歌猛进到达了如今令人震惊的数字。喝酒由来已久，但独酌确实是自明治大正时代盛行起来。原本喝酒就是以欢聚共饮为前提，在不久之前人们还以能够人神共饮一壶酒为酒中之乐的源泉。如今看去，那些复杂多样的酒令，也让喝酒有了难得的快乐。据伊势贞丈①的研究，过去酒的造法甚是复杂，与武家简略主义不合，于是足利时代将其简化，变成了三三九献②。酒席之上，需要逐一敬酒。规则就是按座席顺序给每个人敬酒。想必在席上巴望的人要等到那盏酒也不容易。后来花街柳巷的生活兴起，开始形成交盏、定情酒之风。敬酒时偶有人被略过，也必大不悦。特别是若事关女人，时常是先争酒桌先后，而后变成打杀之事流传于民间。

　　如今的酒虫也常沿袭古人的说法，说什么讨酒一杯、重斟一盏，但事实上德利小酒壶乃至后来陶猪口杯出现，宴会就得到了巨大的解放。独酌也破天荒地得到了自由。这些人说饮酒是自古

---

　　① 伊势贞丈（1718—1784），江户时代中期幕臣伊势流有职故实（对日本历代朝廷公家、武家的告令、仪式、装束、制度、官职、风俗习惯的先例及其出处的研究）研究家。
　　② 婚礼上的交杯换盏仪式，共三个酒杯，换三次，共九次。

的民俗，或宣扬控酒的可能，这无疑会贻笑大方。因为这类卫生手段、饮酒方式才是明治时代以来的新发现。

"饮酒之人酒常饮之"，至今仍被人奉为金句，而实际上"饮人"者乃酒之力。毕竟，曾经人们认为，客不醉，宴不成。众所周知，赏酒色品酒味从近代才开始，在此之前喝醉才是饮酒的目的，全无对色香味的追求。若是从饮酒之人的角度来看这一变化，无疑会让问题更加难解。而且一朝识了酒中趣，无论色香如何都勾人怀念。单看人们对苦艾酒的贪恋，就可窥见一二了。就好像英雄装饰佩刀，竭尽所能如何装饰都不为过，酒也是如此。这也成了清酒改良至今的推动力。

宴会的改良大约也是如此，人们努力让酒更美，让醉酒更愉悦。中日古今，赞美酒之美德的文学甚多，而那些作者也无一不是饮酒之人。为了让酒宴效果发挥到极致，产生了许多酒席技巧，能够替主人劝酒。其中歌谣便是如此，伴着悦耳的嗓音和丝竹之声围绕在酒席之上。为此很多深知饮酒无益的人也加入醉酒。不少人将一些歌谣当作经典，用来推销酒水，不可谓不妙，也不可谓不取巧。

此外，日本还有第二门技术，那就是酒量的打磨。若有人能千杯不醉，则会被尊为一乡英雄，主要是因为推崇喝倒敌手的能力。虽然锤炼酒量对人毫无裨益，但仍有人勤加练习、激发潜能，频频赴宴，获得别人的赞赏。从助兴的角度而言，酒的功劳有时甚至超过美人献声。饮酒逐渐发展成经济以外的事业。

二 酒屋

按社交法则，理应向贵客敬酒，但首先要有酒可敬，因而储藏显得颇为重要。虽然之前也有，但是近代之后越发见效。群饮模式之下，宴上人们要等待敬酒，同样人们还需要在新酒醒熟之前经历漫长的等待。村里的祭祀活动在秋天的9月举行，一方面是因为没有美酒不能请来诸神，另一方面也意味着在收获季节到来之前的漫长时日中，酒都还不能喝。

以前酿酒极其简单。酒曲两日、甜酒两晚，接下来的三四天就已经可以装到酒瓮里咕嘟咕嘟发酵了。那声音，就仿佛是风从远处送来的鼓声。侧耳静听瓮中的声音，就是各家对祭祀的等待。

祭祀当天，把酒换到新的器皿里，让它散发阵阵酒香，所有的准备活动就算大功告成了，只待将其供奉给神仙，而后开怀畅饮一醉方休。若是不能如此，恐怕酒压根就不会存在吧。

除祭礼之外，大型酒宴也需要酿酒。古籍记载，过去谁家有丧事，也需要酿酒。以前，如果不一一走完这些流程，甚至连一杯浊酒都喝不上。因此说，彼时没有独酌的习惯，不是不想，而是不能。

虽然正月是第二大推杯换盏的佳期，但是却很少有人筹划第二次酿酒工作。这可能是因为新年时候的酒宴，不再像祭祀那样各家各自进行，而是在大门大户的客间庆祝。但无论如何都会有些人家要装满秋季酿酒时的酒瓮，还要多做一倍，为初春的酒趣做准备。

时至今日，家传的骄傲依然是味噌、腌菜的独家做法，是几道别家无法匹敌的私房菜，而过去酿酒也是一家女主人心思和智慧的凝结。

酿酒或许需要祖传绝技，但更重要也更神奇的是各家的酒曲微生物的差别。现今来看，或许微不足道，但是过去那可是酒的灵魂。这些微生物看不见摸不着，安静地浮游在一家的空气之中，却总能让那个家族酿出无与伦比的美酒而家声日盛。

适合造酒的泉水大多冠以"强清泉"之类的名字，通常在神社的旁边，由与神社有渊源的人家管理。可能过去这仅仅是家门荣誉，并没有人想要沽酒换钱，但酒美了就自然有人想储藏。人们逐渐慕老酒之香，将其当作富贵昌盛的标志。如果说一方屈指的名门因为爱酒而参与造酒业，或许人们难以理解，但事实上，这真实存在，而且最初源于隐藏的信仰。这一状况等到分家流行于世的时候就发生了改变，人们正式将农业以外的资本投入商业运营。如果造酒没有掌握在村里的实力家手中，恐怕酒就不能成为今天这样全国统一的商品，而是多少保存了地方酒的特色，尽管最终的统一也只是时间问题而已。江户中期以后，日本造酒瓮数量已经颇为惊人。在记录中也可以发现，在大米匮乏的年头，村里会封印部分大米强制减少造酒量。酿出的酒都发给附近村人。那时大酒樽让酿酒实现自由，但是却不能将其运到远方。

第七章 酒

　　虽然当时居酒是人们最不入眼的饮酒方式，仍有很多旅人在所到之处打听各处的口碑，特地绕路去喝。从这个时候起，"铭酒"二字最先动了爱酒之人的心，后来逐渐走进了所有人的生活。

　　后来夸张的红漆四角酒樽鲜少出现在仪式上。而背后是交通方式的改变带来的国内运输的便利。酒曾经与政治一道，一度出现地方割据的状态，后才逐渐出现了统一的趋势。继滩①发明清酒之后，又用方野的山杉造出四斗樽。海上运输随之年年增加，而且至今在江户仍保存"下行"②的说法。地方酒在此之前长时间与之共存，并且得到了很多人的青睐。地方酒的特色并不是只有廉价，其中不仅有别样的醉酒感受，还有对各自家乡难以割舍的怀念。东西大都市之间运输方式日渐完备，但想把酒送到偏远的农村依然是奢侈至极的难事。因此，有人难解酒中真意，只当它是一种应酬，使得劣酒横行。

　　为了取缔假酒，政府颇费周章，但比这些手段更有效的却是税源涵养政策。酒税之高，甚至让人不得不误以为这个政策是以禁酒为目的。无论酒客如何精打细算，那高昂的税金，都让他们对美酒望而却步。酿酒的人为了让生意更好，需要努力做出高价而畅销的产品。于是，严格取缔虽效果不佳，但仿造可谓功勋卓著。

---

　　① 神户地名，滩五乡引领日本清酒。
　　② 下行，从大阪等上游地区运往江户，比如酒被称为"下り酒"，糖被称为"下り饴"。

在那几十年里，大藏技师们的努力让"下行"这一词汇几乎失去了意义。全国的各个港湾都能找到和滩酒色味相差无几的酒，地方酒的身影日渐模糊。那时没有任何商品能够像酒一样跨越消费者的贫富差距。于是才有了明治时期的"铭酒"。

此外，另一成功的改革是瓶装。四斗樽不仅不便于运输，即便是近处的小店用起来也并不趁手。但有了分装的瓶酒之后，路边的粗果子店也能摆起了酒瓶，无论多偏僻的山村都能随时有酒了。

玻璃瓶本身，如今看来依然带有一些异国情趣，而且无须再带着酒壶去打酒，而是能够拿起就走。与过去的德利相比，光是透明可见就多了很多观感刺激。喝酒时的乐趣未能增加，倒是无酒的日子越发难耐。这些都不是日本固有的旧习俗。

三 浊密地狱

以前的酒造税法中有附则规定，对沿袭传统为祭祀、仪式而造的酒不设新规。虽然如今已经没有了类似的条目，官民皆用瓶装酒。实际上这一旧习的有无，其考证也并不简单。也并没有哪一个地方是为了得到一瓶千金不换的酒而酿酒。如果长久的习俗能得到无原则的同情，恐怕有一些地方会在特定的季节里把手造的廉价酒喝到撑肠挂腹。

在东北地区，浊酒密造是公认的犯罪行为，但在世人眼中却不同于城市中逃税的恶事。

第七章 酒

  每个人都知道，每年的犯罪事件主要发生在偏远州的最贫困的山村或者地处山阴的村子。虽说这样做似乎能够提高隐匿成功的概率，但事实上会有疑心已久的税吏专门监督那些惯犯。于是这样的地方也不断有人被逮捕。

  但是，不可思议的是这些地方几乎不惮以前的惩罚，年复一年在同样的地方重复着同样的行为。据说，他们或是提前定好顶罪的人，联手造酒，或妇孺齐上阵，拿起战斗姿态严防事情泄露。不过，这些人不过是普通村民，也万不会犯下浊密以外的罪行，又为何会严惩不贷，其中原因还有待考证。

  浊酒密造还有一特点非常惹眼，那就是隐藏技术年年提升，可是酒的质量却丝毫未见提高。藏酒，早已不是以前那样简单的遮盖，或深挖洞或藏深山，花费极大的智慧和劳动。但是，造出来的东西甚至很难说是保存了过去的工艺，浊酒粗劣，甚至无人想要沽酒换钱。

  或许这么做的初衷是偏僻乡村的穷人反感城中人对价高质优的酒执着。即便把樽装和瓶装的酒送来，恐怕相比浊酒也是价高得令人咋舌，就算供应顺畅，也难以消弭浊酒带来的诱惑。古来人们只以醉为目的，因此在乡人眼中，美则美矣，奈何未能入欢伯之列。虽说百年来清酒流行已经提高了全国的饮酒品位，但仍未能夺去一部分小民的旧习。当今的酒造税法忽视了这一点，只得创造了诸多可怜的犯人。这种一刀切的做法的弊端在大城市也出现了。人们对实惠买醉的期待让白马酿造持续到了今日，但是

181

准备和手续烦琐却并不能给造酒的人带来相应的利益，课税的负担让低价的物品举步维艰，越来越少。取而代之的是"电白兰地"①之类的勾兑酒。

警察曾尝试取缔其中粗制有害的劣酒，但是那些酒的颜色、包装、名字千变万化，终归没能一一查清。那时，即便是工业酒精这种惊世之物，只要能醉，就有人想要一试，自然这些酒水会披上各色外衣横行于世。只要不构成犯罪，人们甚至甘于以身体为代价。饮酒而至忘我之境并非近年开始的恶事。最近出现的事很多，比如居酒、独酌，酒宴两三不断，酒价日益攀升，酒味越发诱人，国家已经忘了小民饮什么酒入口。然而酒已经被滥用至此，即便顶住酒造家的反对，给地方酒或白马自家酿以自由，给大众一个自由醉酒的环境，恐怕也无望给百姓以幸福。在九州南部，酒造税法施行之初，株烧酒盛行，农家用自家芋头、大米，借助合作组织制作成便宜的饮品。不仅省下了一切销售经费，而且原材料、劳动力都是现成的，酒精度数又高，甚至比最近开始的组合（合作社）酱油利润更高。因此，他们对其他地区的浊密地狱全然不知，尽情享受着法令认可的手造酿酒。但是，喝法也越发猛烈，酒精的祸害肉眼可见。

劳动力精力衰退，儿童日渐羸弱，即便是酒客也已经看清。人们常说，如果没有组合烧酒的造法，又如何会目睹如此悲惨的

---

① 仿白兰地的杂牌酒商标名（"电"是当时最先进文明的标志，因此冠在前面）。始于明治初年，大正时期浅草神谷酒吧的名酒。

后果。有人因多饮而生害，也有些人因为不能喝酒而犯罪，但是不幸又何尝有不同。此时，唯有追溯这些人为何难忍没酒的生活，才是根本。

四 无酒日

为了纪念9月1日关东大地震，国家将这一天定为无酒日并在全国推广。对此人们的理解可谓五花八门。许多酒客的心理往往不为理论而动，却容易被类似的暗示影响。然而这个活动与酒客之间达成了难上台面的一致，那就是承认了无酒日就等于承认了364个有酒日。

每日饮酒既不是传统做法，也不是日本固有习俗。不过是嗜酒之人不容人置喙，自己任性而为罢了。以前是恶习之一，而如今很多人会自顾自地找一些借口，比如养生、心灵慰藉之类。若是仅有一日劝其无酒，他们会欢喜不已，当作美事一桩。

又或者可以把它当作蚕食饮酒日的计策，但如此的话，恐怕连9月1日都无人接受也未可知。

整体而言，至今所有禁酒运动鲜有指出近世的恶习者，而是摆出与数千年的国风斗争的架势，深知需要莫大的勇气。但这样反而让大多数运动以失败而告终。当初来日本的外国人，也有人曾因为国人的饮酒方式而蹙眉并试图阻止。外国人嘛，不知道土俗有变迁尚可理解，但同为国人本应很容易对同胞沉醉在忘忧物中颇有共鸣，却在各地都有人接过外国人的旗帜大肆批判。这就未能免于被批判曰："缺乏共情心理。"视禁酒为眼中钉的人放出恶评，说那些人信的是耶稣，因此才那么说，其实是要用这样的手段来摧毁我们的信仰。实际上，若事实如此，势必会有许多影响。因此，将酒当作祭祀典礼重要贡品的人心中警铃大作，甚至见到有人强扯了个逻辑将醉鬼与爱国者联系起来，他们也是睁一只眼闭一只眼。因此在佛教徒之间兴起了独立的禁酒运动，还有一些与任何宗派都无牵连的人结成团体重新研究这一问题的社会意义，虽确实人数不多，但他们创建了全国联盟，即便其中的合作甚少，都算得上是非常大的事件。后来人们对他们的工作的误解逐渐消除，工作展开也都顺畅许多。

最近有估算，说禁酒团体已经达到 1400 个，成员约 20 万。奉不饮酒主义的人已经形成如此之势，效果不言而喻，他们的行动也并不止于此。且不论禁酒是否扩散至全国，但它至少已经让酒的问题重新受到了关注。虽然通常人们认为饮酒不宜思考，但边饮酒边思考的人依然有增无减。人们常说，无论家财万贯或是捉襟见肘，一旦端起酒杯，必定开怀畅饮。想象中经济情况对酒的销量影响不大，但事实却并非如此。各地持续限制造酒量，仍未能预防酒价下跌。首先骚动起来的就是造酒商。于是滑稽的爱酒运动在各地不期而起。看来，至少联合的禁酒运动有了效果。

不过，未成年人禁酒法也是禁酒运动之一，但这一法令从最初就包容了一些伪善。一边让多数年轻人做酒水工作，甚至认可他们是酒宴参与者，另一方面又颁布法令将饮酒认定为犯罪。这也是浊密地狱的支流。因为这个法令颁布之时，人们早已知晓想要隐匿、免于被检举易如反掌。其实施效果也并不理想。毕竟，颁布一个可以违反的禁令，对一个国家必定是异常痛苦的。而后，法令又想将适用年龄扩大到 25 岁，这对人们而言不过是徒增不快。整体而言，禁酒不应该是一个用权力强制的行为。对于年轻人更是如此。他们处在对善恶判断极其敏锐的年龄和位置，却唯独在酒这件事上没有独立决策的权利，这让人痛感自古积俗之弊，又深感未来不可期。反过来讲，打破惯性也并非一朝一夕之事，而这样做或许也是想剑走偏锋，寻找转圜的机会。即便触犯律令能免受责罚，至少让世人以之为恶。如果现实中 25 岁饮酒违法，军队中则无法设置酒保，学生也不能端着酒杯喊着饮酒面前人人平等。酒精的效果一分为二，但两者都是在某个团体中才会表现得淋漓尽致。劝诫单独的个体远离酒精危害都是徒劳的。想让整个社会思考这个问题，首先要在小的团体中作出尝试。

学生排酒联盟能发展成如何规模，能够在未来吸引多少社会的关注，对国家而言都是难能可贵的尝试。或许其他一些禁酒会受挫折戟，而学生们正在努力扫除失败阴霾。

固然，手持酒杯平步青云者众，但一世短短几十载，何不尝试五十年无酒人生。

究竟是不是古人错付了？是不是没有酒也能在必要的时候淋漓畅快，能够和许多人一起激昂澎湃，找回内心中单纯的自己，与好友推心置腹，一扫疲惫，能够一一尽吸那些异乡的新知与智慧？如果这个问题可解，全国的禁酒会成为可能，如果尚没有答案，禁酒的势力很难一统天下，只能安于禁酒日这种小范围割据。但是某个单独的人都无法完成这种试验。唯有村子或者部落上下一致才能禁酒，就是这个道理。饮酒本就是群体活动，单独的禁酒人士增加，并不能解决问题。

五 酒和女性

禁酒，不得不提到女性的参与。按道理作为母亲和妻子，女性与禁酒紧密相关，但事实上如今仍然很多人认为女人的参与是多管闲事。她们就像最初宗教禁酒运动家一样被人曲解，人们大多认定她们无共情心理，动辄说她们事不关己。又或者有些妻子的"插嘴"太强势，最后成了反面宣传的素材。总之，今日大部分女性也认为自己无权置喙。

然而，眼前弊害诸多，深受其害的、为之烦恼的大多是女性，因此女性断然难与酒绝缘。

在古代女性不会像男人那样喝酒，但每逢酒席，女性都必会出现。当然，她们既不是去监视酒席，也不是单纯地被叫去为酒席增色助兴。女性的出现，不是一时兴起，而是因为酒原本就是女性的管辖范围。

女性在酿酒一事上留下了深远影响。无论是朝廷还是各地的大社，负责酿酒的无一不是女性。如此想来，主妇负责酿酒，并

第七章 酒

不是因为她们是主妇,而是有更深层的原因。神殿中唱神乐的也有舍人女①,但宫中也称"刀自"②。在《灵异记》中也曾有记载,各家"刀自"制作更多的酒拿出去卖。在狂言《姥酒》之前,酿酒一直是女性一手执掌。

后来地方开始建造大的酒库,与酒相关的工作和称呼都移交给了男人,但在很长时间内,不仅村里的地方酒多为女性酿造,而且购买、储藏男人都不得插手。在任何酒宴上,女性的出席都必不可少。这个传统经历不断地变化,如今也依然留有一些痕迹。那时女性斟酒也没有贬义,而是以前主妇们的义务,或者更确切地说是特权。

> 昔日世公子,今宵诵经人。
> 身上披单衣,心中无旁骛。
> 匆匆一饭,代斟一盏。
> 旅人本无踪,昨行信浓,今至甲斐。
>
> 《阿罗野》③连句

据说在西日本的一些岛屿,至今提起"酒宴"也是指男女同饮的宴席,而男性之间的酒席依然没有一个专门的词。正如画卷中常看到的一样,这是上下一致的古老的酒宴方式,至今仍有一

---

① 天皇或贵族的近身服侍者。
② 家中女主人。
③ 江户时代中期俳句谐句撰集,又名《旷野》,櫑木堂荷兮著。

些农村还在无意识地延续。但是，有一个地方无法实现，那就是军营。那里没有女性，于是就开始让优雅的少年代为完成倒酒的任务。

经常有人家设置"假屋"，用以贵客留宿。这时会叫家中女儿出来斟酒，此时的女孩是以一家"刀自"的身份出现，并非能随意为之。如果家中常设"客殿"频频举办酒宴，女主人的任务更是繁重，难以常坐宴席女主之位，逐渐将其职责让给其他人，而在厨房专注于菜肴。

换言之，家庭构造的变化让女性远离了社交。当然，还有其他的因素，比如女性应深居简出的思想、近代的武家气质。人们大有适应"假屋"生活，不假女人之手的趋势。但这种交际仅存于部分上流公开场合，在寻常人家熟络的往来中，长久以来一直是主妇掌管酒宴事务。

然而，这时出现了一种新的宴会形式，人们称之为"出会"。家家的妻子第一次彻底与斟酒绝缘，取而代之的是专门负责的女性。在江户和大阪，人们对寄居生活已经司空见惯，他们在茶屋让那里的女人斟茶倒酒或许是不得已，但而后的酒宴无疑是无度的。那时，他们摆脱家庭的管束，彻夜豪饮。如果是在家中，恐怕早就会饮尽家中藏酒。

事到如今，发现这个历史已毫无意义。如今，即便人们承认酒的管理权原本在女性手中，早已无力回天，也没有勇气了。但是，我们不妨想想看，酒为什么是家中必需，如何分配才最有利

第七章 酒

于社交，对这些问题最理解的是家里的主妇，当然而今对此事最冷淡、最不关心的也是主妇。我们还有必要思考，如果我们认定酒是有害之物，应该予以排斥，那么首先要想清楚酒有颇多便利，今后要用什么来取而代之。

讽刺的是，人们时常争相羡慕、模仿西式宴会，而忘了以前在日本普通家庭中简单的一顿酒宴就能比它更踏实更亲切。只不过近年人们将它逐出家庭。好在，如今我们总算是明白了，酒与一家"刀自"的渊源剪也剪不断。

第八章 恋爱技术的消长

一 非小笠原流的婚姻

在我国，女性初尝酒的神力应该只有婚约酒。婚约酒，溶入了情比金坚的誓言，同时也为姑娘定下新的境遇，结束情感的自由摇摆。这恐怕是她们平静的一生之中，心情最紧张、最充实的瞬间了。

恋爱，其本意包含共饮合卺酒后的感情和百态，一般还包含此前的准备和筹划、希望和不安，与日常生活大有不同。因为从一开始就没有与之相应的词，"恋爱"打破了界限，也用到了日常生活之中。这也带来了后来酒与恋之间纷乱的关系。

有词叫作"妻觅"或"妻问"，指的是缔结婚约之前男人的盼望和期待。或许因为女方只需应或不应婚事即可，没有什么相应的词。明治时期，许多"被问之人"即准新娘的疑惑之声觉醒。能更多地结识异乡人，并不一定意味着"妻问"的机会更多，而只是让他们经历更长时间的期待，让他们的抉择更

第八章 恋爱技术的消长

难而已。

曾经早婚非常安全稳妥，因为家庭的选择难度低。虽然其中不乏其他原因，比如选择范围本就不大，也不难发现婚姻不自由的色彩，但是毋庸置疑，双方家庭同在乡里多年，相互知根知底，省了许多工夫。后来大小城市发展，两个寄寓者相遇，之前的父母之命媒妁之言再难继续，不得不将这部分权利还给当事人，因此佳期越来越迟也是自然的了。

日本的婚俗各地不同，甚至不同职业之间也不尽相同。原因在于人们开始将自己的女儿、妹妹许配给不与自己同住的人。我们都知道，部落聚集便于祭祀、农耕，但我认为最初的目的在于繁衍后代，即聚居使寻找配偶更容易。只能说，女性留在本地，结婚而不搬家的古老风俗就是从这个时候开始的。当然，不少有为男子的"妻问"是旅行，而且婚后往往移居他处。因此，许多村子以姓氏命名，后来赘婚的习俗也因此兴起。话虽如此，大多依然是生活在同一地区的同龄男女相互交换婚姻誓约。

这种状态在很长时期内持续，直到村子日益局促，已难以增加户数。这时，那些小有名气的人家开始陆续将子女送出部落。这自然扩大了荣辱一体的圈子，而武家那些政略、军略婚姻，更是其中一种。那些名门富户，开始扩大亲家的选定范围，特别是远方有贵客的人家，更是通过亲朋寻到了乘龙快婿。选家世、论门第，成了一项繁杂的工作。

如此一来，即便女性自己也只能将判断的权利交给别人，待字闺中如何有智慧本领也无用武之地。再加上人们大多认为早婚才安全，还需要父母许婚，很多时候难以等到女性成熟，时常有父兄代饮婚约酒。即便是存留下来了传统的方式，也只能是形式而已了。

新的时代交通的发展，扩大了选择的范围。或者更准确地说应该是增加了判断的谬误和担心。而且人们日益以过往上流间的婚姻方式为正统，未遵循其方式的结亲都显得不入流。之前所谓的小笠原流中，一部分是不幸至极的婚礼，至少意味着开始忍苦的生活，甚至想不出一个现在人看来值得恭贺的地方。女子依然在婚约酒之后，还要再次举杯，虽然并不知为何而敬，而且遮在似锦帽之下，互相见不着。人们说也好，不说也罢，恐怕没有人觉得这是正常的吧。但是其中疑问却没能轻易地找到答案。这么做的原因，最有说服力的可能是日本自古如此，也可能是虽不知为何但家家如此。但事实上，两个都不对。

如今的小笠原流也多少有了发展，至少在三个重要的点上与之前的婚姻不同。直到不久前都一直延续以前的做法，但它终归还有一些不足，因此进入明治时期之后，人们逐渐不再使用，如今人们多依据始于远距离婚姻的规制。新旧孰优孰劣可以说已有定论，至少不是想改变而改变不了的东西。如今，还可以将历史重新比较一下。

改变之一，就是婚姻从夫家开始。也就是说，人们开始认为新娘入门，婚姻才算成立。民法中对同居义务的解释也支持了这一观点，并保持了下来。事实上在有"新娘入门"之前，早有"女婿入门"，有时两个程序之间会相隔两三年。主妇中有一些人还没有做过新娘，还要经历第二次重要的角色转换。婆媳二人同在一个屋檐下角力，也不是新现象，至少从很久以前人们就开始努力避免它发生。

如今也有一些地方，娶了妻就入住别屋，或者以饭勺的交接为标志，将一家女主人的大权交接出去。又或者，新妇在娘家居住到孩子出生以后，新郎在休假的时候过去相聚。已婚女儿住的房间大多与正房分开，或是门房，或是别栋。即便如此，有一些家庭也不愿家庭复杂化，因此村人共同在村内设置新夫妇宿所供他们居住。可见，新娘并没有很快被迎到公婆膝下。

将新娘入门作为婚姻的开始，这无疑产生于远距离婚姻，因为如果亲家在异乡，入赘就不必说了，女儿是很难继续生活在父母身边的。虽然也有的父母不愿将女儿之事托付他人，想多留在身边，也有迎女婿入赘的办法，但更多的还是想早些处理停当图个心安。因此才着急女儿的交接，最后新娘入门就成了仪式的中心。女婿入门到今天最终只剩下了一个形式。在大多数农村，都是在迎亲当天的早上，由媒人领着到女方家和亲人见面、敬酒，也有的由新娘陪着。在新仪式里，连这个环节都省了，直接在回门的时候女婿同行，也有的亲人直接跟着新娘的父母一起陪同新娘入门，亲人见面酒也就一并完成了。

曾经有一个时期，很难得到许婚一方的父母的认可，但如今娶亲方父母的心情颇为重要，已经不能像以前一样想什么主妇权的竞争了。或许这也可以说是家庭变小、人数过多导致的。总之，新娘入门是婚姻的条件之一，登记也是随之进行的。因此，如果男方父母不同意，即便有了事实婚姻，也要过不见光的日子。

二 高砂业的沿革

前面已经说过最大的变化，即"妻问"的方式变得非常不自由。婚约酒决定一生，但过去通常直到举起酒杯，婚姻双方甚至都未曾谋面。对此做法，有很成熟的人并未盲从，但即便有了自由判断的权利，在而今的状况之下恐怕也不过是纸上谈兵，即便是谨慎的人，最多是不允婚事罢了。

正如人们知道故乡之外有他乡一样，男女之间互相了解也只停留在了"知道"而已。但曾经有一个时期，这并不影响什么。而那样的时代已经过去，而今已不能奢望。武家和各村的名家所支持的婚姻法之所以能够安然施行至今，是因为曾经的两种时代色彩正在褪色。

其中第一种色彩，可以称作女性心意的同化能力。过去女性将婚姻作为一种培养方式，轻轻松松地培养了适应新环境的修养。很多早婚者的心智发育迟，许多成长都是在婚姻中完成。她们的恋爱生活在婚约酒之前是花蕾，之后就开始了美好的生长。虽然经常有人满口惋惜地说日本妇人没有个性，但这种评论只看到了她们生活的序幕，并未看到她们正式的婚姻生活。除却嫁给贼寇招惹杀身之祸，她们带着学识和感性嫁来，大多都幸福美满。

第二种色彩，也同样受到质疑，那就是过去每家的家训大同小异，总是把女性按照同一标准培养。对于男子，有一些求奇的教育方法，但是女子的教育受约束很强，养女大多以"世间普通人"为标准。女子但凡有些出色之处，反而会成为婚姻的障碍。因此，只要确认了门第、资产、年龄、健康状况以及双亲脾性，即便是相距甚远也大抵不会有什么风险。这在今日看来，是无论如何都无望的。

虽常听人说起家风合与不合，但是问起到底有多少不同，也难以言说清楚。不过是用来批判那些过度流于当世之风的家庭。在当时的时代，并没有哪些东西是可以被称为家风的。各家的生活相似之处甚少，哪怕是在同一屋檐下生活，不同年龄的人兴趣也大不相同。在这样的环境中成长起来的人，无论男女，都自然会成为不同的个体，各自拥有自己的社会观和规划。所谓旁观者清，身为局外之人不难理解，这些人各自成家的时候，这一定会是一个巨大的冒险。

哪怕红绳那一头的人并没有去太平洋的对岸，很多时候人们也是一张照片结良缘，这是人们要极力弥补新旧冲突的结果。我们的"妻问"技术的进化似乎走向了非一般的方向。人们能从照片上解读出年轻男女的性情气质，这种修炼炉火纯青，其他国家难以企及。这就正像我们要拿一本书读懂异乡一样。

这样的结识方式之下，无论到了什么时代，婚姻都难免伴着幻灭。众所周知，日本离婚率很高，但这很难简单归咎于手续过简，想分手都能分手。但事实上，还有很多人仍在婚姻中忍耐，而且人数还不知是离婚者的几十倍。很多过来人深感婚约酒不能缺少深思熟虑，并没有很多人考虑到若没有远距离婚姻也不至如此。人们不知何时已经忘了小规模的社会曾经肩负着重要使命，为人们择偶提供便利。如今一些部落依然为对象的选择提供了范围，但近世以来，这一功能已经被极度削减，而且尚无任何替代品。

新的风俗日渐兴起，又逐渐消亡。比如，过去有商家或者手艺人，从惯用的下人中选优秀的为婿，打破主从关系，也有人对风尘女子倾心，打破桎梏成为夫妻。而如今人们对这些做法连丝毫的同情都没有了。人们对缘分寄托了更多的神秘色彩，一心想着顺其自然抓到好运。如此一来，失望的人越来越多，也是必然吧。

这时，高砂业之类的机构就应运而生。正如寺庙不管下葬之人身后事，媒人也没有义务保证双方婚后生活。人们更期待的是她们能专注正常业务，多牵几次线保几次媒。如此，世间的陌生男女只为着一个目的相识，自然"妻问"更加慌张而直白，最后导致恋爱技术的惨败。在中国，媒婆是一个低下的职业，除给猎色之徒提供方便之外，不能期待她们对创造家庭有任何帮助。

但在日本，虽然以前没有类似的职业，但是近代以后媒婆被推到了非常重要的位置。中间人受人尊敬，地位仅次于双亲，而且往往会与新人结成干亲。人们希望通过名士做媒完成婚姻，冲破姻亲派阀。所谓高砂业，给人一种高雅的公众的感觉。

在传统的做法中，媒人很少同时收到双方的委托，大多是帮助一头热的那方促成难度较高甚至是难以完成的姻缘。如果能够成功，会受人赞赏。其中不乏伶俐之人，看透双方你情我愿只是羞于开口，在中间牵线搭桥就大功告成。但是，这样的媒人并不会被人另眼相看。更多的时候媒人需要有非凡的耐心和劝人的技巧。

两家结合，最复杂的就是相配。说媒时，如果其中一方非常满意，那另一方一定是犹豫不决。对此，有人说婚姻的第一要义是听从家人的意见，但这说起来容易做起来难。在比现在困难许多的时代，媒人的声望高扬，是时代造就。

那时，遇到部落内婚姻的旧制和远距离婚姻的新主义相冲突的时候，处理起来尤为棘手。在有些家中父兄独揽大权，无人询问"被问之人"本心，两重"妻问"可能同时发生。也正是因此，媒人的努力才会被无限期待、感恩。为此，有不少媒人超出中间人的身份，加入一方的阵营。结亲，不是靠一个头面人物的智慧和势力就能完成的，我们称之为常识也好情理也罢，在它背后有着支持的舆论。媒人就是证明。日本古代也将在男女之间活动的人称为"媒人"，但此媒人非彼媒人，职责完全不同。在东北地区，有一种人被称为"御指南"或"幸之神"，虽然称呼不同，但与"媒人"的作用差不多。总之，今天的媒人明显不是由过去的媒婆演变而来。

三 恋爱教育的旧机构

婚姻是家家的私事却频频成为人们谈论的话题，这属实少见。人们不能勇敢地结成异风情缘，而总是被传统牵着走，是因为人们如今也能感觉到，周围的物议之中有着巨大的力量，可以让夫妇的生活行对一步天堂，踏错一步地狱。那种力量如今是否依然存在，只有试验了才能确定，但至少以前在村里组织公论机构，它甚至能影响"妻问"的时间。

无论在什么社会，都不会有任何时代能够让青春男女不迷茫、不犯错。如果是将一切判断都交由长者进行则另当别论，但凡男女想加入任何一点自己的思虑和感情，都需要有个机构指导修炼方法。幸得村中有一群人，称年轻人为"若连中""娘连中"，去批判、介入他们的行为，才使得我们的自由婚配能得如此众多相配的夫妻。

最早"若者组"出现在村里的目的是什么，由于年代久远，在日本已经很难考证。但不难想到婚姻是目的之一。也有些许历史片段让人感觉这是从集群婚姻的遥远古代延续下来的。如今除了风纪混乱的两三个地区，这些组织的人都是一夫一妻制的真诚守护者。虽说即便村里没有这样的团体，男女共同劳作也有很多机会互相了解为人,但是除了这一群互不戒备的未婚年轻人之外,没有人能够对某个人品评、排级。

因此,许多村子里给男女设置各自的住处,称之为"寝舍"。还有些地方将它当作"婚舍"来用,但如今还留存的大多是那些年轻人一起上夜班、聊天熬夜的俱乐部。人们总是嘲笑他们说,年轻人聚在一起,男人就聊女人,女人就聊男人。但春心初动的年轻人用这样无害的方式了解这个世间,应该是最好的选择了吧。

无论出现什么样的学校,配偶选择的问题还是靠各自的自我修炼。这才是最令人困惑的问题,也是人生中最应该学习的东西。我们用"恋爱技巧"这个词略流于宽泛,但如果不给它命名,又容易带来误解。如今人们只拿它当作一小部分人的专业技能,早已脱离日常生活。而且,除了一些对奇缘有兴趣的小说以外,没有什么关于恋爱技巧的参考书。

话虽如此,旧制度的"处女会"还是非常有勇气的,她们不仅对女孩子提出不应与何人结婚的警告,还进一步研究什么样的男子值得爱恋。如果恋爱是特里斯坦与伊索尔德那样指腹为婚,那恋爱就不足以成为一个问题;但如果想各自用心左右,那必然是按照某些规律并学以致用更稳妥。如果这些规律只是没有感情的理论,恐怕用也只能失败,但这些规律凝结了人们在实践的基础上得来的经验,或是用语言加以描述,或是用表情来传达难以言表的意思。但凡女孩有正常的感知能力和记忆力,就能永远使用初识社会第一学年里学得的东西，恐怕这比算数和习字效用更大吧。

而男子团体也是一样，对村子里姑娘的评价内容繁多，诸如样貌、品行、待人接物、是否体贴，这些恐怕也不是逐一按照家长和故老的教诲得来的。如今财富可以解决一切，但过去不同，是否符合异性的期待是非常重要的问题。各村的风气将符合异性的要求看得很重要。其发展的机缘或许在于这样单纯的团体的夜话。这并不难理解。

然而，仅凭几次夜话并不能完成对"若者组""娘组"婚姻的使命。接下来，她们会针对个别的实际问题，毫不客气地评论。她们不会顾虑是否会伤人心，即便是二人箭在弦上之时，哪怕是二人心无旁骛相互靠近之时，无一不被放到是非品评的风口浪尖。品评之人考虑的内容包含本人尚未顾及的周遭状况、有可能出现的障碍等。婚姻是否成功，都成为所有人关心的中心问题，无论对此事同情与否。值得思考的是，人们都非常不愿看到婚姻失败。当事人不仅害怕失败，甚至连想到失败都感到羞耻，因此才在亲朋面前立下种种誓言。如果誓言能得到信任，基本就意味着获得了结亲的许可，甚至会得到强烈的支持。而媒人的活跃即代表着舆论，有时被选作年轻人的首领的那个人会主动站出来，担任媒人事务。村中多有安稳的婚姻，原因就在于婚约酒之前的程序十分谨慎，如果有人想作出无意义的离别，首先是对集体的背叛。因此，一旦背离婚姻，很难继续留在村中。

第八章 恋爱技术的消长

通常人们认为这是古来的传统，但事实上现在已经鲜有地方在彻底传承这个传统了。另外，新兴起的远距离婚姻，进入一些主要的家庭，后来越来越多的人效仿。他们不加入同龄男女的团体，而是去追逐没人了解的婚姻生活。这自然也成为人们严肃评论的对象，女性也在某些程度参与了物议。

朴树马场，快婿未乘龙；铃动声响，想是驾骏马。

这样的盂兰盆歌谣的作者是女性，大多是本地名家，因此年轻人不敢直接、实际地抗议、阻拦，但她们还是会通过一些形式，来表达自己对婚姻的决定权的要求。于是，或在出嫁途中设置关卡，扔石头或者携带地藏菩萨像，或要求敬酒，虽然各村的方式不同，但终归很少有地方让新郎一路畅通无阻。

无论是女婿来入赘还是来拜见岳父岳母，都会被狠狠地折腾一番，当然，远嫁而来的新娘也不会被放过。人们会看新娘、看衣服，或者让新娘把帐子拿开，直接品头论足。在看新娘的人群中，自然有村中的女性。这些似乎与婚姻团体无关，但只要知道不存在所有成熟未婚者全然不知的婚姻，而旧习又要支持并葆婚姻永续，这就更不能将新俗拒之门外了。

现在的青年团和新的处女会一举根绝了各种恶俗，废止了粗暴的风俗，这可圈可点，但同时，它们对婚姻问题却也变得异常地冷淡。她们明知道婚姻是大事，却再没有勇气共同公开考究配偶是否合适，而且她们也不再有互相保障婚姻运行良好的能力。这次人口调查发现，农村、渔村的配偶难并不一定是源于绝对数量不够，而是在于无论男女，越来越少人希望在本地寻找配偶。

四 临时盟约

在近代小说中常看见一个情节，结发夫妻失去爱情，为了维持生活同住一处。这在国外、在现代都并不少见。明治时期的日本世相中可以看到一个变化，那就是"内缘妻子"增加。其原因极难说清，而且在五十年的时间里原因也在不断变化。最初可能只是不能得到父母的认可不能入籍，不得已放弃此事，最终成了事实婚姻；或者有人认定如此就是婚姻，并不知道需要法律程序才能成为正式夫妻。以前这类情况或许较多，但仅仅如此的话，非正式夫妻断不会越来越多。户籍手续非常简单易懂，注册也不必双方家长同意，明知如此还要开始新的事实婚姻关系，想来必是有其复杂的动机，值得我们思考。

男性在这件事上更容易有自私的想法。即便是与过去被人们宽容的行为相比来看，也不得不说他们嘴上说的是一纸婚书不重要，但背后隐藏的更多的是一己之私，他们要为自己留下退路。但是，在这个过程中，有一个重要的变化发生在女性心理之上。这也是为什么女性能够不再在意这种不安稳的身份。这当然是多种现代世相的综合反映，但是根基在哪里现在已经明朗了。

原因不仅在于女子单纯的不谙世事。比如，女性自身也有依靠，一技在身让她们内心强大，或者心中早有不再依靠男人的勇气，甚至觉得男人过于麻烦自己想赶紧抽身，又或者女人觉得感情淡了。虽然人们称那些事实婚姻为"试婚""有爱婚"，听起来名字很新鲜，但其实西方人早就想到了这么做的必要性。被抛弃，这个说法很残酷，曾经一些时期中人们为此极度恐惧。那时，即便女人不被抛弃，也是战战兢兢。父辈的爱情中，为了消除这个苦恼作了各种努力，而且在入籍这个事上，他们都曾经亲身体验了什么是强扭的瓜不甜。如今人们评论何事都偏爱冲击力极强的词语，因此称这种柔弱且寡断的周旋为男女斗争，但这不过是一个谋得长期和平共同生活的策略而已。用别的手段轻松提升恋爱效果，这让恋爱技术多少失去了一些纯粹。当然，也有些人自觉修养在身，自信不用借力，仅凭爱情的力量也能留住对方。还有一些女性觉得自己能抽身，决不要束缚。

原因如何且不论，毋庸置疑的是，越来越多人认为若恋爱的目的只在入籍，则婚姻还未开始就已结束。而实际上，也确有很多人就这样一辈子相安无事。虽然这有损户籍制度的威信，但法令又不得不承认这种夫妻关系，何况孩子、社会都并不关心也不会知道夫妻二人登记与否。话虽如此，若以此解释为何故意不登记入籍，总让人难以信服，甚至怀疑是否在此之外还有其他默认的共识，比如是为了方便日后轻松甩开婚姻的束缚。或许人们很难想象要给婚姻关系以一个时效，但过去，不少婚姻并没有白头偕老、举案齐眉的祝愿，相识时早已在盘算着别离。或许膝下无子在世间随处可见，但近世不少人以此为由将妻子赶出门去。

起初到东京的乡野名士，大多经历了寄寓生活。东京的姑娘们成了他们"妻问"的对象，曰"权妻"。日后所谓糟糠之妻上京，他们便若无其事地让她们同住一处。权妻与如今的"内缘"正相反，她们大多要求入籍，她们的诉求也成了那个时代的户籍制度。对等协议实施在即，以往的不平等就被从表面抹杀，而一时间别邸风行。虽然这是个陋习，但总有些奸猾之人效仿。逐渐的，人们已经不再记得别邸的来由。这依然算作"内缘"的一种，只是后来"内缘"时间越来越短，甚至有的只能以月计了。

明治二十四年（1891）某报纸社论中提到"当说而难行——一夫一妻制"。从那时起，人们终于不再公然谈论内缘之妻，后来逐渐将其当作先例众多的恶事。然而，貌似势头日衰的时候，又在新领域出现了新词——湾妻，而且还多有问题出现。所谓湾妻，就是在台湾的老婆，几乎都是从内地过去的妇女。也就是说，一旦出了岛，婚姻也随之消散。或许在关东州[①]、朝鲜半岛也有人如此戏称，时常能听见类似的词。

男人走四方、女人不远行，即便是如今的火车、汽船交通也是如此。因此，女人们不再能像定居家乡时那样，很难作出正确的选择。不难推知，如今的"内缘"之中，有一部分是临时夫妻，或许当称之为"地方妻"。而爱情是难以预料的力量，有时

[①] 1905 年日俄战争后，日军强占中国原被沙俄"租借"的"关东州"（指辽东半岛普兰店至皮口一线以南地区），并派驻军队，1945 年 8 月被苏军和中国人民武装力量消灭。

临时夫妻比正式婚姻感情浓厚甚至恩爱一生。不仅如此，自古不少临时的姻缘将那些旅人留在了旅途经过的土地。即便是如今，也很难有人能够挈妇将雏举家移民。第二故乡的初代移民，或许很难避开婚姻一度混乱的时期。

五 殉情文学兴起

很长时间里，女人受到产土神①庇佑，为当地的繁荣而留守家中。后来她们逐渐可以离开家乡，于是社会随之发生了变化。而变化不仅有"远嫁"女，还有曾经的游女②（自古以来在宴会等场合唱歌跳舞或出卖色相的女子）。游女是日本文化中奇特的一枝，装点了历史的一隅。或许这正是得益于日本女性不出门的习俗。后来这一禁制消解，那些被称为歌舞菩萨的人们就再难保持以往的生活。曾经，她们是全国港口码头仅有的游行女性，是最容易与异性缔结姻缘的群体，应下了不少人的"妻问"。

仅从记载来看，她们的职业是唱歌跳舞，与其他诸多游艺之人一样，靠漂泊谋生计。而近世，她们进了"游里"（花街柳巷），突然就变成了最难挪动的人群。只是名字还是"游女"，境遇已截然不同。

游女的游逛有其原因，而原因或许不在于秉性和信仰。至少，与普通家庭的妇人相比，二者之间的兴趣、感情天差地别。

---

① 守护出生地的神，近世以后视同氏族神、镇守神。
② 艺伎、歌伎。

她们之中，许多人以船为家，而游里最早兴起于各地的港口，因此有人推断，她们是船员的妻子们放弃了法律约束的身份留在了烟花柳巷。当然，这并没有确切的证据。

与此相反，有些地方的漂亮女孩做了新的游女。这也并不罕见。然而，旅人的至简婚姻方式，恐怕也只是一种模仿，因为这种婚姻并不是以某个人一己之力可以发明出来的。无疑两者之间存在些许联系。虽然得出这个结论并没有确凿证据，但应该也是虽未中亦不远矣了吧。

这是配偶问题上意料之外的需求，也是原应叹息的一种堕落。但很明显最初她们是"内缘"的一种，或者是最易了结的"地方妻"。街上往来日渐繁盛，再少有过客去而复返，于是所谓的一夜之妻的露水情缘就多了。而在海港，依然有很多船夫们数年如一日，每次进港都停留很长一段时间。如今人们还在用"熟客"来称呼他们。那些别离的歌谣反复被悲情吟唱，而事实上虽然也确有人一经离别再不相逢，但大多并非音信皆无。风尘女子的真情实意在文艺的世界中留下了浓重的一笔，也是因为曾经有个时代，世间对男人们有这样的道德要求。

后来，游女们再难继续以前的生活，因为她们被当作下人一样夺去了自由。这种风气自然是先在城市刮起，最后连遥远的海的彼岸都刮遍了。直到近些年在南北几个知名海港上还有一些游女住在城里家中，以迎接夫婿一样的方式让客人住进去。后来这种做法被法律禁止，就全变成了包养式。而后一些地方家中游女称主人为"爹爹",而主人将其当作女儿。后来"女儿"数量日渐增多,而主人也与普通的青楼老板再无差别,就正似今日艺伎的养女问题。

后来,女衒(人贩子)职业兴起,就出现了各家的卖女悲剧。这些在其他书中记录颇多,就不在此多言。只要无人认为奈良朝以来一直如此便可。此后发生的变化大致有二:一则游女的生活越发艰难,二则恋爱退化成一个闹剧。背后当然有一个原因是外界对恋爱需求的降低。但其中更大的原因是城市生活的荒芜,虽然人们深知大势前方是沉沦迷途,但仍然不得不为了赚钱无所不用其极。都市中的游里以夸张到令人瞠目的形式保存了古来的婚姻仪式。但当整个社会再无支持传统婚俗的氛围,这种徒有其表的表演让寻常人家在婚礼上对类似的环节避之唯恐不及。举个例子来讲,酒成了这种女人入喉之物,再无夫妻交杯酒的意义。恋爱技巧曾经二者无异,但如今其中一方已经衰退殆尽,而另一方却得到了异常的发展。

歌和艳书曾经让人拥有内在的优雅,而如今已经为人不齿,哪里还会出现在正经人的口中笔下。那些恋爱中的人曾经的妙笔生花、妙语连珠已经大多淡出人们的视线,只给人们留下幻想的种子。完美诠释无为和谦逊的良家姑娘,受到了双重的打击。而游女也并没能过得花团锦簇,反而是已经精疲力尽,甚至很多人难以回应资本的苛求而放弃了这个衰败的逢场作戏。剩下的只有那些登徒子调笑的念头和在新的风月场间的流连,留下一片又一片抽空的荒凉。这就是当代花柳界悲惨的命运。

近代都市的殉情文学发源于游里,自有个中缘由。《大近松》①之后人们所怀念的爱恋与伦理的纠葛已经不复存在,为人们所传唱的名句只剩残存的躯壳,再无人爱不释手,可即便如此,时代到来,殉情却依然一直在被模仿。因为,生活原本就已不易,却又有诸多新困难。过去,在这番不同的天地中谋生的人,大多从幼年到老去都极力远离寻常生活,只窝在特殊的氛围之中。

但是,当游里一时繁荣不再,地方的女人就来填补缺口。于是,游女的气质就再难维持。

以前提到游女,人们常说如大河浮竹、流水之身。歌谣中也常咏漂泊不定的生活。但是而今看来,这并不是为爱殉身,不过是一种恋爱技巧而已。即便是把她们留在寻常人家,她们就一定会拥有"水岸千鸟飞远,夕阳浮云若沫"的情怀,获得余生安闲吗?想必,为了一时繁华的婚姻而饮尽年轻生命的酒,对更多同路人而言只是一场寂寥吧。何况这平凡的去路并非人人都能可望可求的。

普通家庭养大的女儿,一朝与父母洒泪分别,却只能成为世间寻常事。戏本中经常看到女子因为贫穷而卖身,或者被骗入苦海,当再也无法回归正常家庭成为定局,无疑她们会被绝望淹没。现实之残酷、实现难度之高,放眼身边的世界没有任何其他

---

① 江户时代净琉璃及歌舞伎作者近松门左卫门著。

生活可以企及。即便如此，这个社会仍然在用尽手段要让她们延续过去的生活，将她们与这个世界隔绝在狭窄的角落，严防她们混入正常生活。

虽然自主歇业的新运动也只是在资本的捆绑中完成了一时的救助，但是未必之后的生活也实现了自由。那些认为自己无论如何都能权且应对，至今还在以各种形式做着这个苦恼的职业。

我们的婚姻方式，或许被过度规整。人与人的交往已变异到如此不可思议，我们和与自己境遇迥异的人共同生存，而婚姻依然只遵循旧制。自然，各种内缘出现并且随着时间推移日益增多。都市中，人们难以相互理解，同时也成为伪装、粉饰盛行的旋涡。那里住着的人更是极尽所能包装出与他人不同的自己。然而，想要如此，酒是唯一的道具。尽管它让人内心虚浮，眼前迷障，感知全无。

于是新的现象出现了，酒被当作幸福婚姻的大敌，酒量小成了佳婿的标准。于是，单身又有了新的原因，而自由婚姻依然少之又少。有人求得良缘，也有人为了金钱而在劣质婚姻中忍耐，只得建了公民馆。这不禁让人不及批判其不妥先同情其境遇。

第九章 一家永续之愿

一 一家之长的束缚

报纸上时常能发现一些奇闻逸事。大概一年前,《朝日新闻》上有篇报道。腊月寒冷的雨中,一个 95 岁的老人无精打采地走在门司的街上。一人,一伞,一个包袱,无比凄凉。而那仅有的一个包袱中有的只是 45 块牌位。即便是在旅途中的耄耋老人,依然还要祭奠祖先。祖先们期待后世儿孙的供养,而我们以前也认为这是他们理所应当的权利。

也不知从何时起,每个父母都认为往生之后,如果得不到血亲的祭拜,就得不到死后的幸福。人总归要去另一个世界,为了那里的平安,人们必然期盼一家永续。祭奠先人,是一个家族无言的约定,是儿孙的责任。被祭奠是必然,而对此求而不得的人想必灵魂很落寞吧。

中国古来有个词叫作"血食"。佛法教义中,终极的愿望是成佛,而我们家中所谓的佛,并不是佛,而是没有喜怒的亡灵。

第九章　一家永续之愿

他们于每年盂兰盆节和彼岸节回到家中,他们始终对这俗世心有留恋,保佑一家。断了供养的无缘佛,是人世供养不够,而他们那些哀叹和艳羡会间接地扰乱家中的幸福。

因此,社会上很多活动,比如施饿鬼、御灵饭,专为那些圣灵而进行,不为生人,但为逝者。如果这样的供养不够,那些逝者就会变身出现;或者即便不现身,也留下惊世遗书,让人羞愤而死。每当战争和饥荒之后,这种不安尤为明显,可偏又赶上疫病、虫害灾难多发,于是为了安抚亡灵,就有了郑重的法会。

人们不想成为那些孤独亡灵,于是各方祈求一家平安,祈祷早日添子增孙。或许如今我们早已忘记,婚姻最初的一个重要意义在于让很多人免于孤独终老的悲凉境遇。而靠土地谋营生,不光是为了生产食物维持家族长存,更是为了防止后世祭祖之人远走他乡。那些牌位的漂泊,不幸的又何止是那个95岁的老人。

那些对家中富裕的期盼,根源也是供奉的思想。为了给祖先也为自己在另一个世界谋求更多的幸福,举办阔气的葬礼、盛大的法事也算是人之常情吧。很多活动,如果先人不在旁目睹就会失去意义,但却一直进行着。因为故人也曾无数次在心中期待、想象过那个场景。在关东的农村,葬礼队伍撒钱的习俗最近才稍稍淡出。曾经许多老人都早早着手积攒葬礼上要撒出去的硬币。

在某个时代人们认为护士要追随自己看护中过世的人而去。这种思想也并非新潮流。很多人留下遗言,葬礼是自己人生最后的盛事,要给我风光大办。于是就有了统一着装的队伍,有了一连串的花篮、鸟笼。没有多少人把这个当作对生者的慰藉。没有古风在这样的偶然的机会中复苏，并在新的文化中自我修正。

即便越来越多的人并不看重这些仪式，但即将离世之人的心之所想，会深深地留在生者心中。即便是如今，人们也会时常想起自己曾做过的让父母开心的事。这是繁盛之家中无形的幸福和满足，也是逆境中的人们难以启齿的苦闷。如果只是机械地将儿孙组合在一起，那些不足为外人道的家族争斗终归能找到一个出路，可那些温厚的家主总是将自己作为家族永续的漫长锁链的一环，而不得不在厚此薄彼与心中的不舍中挣扎。

为了给长子留下更多的力量，而让他的弟弟们都成为他的从属。即便不是一奶同胞，即便没有利益冲突，即便这有悖于父母的心愿，这都是家中的规则。家中不允许均分资产，削弱一家的主力。这个做法首先在农村逐渐消散，越来越多的家族将家产均分，其间少不了抵抗和摩擦，盛衰之差日渐拉大，最终形成了日本的特色——小农。一家永续，仅成了一丝希望。

二 灵魂与土地

曾经人们用以纪念祖先的，并不是现在人们想象中的那一块块刻着文字的冰凉的石碑。人们曾经认为，身体终将腐朽，因此将它们隐藏在远处无人的水边、山谷，返还给大自然。守墓数日，不识字的人们会记住坟墓附近的花木、树枝，或岩石形状，靠着这些记忆前来献上时令鲜花和思念的泪水。但时移世易，时间的流逝最后自然也带走了人们的记忆。而今，仍有许多地方能让人想起曾经的山野别离，更有许多地方依然使用古来的火葬场所。

为了礼拜祖先，供养祖先，人们在特殊的日子布置临时祭坛，而在每一个平静的日子里，他们身体里流淌着的血液都在纪念着先人。后来亡灵由寺庙专门管理，我们的墓制也发生了一些改变。法师不惮污秽，许可寺内埋葬逝者，又或者为了管理常设的墓地而建庵堂、道场。为生者而设石碑的历史也不过三百年，更早之前或许有碑，但至少没有见过碑文。而石碑所在地也并不是告别的地方，只是为了礼拜才立的碑。

后来土地开发越来越多，不能再自由选择墓地，于是人们逐渐在附近选定地点，对坟墓的认识也发生了一些变化。墓地曾经是为了遗忘，而后来逐渐变成永久的纪念之地，人们争相立起大大小小的石碑，占有埋葬自己祖先的土地。墓碑的尺寸随之一点点增大，到了明治时代各家突然竭尽所能竖起巨大墓碑。短短数年，公共墓地就变得拥挤不堪，土地昂贵，贫困的人死后也再难得到安眠之地。

不仅在日本，只要有历史，就有墓制的问题。壮观的墓地蔚然成风，难以抑制，更无法再回到过去。最初只是官宦商贾为身后谋一块安葬之地，后来但凡能力允许的人家，都争相效仿。墓地日益拥挤，人们再难忍受如此骈肩累迹，竭尽全力寻找一片净土。

深爱的人过世，人们更难忍心弃之遥远荒野、寂寞深山，于是不知从何时开始，埋葬在家附近的礼拜所成了一种风俗。明治初期，官府发了不少告示，禁止在耕地旁下葬，也是为了控制这种做法。尽管如此，奈何早已根深蒂固，至今在南九州、关东奥羽地区仍能看见不少房屋旁自留地的角落里有很久很久之前的墓地。

若是葬在封地，则封地崩而记忆散，若是种植树木，则木至参天而思念消亡。而石碑，却残酷地留住了人的记忆。后世无人的家中，空留座座石碑铭刻着孤独亡魂的幽怨，爱也好，恨也罢。

禁止私葬和限制永久墓地，是新的时代的整理方法，但最终成了慢待旧物的原因，而并没能控制巨石凌乱的势头。加之三次海外战争，战死者众，在路边立纪念塔的风俗逐渐形成。于是，统一规划坟墓的构造势在必行，而同时，石碑也成了每个人不可或缺的东西。

如今，这个问题已经迫在眉睫。我们首先应该做的是寻根溯源。想弄清楚背后的原委，就有必要考虑都市生活所带来的影响。恐怕江户对京都火葬场所的杂乱状态早就望而生畏，因此特意在郊外规划了专门的公共墓地。又在各处规划了寺町，建了众多寺庙，又分别给了空地，用作两用的墓地。各地方新城下町纷纷效仿。寺庙之多，光看住户数量，甚至让人觉得大可不必如此。

葬在菩提所①，肯定要立石碑。寺庙为了美观也建议两周年之前做好石碑。后来这些空间再也埋葬不下，不到三百年的时间里室内就再也容纳不了了。于是又新建了公共墓地，不到五十年又已经拥挤不堪，最终成了豪门大户才能占有的地方。

虽然火葬是十几个世纪以来日本的公认葬法，但是普及程度并不高。如今新形势下却逐渐普及，我们对墓地的认识也发生了变化。在两三个大城市中过着寄寓生活的许多人只把遗骨托付在寺庙而并不立坟，最后大多没人认领，只能任其堆积在寺中，让寺庙苦恼于如何处理。不能否认其中有少数遭到了恶意的遗弃或巨大的不幸，但更多的是因为离开了第一故乡，而漂泊中尚未确定第二故乡，晚辈儿孙也因为住所辗转，即便领回家也不知如何安放，于是只能先放在寺中。

编织在土地与婚姻间的网早已松弛，那些不能回到双亲墓地的灵魂，在旅途中以新的方式编织成网。如今的时代，人们背负众多牌位，苦恼于如何将这份纪念交到下一辈手中。

三 明治的神道

墓地归寺院管理之后，佛道管理灵魂的权力一日千丈。加之近世宗门改②制度下，要将在世的人也分门别类纳入寺庙管理之中，终于最后不通过寺庙再难与代代先祖对话，产土神的古老思

---

① 日文又称菩提寺，用于供奉祖先牌位，类似于功德堂。
② 日本德川幕府为禁止基督教而实行的宗教调查制度。

想也不再为人熟知。有一些寺庙像家中祠堂一样，能够寄托流浪的灵魂，给了那些在长屋中过完一生的人以莫大的安慰，却也让远在故乡的家族神的祭祀日渐寂寥。

春秋两季的第一个满月之日，有迎家中祖灵回家盛情款待的习俗，这可能是从日本上古时代开始的传统。后来，人们学着称其为"佛"①，但新教法难以解释这些奇异的定期的往来。而后，以念佛为主的民间宗派率先将盂兰盆节作为僧侣掌握的祭祀活动，与此相对的正月十五的仪式，则依然由各家户主和主妇，抑或挑选适龄的男性操办。就这样，这两个祭祀似乎变成了毫无关系的活动。

内外两个信仰之间的鸿沟难以跨越，我们也未能像天竺人一样完全顺从轮回转世的法则。若是灵魂会随机到别的人家，又或者迁到另一个世界，那就不能目送灵魂的去路。目之所及的故乡的山川草木上，住着双亲的双亲，他们在那里充满怀念地守护着这个他们曾经参与过的现世的生活。若是用佛法来讲，他们就是幽魂。因此，佛法说供养得当的亡灵只在盂兰盆节和正月十五两个晚上离开极乐世界来到人间，而随叫随到的亡灵切不可大意，是恐怖的生活干涉者。于是人们逐渐认同。

因此，人们虔心拜佛，除了功力强大的代代如来佛，还有誓要度化魔障的千面观音，拯救恶道的地藏菩萨。众多产土神中以声望最高的祖灵为中心，统一进行祭拜，这是古来的传统，但之

---

① 日语"仏"，音"ほとけ"，指亡灵。

后他们的地位也发生了变化。人们相信八幡、天满大神是最具有统治灵魂的能力，而把产土神放在与其的主从关系之中。

不过，祭礼大多依然交由当地与祖灵最亲近的人操办。这样的信仰在学术界会被反复推敲琢磨，因此之后自然出现各种复杂的解说，但那并不一定会改变所有人的普遍看法。将秋天的收获做成饭、酿成酒，放在神社中供奉，又共享酒馔，背后是各家先祖，同乐乐的心情也没有变。浪人与故乡，只留下一缕因缘，那就是祭祀。祭祀之前回乡，叶落归根的想法，时至今日仍然扎根在各个角落。

各种解说，都难以阐明故乡的传统，那些接连的祭祀活动薪火相传，只是因为有它人们内心就喜悦，缺了它人们心中就落寞，仅此而已。到底是否与宗教有关尚有争议。与世界上已出现千百年的大宗教的力量相比，它甚至不能跻身其中，但进入自由传道的现代，它却迎来飞跃的新局面，终归还是因为它有着深厚的底力。

在日本"神"这个词的词义非常广，在品阶低的神里，甚至有些树木、动物。因此人的灵魂自然更能变成神，接受参拜祈祷。而且以前，特别是那些拥有镇守大神威力、威慑四方的魂灵会被人们敬拜。

但是，明治时代出现的许多地方神明，人们大多是拜其人格，而并非畏惧灾祸，也并非祈求赐福。比如，典型的例子就是，藩属武士在离开之前，会将旧主的祖先供奉在祠堂里。但都是进了庙门才拜神仙。这也是过去的传统做法，是第一次人神思想的扩张。第二次扩张时，人的魂灵离开故土，成为全国崇拜的神。

开端是在西南战争后祭奠战死将士。而到达今日的规模，是在十几年后的爱国战争之后。战死后会成为国家的神，这种想法让在战火前线的人们精神何其振奋。

含辛茹苦二十又一年，三月未见竟成举国之神。

这种歌谣在日俄战争期间不知道出现了多少。这是沉睡在多数国民心底的灵魂的观念，随着新国家主义的高涨而逐渐脱离产土神的狭窄范围，一朝成就了举国大团结。而对于每个人来说，带来的改变也是巨大的。人们开始觉得无论是哪里的山，都可以生活于此，长眠于此。

神社到底归不归宗教，如今已经成为一个值得探讨的问题。固有信仰的特点在于，教义写在每个人心中，随着诵读时代的不同而变迁。传承数十代的教义，已然成为国民性格的一部分，它是不会轻易消失的。我们曾经认为国外的宗教闯进来冲开了一个口子，那都是历史学家的概论。从本地垂迹之初，佛教便尽数包容了以往的神灵，并因而得以普及。耶稣教若是从小家族魂灵管理中向前或者向后哪怕是动一步，都必须在冲突和妥协中二选一。

事实上，我们的宗教生活复杂至极。小学校内的神龛会被当作问题处理，但家中供奉神龛却毫无问题。于是，如今经常看到人们将引人西去的任务交给佛法，而自己在祠堂中祈祷。这种混乱的最初原因，在于家的移动带来的产土思想的瓦解。

四 士族和家庭迁移

能称得上士族的人家曾多达数十万户，但是他们无一例外都曾遭遇过归乡无望的时代。以前有一些藩经历过数次改封领地，但凡遇到改封，都会想方设法拉近与新封地的关系，并且随时都是与集体共进退。明治废藩后，虽然少了强制的迁徙，但是作为个人却也得到了极度的选择自由。

这让人与故乡之间失去了最大的黏合剂，因此故乡的生活失去了意义。此后在不够一代人的时间里，略有些灵气的人都陆续离开了家乡，又有别处的人迁来。偶有一些最终留下定居，却也难得到归属感。而那些离开故乡的人，也没有找到第二故乡。日本有如此之多的家庭成为活动分子，走上历史的舞台。

明治大正的新世相中，这是浓墨重彩的一笔。而且可以说这个新变化带来的是好结果。最终中央政府担心武士阶层的动摇，提前做了不少策划。有进行史料研究的政治家推测这些谋划背后有着一种思考——当初农民佩刀而成士族，如今收了刀就会重回农民。但是三百年间，他们早已忘记如何耕作，只养了一身蔑视农民的习气。何况，世上哪有那么多空地等着他们回归田间。

有一些人为了追求梦想而回归田园，却没能耐得住长时间的辛苦。其中，东北地区和北海道地区的人分到了充满希望的新地，幸运地成为地主。家业繁荣的凤毛麟角，其他人大多又卖了田地去谋了其他营生。屯田兵，虽叫作屯田，但日常需要有下人来挥动锄镐，而那些劳动者压根就没拓荒。

这个时代里还有一个变化发生在士族身上。过去士族的俸禄几乎像不动产一样，而如今却变成了动产。"士族商法"①这个词，略带夸张地道出了那些失了俸禄的士族投身商海后的惴惴不安。确实有一些人血本无归一贫如洗，但很多人创立了新企业，作出了新尝试。这也是政府惧怕的一种动摇，而动摇带来的是好结局。

曾经那些一生漂泊的旅人不得人青眼，但他们确确实实传播了很多新的生活技巧。更难能可贵的是，在漂泊中谋安身立命之计的人们，传播的是长久以来最具说服力的智慧，也是他们纵观历史得出的经验。士族的经验很有实用价值，哪怕是那些走过的弯路。无论好与坏，士族的坚持与挣扎都为新文化的展开作出了贡献。

其中最重要的影响，就是迅速创造了吃皇粮的阶级。特别是官员，数量之多，品阶之丰富，甚至让人怀疑政府是否故意为之，为他们创造了就业的门路。如今依然像过去一样，无论多微

---

① 一种讽刺的说法，指明治维新时失业的武士投身自己并不熟悉的生意最终走向失败。

小的工作，都恨不得像建金字塔一样部署井然。或许这就是人手充足的时代留下的影子吧。现在继承衣钵的不再是士族，但或许在那时就写好了行事规范。他们傲慢，但气度不凡；他们推诿，但并不专横。这是我日本国官吏令人欣喜的特质，无论出身何种职业，大抵如此。

其实，若没有了他们的担当，新时代的吏政必不能完成。一些积俗旧弊随之保留，也是无奈。"人情"这个词时常出现，而人们并无多大忌讳，这或许可以说是封建时代的恩情体系在现在的时代虽稍稍换了外壳，但依然有生命力。那些派阀和体系的差别进入了其他自由职业，也证明了今日的行政依然需要旧幕府以来的为官之道。

曾经拥有特权的农商工的出路与士族相同。他们与士族有着相同特质，即使他们回归农作而未能扎根，对祖先神灵的爱戴并不会随着辗转而淡去。或许是因为他们与那些逃离村子的人不同，他们与故乡的告别没有那么仓皇。他们的境遇的变化突如其来，而且大多没有多么富足的供养，可这在日本带来的又是一个令人愉悦的结果。

明治大正时期的达官显贵，大半是贫穷士族子弟或寒门学子。不仅是文武官员，而且在政治、学问、技术各个领域，都有出类拔萃的人，而他们背后都有着强大的动力。日本的立志传中最常见的故事就是，有人立志高远，为告慰先祖永不服输，最后靠着过人的坚忍光耀门楣。乡里若是有这样的人，乡人们也是极尽赞美为其扬名。英国的自助论译成各国文字广泛传播，但是和日本的立志传记不是同样的故事。

日本名士，虽身形不甚高大，但多是英雄人物。即便原不是英雄，也会大抵迅速出了传记，将其塑造成英雄形象，而且效果可圈可点。但是毋庸争辩的是，这是某一个时代的特殊现象。那些残存的武人气魄，在新旧文化更迭的过渡时期，展现了它惊人的成就。而历史车轮向前，它的用武之地逐渐减少，如今即便我们踏着过去的脚印，也未必能到达同样的目的地。因为如今寒门学子的困苦来得早已更加猛烈，想出人头地要走过更加坎坷的、布满荆棘的路。

五 职业的分解

武士对家的感情很深，而农民更甚。然而，进入近世之后，许多农民的大家庭分裂，离开祖籍时，家族情感已经淡漠，甚至使出浑身解数与以前的家族渊源撇清关系。如果说士族背负家族名誉去垦荒，而农民则是抱着成为新家族的先祖的信念离开。那时土地是生存的必备条件，想要离开，一定是作好了心理准备，即便如此他们仍然与士族不同，他们大多是为了寻找更加幸福的生活。

农家的家族永续，自古就是需要极大的牺牲的。武士家史中也不是没有为此将晚辈逐出家门，甚至为了主人切腹自我了断，但那绝非常态。常态下他们要求多数下属极度忍耐。想要保持家门旧势力，当然需要主人的殚精竭虑，同时也需要更多人为此完全顺从，甚至有时放弃自由。

许多婚姻中男没能去迎亲，女没能出嫁，而且不仅是飞驒的白川村这种偏僻山村。他们不是仆从，但不仅婚娶如此，甚至连衣食日常都一样寒苦，最后无论是嫁来的新妇还是入赘的女婿都只得共同劳作。而这份苦也只有长子吃得着，其他孩子连想都不用想。若是附近有未开垦的土地，那或许可以寻个机会从家门独立出去，儿女们也可以离开家门求姻缘。留下的人只能在家中屈居人下过完一生。新的时代的改变，就是从分解这种团结开始的。

个人生活不断发展，人与人之间的差距肉眼可见。之后人们对这个世界的了解逐渐增加，开始想象着外面的世界里有着无比自由的职业。只有深山小村中才留下了古老的组织，也就意味着知识的风吹来得太晚。

各家的婚姻生活也受到了影响，女性的知性开始影响男人，单独做一些活计的想法出现在她们的心头。大家庭的分裂趁生产经济改革之势，首先在故乡的土地上小试牛刀。起初家门大团结无望之时，人们是不安的。于是，即便是父母痛下决心分割土地财产之时，也会叫上所有孩子，让他们许诺永护家族和睦，分家维护本家。儿女不结远亲，不做远工，可谓思虑周全。但理想终归只是理想。

百姓奉公①是手足变陌路的开始。家中没有可分的田地，若是谁擅长农活儿又喜欢庄户生活，那大概率是去找个缺少劳力的人家，开始新的主从关系。想在附近找到个去处自然不易，因此背井离乡在所难免。而农作也是一样十里不同风、百里不同俗，一旦接受了当地的耕种习惯，自然就变成了当地人。虽说有雇佣年限，但十五六岁开始到二十五岁结束，已经接受了那么多年的熏染，也鲜有人再回乡了。而且，当初奉公的目的就是想在主人庇护之下在那块土地上寻个安稳，因此他们的配偶必然也不是儿时玩伴。于是，他们自然就成了与生身父母的农户无关的新家庭。

如今也有"年季奉公作男"这个说法，但是它只是一种外出做工的方式，与之前的"奉公"完全不同。开辟了清冷农村生活的先祖们，是世代奉公人，如今也已经另立门户。虽然人数不多，但是这个过程高度相似。但把孩子送到别家，就不再计入家中人口数，即便是送到一个非常幸福的家庭，也是家中弃儿，也就是割断了父母兄弟之情，另立门户的分家。德川时期认为这种做法非常残酷，因而下令禁止，但是直到明治时期依然不断有人想尽办法将自己的孩子无条件地送进别人家族谱。

家就算再小，也能给人安全感，因此才有了家中庞大的人数。而家中人数早已超过农业的需要，于是家庭分解为最小规模。与武家和商家相比，农民家庭的分解来得还算是晚的。对这

---

① 农民卖身到主家，拿到钱后，按约定的年限到主家做农活儿。

个势头心知肚明依然留在家中，想必感受不会太好。人们难忘过去家族兴旺的荣耀，担忧灾难不时发生，因此能不让孩子离开就想留在家中。另一个原因还在于对个人而言，能出去的好机会确实难遇。

过去的农村教育与今日不同，教出来的人只适合农村生活。只有那些得村中青睐，素质好又精心准备的好苗子，才能下决心离乡谋生。于是各种因素作用之下，农村的家族分裂被抑制，人手富余。到了新的时代，这种状况没能持续下去，随着道路的通达，身在任何偏远之地的人都争相去外面的世界寻求出路。即便势头过劲，人们也当作是理所当然。

事实证明，没有农民不能转的职业。只有他们想还是不想，没有他们不能参加的行业。不仅拥有了选择的绝对自由，有了成功的可能，他们还拥有一切皆可成的自信。于是，对职业的选择多少有些草率，而且中途频频转行。或许他们对周围的境遇早已腻烦，又或许他们认为固定在一个行业里是一种不幸，又或者他们觉得没有准备的历练也是好事，无论他们的经历是怎样的，对家族存续而言，转行都是个绝对的冲击。至少在为下一代规划，在抚育下一代上，他们必须放弃许多。他们无法依靠代代祖灵的庇佑，无法将家传的气质和感知能力延续。

农民这种略带莽撞的大动作，让日本社会变得更复杂且耐人寻味。若换作别的国家，即便文化全面更新恐怕也不是都会如此。那些认为有必要探讨，也有资格探讨新生活方式的人，都是刚从地方出来的新都市人士。对他们而言，如何不依靠外部援助在一个行业里靠自己的力量求一家安稳生活是他们要面临的新问题。

除了农业以外，其他所有祖传的产业大多无须为此烦恼。为了共商家中大计，也会有些人的工作并不与家业保持一致。比如，农闲时空余的劳动力，会被派去渔场、煤矿，又或者让家中子女去做各种奉公，用以补充家计。这些工作都与农业毫无关系。外国移民的汇款是一个新问题，但这也完全是另一个意想不到的形式。无论哪个，都是保持了传统的做法，众人合力为家计，但却不参与农业。或许正是如此，才会有如今这个农业发展而农家衰退的时代。家庭已经分解到最低限度，只剩夫妻和孩子，于是不再需要有人为家庭而作出牺牲。

六　家庭中爱的成长

随着人口的增加，家庭不得不走向分解。于是每个人都想要努力成为新家庭的创始人，这种斗志自然唤醒了当年父母的爱。应该说这是这个时代最令人欣慰的新世相。外国人常批评日本是儿童的乐土。随着父母带孩子自杀的报道出现，那些批评的声音似乎弱了一些，但是这依然是无处安放的慈爱带来的失败。或许原因是无知和内心的不坚强，可是父母的思虑已如此集中在子女身上是不争的事实。

父母之爱子，鸟兽亦同，但无疑人类的爱要更复杂，而且深深地带着时代的理性色彩。于是那些为子女思虑的家训复杂得难以言明,但有的听起来非常严厉。其中许多家训中加了不少内容,旨在维护家族存续。那时家族构成远比今日复杂,需要鼓励人们用道德的高度作为规则的标准。家族的涵养经常伴着惩罚,也是为了维护大家族。可当家庭构成只剩下亲子关系,那就不必如此,也不会出现问题了。

从古至今,父母培养孩子,使其适应各自未来的生活,都是为人父母的应尽之责,而他们的勤劳要用在何处,从来都是局限在很小范围的。特别是在农家,粮食产量极大地影响着生计,经常需要调整家族人数,让教育更加受限。家中儿女长大,到了必须出去赚钱的年纪,也就到了离家出去做奉公的年纪。去奉公,就意味着让渡了教育权。

去处家风如何,行业如何,任凭生身父母在选择人家的时候付出了多少爱,作了多少考量,未来的教育能得到什么效果,都只能全权交给孩子本人,尽管他们年岁尚小难以肩负责任。且不论主家给的教育是以主家的利害为首要标准的。所幸以前无论是师父,还是寄亲①,但凡称呼中有父母之意,都会在一定程度上替生身父母履行职责。纵然如此,奉公自然享受不到主人家亲生子女的幸福,而且自奉公之初,未来的命运就早已注定。

在孩子小的时候就送人,是民间的习惯。有的是为了给孩子的未来多寻一份希望,更多的是因为孩子太多无力抚养,找个人

---

① 江户时代用人的身份保证人。

家接过抚养孩子的义务。显然，这些动机带着些许不负责任。家庭教育以家族存续为首要任务，甚至有时会如此不顾孩子的利益。

东京最近出现了一个问题，有人从北国贫困乡村买来十几个少女，想要培养成游艺之人。大阪也曝光了有工厂主酷使从地方带来的幼年奉公人。时至今日，居然还有如此耸人听闻的事情发生，而且在有些地方，直到近年这样的方式一直是最常见的移民方法。在奥羽的城市里，有老妪每年都受人所托将数十个低年龄的奉公人带出奥羽，去温暖的地方。她们以此为生。途中有一些农家会从中选皮实能干的留下，作年季奉公，提前给一些佣金。老妪则从中收取手续费和杂费。

有人专门在越州和信州之间做介绍人的工作，至今仍然盛行。可能确实有一些家庭，如果不用这样的办法发挥家中所有人的勤劳就难以维持生计，但整体难脱过度利用子女的嫌疑。《人情本》① 中将被父母卖身的女儿当作孝道的标准，这个愚昧的风气也不是凭空来的。他们误解了古代谚语"以子为宝"的含义。

如今的父母也一样期待儿女孝顺，但早已不会将教育与利用混为一谈，而且教育也是以孩子为本。孩子未来的幸福，成了家庭中最重要的议题。而未来孩子做何种职业，大多不考虑家中要求。或者说，家里在很长时间内不做选择，而是尽量给孩子更多的自由，更长的时间去思考。这也在很大程度上加剧了家中生活

---

① 江户时代后期到明治初年流行的爱情小说、风俗人情小说。

的变动、迁居。除那些家中祖传行业以外，而且家中略有几人涉足过的领域，他们充满了好奇心，新奇而简单的工薪生活是他们竞争惨烈的地盘。那些在竞争中败下阵来的人不得不进入了第二、第三个职业，因此直到他们年岁不小依然没有针对确定的职业进行教育。

在日本职业教育由来已久，如今才提起教育的落实似乎不合逻辑，但日本的职业教育对象是未能确定规划的人，因此教育中缺乏了现实需要的东西，而掺杂了众多无用的知识。在年少的时候，最是充满热情，最善于模仿，最容易印象深刻，而这个时候他们接受的却是适合奉公生活的教育。以前乡党需要这样的教育，之后明治初年的士族也花力气在读书算数上，是因为他们要培养优秀的文职官吏。如今，无论以后从事什么职业，都需要先有基础的教育素养，但从中依然可以窥得旧习残存。越是成绩优秀的人，越是在这样的学习上花很多时间，越是长时间难以确定职业。

对于想要继承家业的人而言，这种教育反而是一种障碍。特别是像农家活计，需要劳动四肢，因此从小的传习至关重要。而他们往往哀叹小学教育卓见成效。来自父母充满人情的家庭教育时而与之对立，补足其中缺漏，甚至有时意欲侵蚀小学教育。而第三种教育，或许我们更应该称之为"长老教育"，它不与学校教育争功，在全国的教学都以一般知识为主的时候，它会详细地实地解释乡党的个中情况，是非常重要的旧机构。它的任务很难接手。最后，农活儿中最需要的知识，最终脱离了这个教育阶段。实际上，世间所谓选择自由，背地里早已被他人支配。

最后，我们有必要提一下孤儿的问题。孤儿，无论在哪里，都被隔离在任何家庭传承之外。但在村里略有不同，他们还尚有一线希望。但若是父母亲的故交散落各方，又没人有能力独自代为抚养，或者没有人愿意去养，那对孩子而言无疑是雪上加霜。即便是比较幸运，父母留下了遗产，除了土地这种能公开管理的遗产之外，其他东西恐怕也很难留存到他们长大成人。若是家境贫寒，那更是难以想象孤儿能离开故乡去别的地方长大。以前有许多女性因为有孩子而想死都不能，可见她们养育子女付出了多少艰辛。但是，即便是这样可怜人撇下的孩子，也有不少在村中长大成人，又让家门复兴。

现代人想自杀先要杀掉最爱的人，这种闻所未闻的残酷的想法或许就是因为早已没有过去那样孤儿能生存的环境了吧。当务之急是建一些机构收容孤儿，而另一方面，迁居和择业以及家族的分裂、婚姻方法的自由等侧面促成了家庭孤立，而在这些我们已然司空见惯的事物中，有没有一些配套的环境需要完善，我们不得不思考。在我们的生活中，有很多做法并不是深思熟虑后的选择，因此其中如果隐藏着什么弊端，也毫不奇怪。问题在于我们如何尽早发现问题，并作出改善。这个问题被排除在知识领域之外，从眼下的程度来看，解决问题宜早不宜迟。

第十章 生产和商业

一 主业与副业

之前，在"家业"和"职业"这两个词之间，有着明确的区别。所谓"职"，是各自依靠一技之长的生存方式，因此若是多能的人，换多少次"职"都没问题。比如，有人说铆钉的人也有七般变化，甚至有人有七个职业，每天换一个。经商者中，行脚商人也是其中一种。后来，行脚商也像医术一样，逐渐成了家传秘诀，成了一种家业。各种手艺人在各地落脚扎根，他们的后代自然需要继承父辈衣钵，于是两个词之间的差别日渐模糊。将农业看作一个职业，也是一个不成系统的职业，而且是最新的职业。

将士农工商定成四民，是明治初期的一种思维，它的未来就是今日的四者对立。渔民脱离了日本的重要家业，没有列入"民"的划分之中，农村也是同样，没有得到细致的观察和研究。

老农精农，自古有这个说法，当初应该是指那些长期生活在农村，对农村生活有着深入思考的人。后来指那些在某种作物的种植上有特长，参加共进会又拿了奖的那一类人。于是我们的困惑就开始了。有人早早限制了重要农产品的种类是一种不幸，而日本不以此为意，还是沉醉在暂时的增产势头之中。不光是国家看了统计的总额心下安稳，各地方的村庄部落也都开始数字的竞争。人们苦心孤诣培养专业农户，仿佛业以精为贵，于是农户的勤奋和摸索都集中到了那十几种有限的农作物上。而且之后还出现了养蚕制丝业令人瞠目的发展。果树、禽类养殖业也成了莫大的国家财富。

在作为家业的农业中，又分离了很多其他产业。当我们不再在田里种麻，就开始从外部购入布料了。这或许是历史潮流，无法阻挡，但最初我们也只是买回大捆的棉花，纺线、织布。要拜托别人做的只是去染坊染布而已。这些工作如今早就交由工厂进行，于是原本的人手就剩了下来，去了别的工厂。

买布匹回来缝制衣服，虽说也是一种活计，但也有很大兴趣成分在里面。现在家里还有这样的活计，女红依然是农家女儿教育的一部分。但裁剪的材料和形式都与之前大不相同，若是洋装之类的正装，是在家里做还是假他人之手还值得考究。麦秆是到处都有的材料，长久以来都是夜里或者雨天来做活计。过去大多数鞋子都是这么做出来的，但如今需要什么就买什么，而且早就改穿胶鞋或者软底鞋了。即便是以麦秆加工为生，编织的方法和目的也早就变了。

农作物种植用了太多的肥料，养殖用了太多饲料，都曾成为人们关注的问题，事实上食物也是如此，像大酱、酱油、腌菜之类的食物，即便是手头有材料，如果家中女眷少也不会再动手制作。饭团、红豆饭也和裁剪一样，曾经人们带着些许兴趣亲手制作，现在人们的兴趣发生了变化，但凡能称为点心的东西，大多都靠买了。那些临时需要的东西或者建筑材料，或者大多数木制家具，也早已靠购买。过去初夏割草、打柴，都是农活儿的重要组成部分，现在再也不是了，都成了家中支出的对象，算作柴炭一类。现在很多只做种植的纯农作的村子很多，只能用钱来换这些东西。

或许习惯了旧式经营的人会说这只是奢侈，但事实上，人们用钱买了这些东西，并没有带来生活水平的提高，徒增农户支出罢了。这也是经济允许。所谓的奢侈，是指在同样的境遇中，做别人不舍得做的事，而如今家家如此。那些老人的话语中还隐藏着一种不安，而且是一种有原因的不安。

过去，一年到头，屋里屋外农家都有活计做。即便如此也只能将将维持生计。而如今是不是真的能只靠那一两季收成生活下去，应该是每个目睹农村变化的人脑中挥之不去的疑团。过去利用晚上的时间做的草鞋、拖鞋，如今要靠白天在田里干活儿得来的收益去换。夏天漫长的白天缝制的冬衣，如今要靠秋忙的收获去买。家中众多的一年所需，能不能依靠那寥寥几种劳动所得来支撑。这样的问题自然地萦绕在他们脑里。

原本人们对农活儿就有充分的认识，农活儿本就是忙时忙，闲时闲。一到冬天，即便不是寒冷的雪国，村子里也没有什么大活儿可做。最初人们可能也曾在农闲的时间玩耍度过，但人们有了过好生活的心思，于是在不断积累经验后，人们给冬天挪出了成块的时间用来赚钱。女人在家纺线，男人外出捕鱼狩猎，此外还会做烧炭、抄纸等与农作无关的活计。若不如此，恐怕生活难以维系。但是到了明治时期，人们再也不用像以前一样辛苦，一年狠狠辛苦一两次就能保障过去忙碌一年换来的生活。难怪人们会觉得这似乎像是奇迹发生。

所谓的农闲时期，真的是非常清闲，带来有不少好处。第一个好处就是，有了这段时间，年轻人才能读书了解社会。虽然有些人得了闲去无度饮酒，但确实能够走出去与人交流也只有这段时间。可以说，这段时间是能够将心中的空想付诸实践的大好机会。冬季做工是古老的做法，但是能为他们提供便利，能让人们更易下决心出去的，非道路、铁路的发达莫属。

数以百万的农村姑娘，无事时就去远处的工厂做工，学新的技能。家中的副业，不会将从外边赚回的收入计入其中。城市中的人有"内职"，那我们应该把这些工作称为"外职"吧。而这些工作并没有直接地引起家业的解体。换言之，纯化农业的运动中，还产生了意想不到的副业。

农民的职业意识出现得晚，并未发展成熟。他们之中，有人买米，有人卖米，也有人专注某一种生产，还有人投入浅但涉猎广泛，利益关系错综复杂，而有一点是共通的，那就是他们的努力都是为了住进城里。但是，对于为什么家业再难维持家族永续，他们并没有从各自身边的环境中找到答案。

在农民中，地主拥有着最复杂的家业结构，随着农作的职业化，他们首先注意到了其中的利害冲突。即便是现在的米商也是如此，他们与许多生产者站在同一条战线。于是他们面对问题的时候，大多与农民举着同一面旗帜。即便不是如此，米农的热情都放在米价上，也就多了与米商的联系。因为人人都知道，农民不仅要养家糊口，还要给那些不种粮食的人提供口粮，这也是他们一直的骄傲。近代的劝业方针正是看准了这一点，让它成了家业的中心。

二 农业的优势

不过，职业的纯化是自然发展的过程，并不一定是政令所致。传统的家业中并不是只有农业出现了许多空隙。农业的不同，只在于别的行业中的空隙很快就被填充，而农业却没有。原本在冬天或者夜晚做的活计外委出去后，并没有找到其他活计来填补这些时间的空隙。农人若是接受了其他工作，耕作也好，畜牧也好，也只是增加了自己的职业责任。想有多个职业不是件容易的事，但是一旦有了，他们就可以轻松地推掉晚上或其他时间的活计。

有人这样做，就让人们过于乐观，但事实上机会极其少有。

成功来之不易，并不是可以复制的，是天时地利人和的各种条件齐备的结果。我很难把这些条件一一列举出来，但是可以想见的首要条件是，农民的心中彻底贯彻了政治革新，他们认为自己不能继续按照以前的方式生活，所有人的精神同时进入了前进的紧绷状态。这肯定也是伴着改善生活的强烈愿望，随着交通的发展，对外国文化略带夸张的介绍激起了他们的好奇心。但至少，改革在生产方面，确实没有让农民失望。而知识和智慧在接受新事物前刚好已经进化到了足以吸收的阶段，不得不说这为改革提供了极大的便利。

转眼间，各种技术方法，特别是作物的新品种迅速扩散，数字惊人。此外还有作物种植自由制度助一臂之力。有了这个制度，农人可以放弃稻米改种洋芋，也可以把水田改成旱地种棉花、桑树，一切都可以自主决定。于是农民的事业规划就突然变得大胆而又极其巧妙。

第二个条件，是知识的增加大大提高了效率。在机械的改良开始之前，它就已经广泛使用。人们因此对农作有了更多的兴趣，工作成绩肉眼可见地提高，而且不再用那么辛苦。休息日减少。另外，人口的增加也带来了影响。人口增加不仅增加了农场工作的劳动力，还意味着有更多的人离开农村，等待农田里的粮食入口。农民意识到自己生产的东西绝不会失去销路，自然会大力提高产量。

日本近世出现了几次令人恐惧的歉收，连农民都时常担心粮食不足。那些城市中的人不了解其中内情，更是担心粮食不够而惶惶不可终日。其实，丰收年也时常出现，只不过敏锐地捕捉时机提高粮价早已是他们熟练的技能，也让主要农作物的生产保持良好的张力。很多人自信自己能够以此养家。

虽然我国对稻米产量非常敏感，但数字的统计却并不是完全精确的。真实的产量不会公开报告，通过报告的数字能判断每年产量的增减而已，其中的真实数字时时都在发生变化。如今早就没有村子在报告产量的时候使用"一反①平均产量七八斗"的说法。可能甲村只增产了三成，而乙、丙村在努力之下产量已经翻倍。无论如何，与六十年前相比，如今的产量确实大大增加，而并没有增加粮食种植面积。

这当然不是因为没有进行土地开垦。在明治维新以前，人们的思路一直是，想要增加人口，必须先增加田地，如今人们更是为了这个思路付出了极大的热情。开垦的脚步甚至走到了不适合开垦的高原，排干水分开成了旱田。其中，北海道就是个典型的例子。有很多人反对在北海道种植水稻，称之为无谋之举，但三十年后那里举行了年产三十万石②的纪念庆祝会。因为开荒能得到补助金，所以一纸令下，必然成功。但是水田的面积基本没有发生变化，因为修路或其他土木工程占用土地，而且还有灾害不时发生，导致农田再次荒废。

---

① 旧时农业面积单位，约合现在的 991.7 平方米。
② 旧时容量单位，源于中国，一石合一百升。

旱稻的种植面积确实增加了，但即便把这部分剔除出去，从内部数据也能发现耕地的产出也明显增加。而且农业的发展没有以任何牺牲为代价，着实值得感叹。小米、稗米等传统粮食品种的产量虽然有些降低，因为我们的需求变少了。农民免于生产的辛苦，消费者也早就得到了其他选择。所有新品种作物，只要有一点长处，就能迅速在全国普及。传统稻米种植不断发展，新品种作物同时得到积极推动，并且取得了不俗的成绩。可以说，土地耕种技巧上的收获无与伦比。因此，如果说农作不能再作为家业支撑一家生活的话，那就必须去外部寻找原因。

整体而言，农产品种类丰富，人们得到了自由选择的可能的时候，就是农业鼎盛的时候。即便偶有一些人跟风而导致收入受损，但拥有新品种或掌握新技术大多时候足以羡煞旁人。农家认为花时间和精力去搞发明无益，于是人们为求安全一心模仿，最终导致了过度生产。曾经土地产业以提供生活必需品为傲，如今无奈陷入了激烈的内部竞争。经济学的书上经常看到，没有任何一个行业比土地产业更不适合竞争。因为退缩的地方竞争者注定失败，而获胜的一方得到的收益，也大都被收作地租。

最近似乎终于认识到需要进行生产的统筹，但府县之间的销路争夺战由来已久。因为一则大家过于重视统计的数字，二则他们被补助金、奖金驱使，他们以身犯险积累经验，不遵循计划安排。个人只能参与到最后才能知道生产是否过剩，而国家又在推动职业纯化，于是就制造出很多面对突发的竞争极易受到冲击的农户。

实际上，对于农户来讲，粮食一年才收获一次，销路问题的确是悬在心头的剑。不过，大米比较特殊，它在日本的销售一直得到了很好的保障。日本的大米消费量虽然随着经济状况、价格也少有增减变动，但人们早已从生产统计倒推回来，计算出每人一石的大致目标。人们大多坚信大米的国内生产总量时常略有些供不应求。或许没有人有意谋划，但它却无意间成为生产的有力支柱，全国的水田耕作者因此都不用担心供大于求，能够专注地研究耕种技术。

当然，事无绝对。米价也会因为偶然的供给充足而下落，但是很多人相信这并不是常态，只要稍做忍耐，价格就会反弹到原价以上，事实也确实如他们所想。于是土地的买卖价格也因此大幅上涨，到明治七年（1874）、八年（1875）的时候，已经达数倍之高。买地的人认为米价下跌的话他们就会蒙受损失，于是想方设法维持米价。而同时，佃农不满份额的减少，常与地主起争执。自耕农则凭轼旁观，坐享争斗带来的稳定的米价。

农业丢弃了传统的复杂副业，于是需要购入的物品陡增。也是因此，过去人们为了制作这些东西要花很多时间，而现在空下来的时间，也只能变成了休闲的时间。但是这种状态能持续到什么时候还有待探讨，事实上它已经带来了一些问题。人们迅速获得了选择食物的自由，但问题却不止于此。过去大米的消费，因生活方式的不同而有变化。现在，现实正在剥夺人们的嗜好。农家努力生产许多自家不消费的东西,而不生产的人大量消费农产品,于是农家的地位逐渐靠近商人。但正因为农家受土地、自然的约束,而又长时间都未能有力应对,所以他们心中的担忧甚至比商人更甚,也更早地开始想从不安的农作中脱身。

三 渔民家业的不安

农业过于政治化,而水产则正好相反,如此大任,完全由一小波人全权负责,无人过问。现在水产业正如明治后期的农业一样,正在进入繁盛期。目前还有机会在它发展遇到瓶颈之前找到解决的途径。二者相似之处很多,但最主要的一点是外界的便利推动了从业者的觉醒。在刚好的时间,从业者需要而且也能理解的时候,有人带来了新技术和知识。

在人们不得不担心日本沿海丰富的渔业资源即将取尽,海边人口开始拥挤的时候,日本的势力范围逐渐扩大,人们有了更多的捕鱼的自由。很多人担心北洋捕鱼权力只给欧洲人会导致北海道渔场的萧条,可后来他们之前的准备就派上了用场。这可能只是国际交涉的偶然结果,但是渔民们反复地规划发现,这可是绝佳的时机。

更幸运的是,渔民没有与任何人产生利益冲突,朝着大海的方向大展拳脚。曾经去深海需要将生命置之度外的勇气,现在也能看准了天气来上一趟一日游。这都归功于发动机。而发动机并不是渔民们自己摸索出来的,他们只是快速引进,并且快速熟练使用了发动机而已。

观鱼的技能决定着一半的收成,渔民们以前下大力气去练习。但是现在,有了飞机和无线电,有些地方能毫不费力地得到海上的信息。或许可以说,日本渔业迟早会有一场这样的变革,但如果不是天时人和,恐怕不会有这样的生产飞跃。

渔村的开发只比乡村开发晚了一点点,让人觉得是特意等待。水产业刚好进入了新品种、新方法选择自由的时代,人们竞相进军未曾涉足的领域,甚至有人已经先行一步完成实验的地盘,也有后来者参与利益争夺。各方关系会因为相互的态度而或张或弛,但从整体的势头来看,人们发现了这个前途光明的领域,于是蜂拥而至,在平静中掀起怒涛。于是个人之间的纠纷、地方之间的互相残杀不断,让人越发担心两败俱伤。

出人意料的是,物产的丰富并没有缓解竞争的痛苦。暂时的渔获量过剩,常常导致计划失去意义。为了解决这个问题,渔获的保存和运输方法成为研究的对象,而且人们对水产品的消费能力无限提高,靠着对需求的大力开发,推迟了渔业发展平台期的到来。这和稻米的发展道路有不少相似之处。但是曾经为稻米作出贡献的社会心理,却没有出现在渔业发展道路上。代替品的价值与渔业产品相差无几,消费的调整和修正变得容易,而多产会引起价格的下降,于是国民营养问题就轻松地得到了解决。但同时,留给渔政的是未来更加复杂的形势。

或许过去我们从没在意过,但事实上日本人的味觉在河海产品上非常发达。近代能吃生鱼的人猛增，人们用最普通的经验就能分辨各种鱼类的特征和价值。这或许有点幼稚。每个人的爱好各不相同，而且与肉食不同，河海产品的料理方法种类繁多，各不相同。若是再加上章鱼、乌贼、虾蟹、贝壳，种类之多恐怕无一能出其右，国土南北跨度大，又带来了口感的多样变化，各地都有自己的特色。

各种水产品都有需求，而且根据各种水产品的习性、捕获方法进行了研究和改良。想把渔民分成众多无竞争的团体，在日本很难做到。同样是取之于海的行业还有很多，比如晒盐、采海带，这都是彻底不相关的行业，甚至还有用贝壳做人造珍珠的新兴产业也大大小小出现不少。鲤鱼、鳗鱼、鳖类养殖从性质上来看已经与农业很类似。美浓的明知、伯耆的根雨，许多人专门从事这类养殖。河川湖泊中的孵化放养已经形成事业，行业中人也广泛认识到过度捕捞让海产养殖成为现实需要。

随着动物学知识的不断进步，可以想见从某个角度来看渔业会在未来朝着畜牧方向发展。如今在明石有章鱼的饲养场，它和贝壳类都是有着很长的养殖历史。不难预料鲷鱼、木鱼卵放养的时代迟早会到来。如此来看，若是没有一种能够与稻米分量相当的重要水产品，对我们也是一种不幸。

渔业与农业的一个不同点在于，渔业从一开始就是一个独立的行业。渔网比鱼钩出现得晚，而且需要多人协作，并且从事这个行业的人，就必须从其他行业中独立出来，交换才能得到衣食的材料。不仅如此，由于生产技术划分精细，钓鱼成了垂钓行业，潜水成了专业技能。这不仅带来了生活的改善，还让他们学到了其他行业的技术，甚至开始在海边开垦了农田。

正当他们希望像农民一样享受负责的家业交响曲的时候，世界突然生变，从他们手中拿走了一部分工作。若是用农业来举例的话，拿走的东西不似草鞋、酱油、大酱之类的边角，而是大致相当于土地的重要组成——经营。以前渔民中也有网主，他们参与渔获的分成，而且分成并不是均分。但是他们大致与看鱼群的人、舵手一样，在团队中的工作任务较重而已。而渔业后来变成了纯粹的空投资本的行业，已经不再是能维持单个的渔家永续的家业了。

正如其他企业求之不得一样，水产企业也过度扩张。于是为了安全起见，各企业只尝试别人已经尝试过的方法，面临生产过剩的苦涩结局，他们谋划如何夺取别人的利益。能够亲自指导、选择的渔民越来越少。他们的家业中出现了新的空隙。但这个问题，并非消灭资本家就能解决，因为渔民中团队的组织能力尚未形成。或许可以说，近来水产业的腾飞，来得有些早了。但从生产统计的总体数字来推断，很难卜算海边部落的繁荣，而且难度远胜于对农村的预测。

四 生产过剩

我国的生产政策至今仍有狩猎采集时代的烙印，拖累了国民的幸福生活。上山采松茸,下网捕飞鸟,收获的东西若是吃不完,就分给邻里共享,若是还有富余就招待别人,那种心情想必一生难忘。农业和水产业中,同样有很多人是为了这个在工作。当遇到了丰收年,生产者的心理会发生剧烈的变化,他们会突然变成极端的挥霍浪费者。丰收之于他们,是上天的眷顾,是对村中清冷的生活无言的补偿。外人看来,不禁同情。

在老故事中,富翁的财富也不过是无数的布匹和美酒。享受自然也是像水和空气一样,取之不尽用之不竭。而当老故事中的时代过去,这种思维依然存在了不短时间。最初工厂最大的魅力也就在于此。与农业和渔业不同,并不是新品种、新方法的出现刺激了我们,而是人们看见过去家里劳心劳力才能做出来的东西,如今已经可以得来如此轻松,发自内心地开心。哪怕是工业生产已经夺走了他们的工作。在日清战争①、日俄战争结束之前,甚至结束之后的短期内,所有的稀罕物都必是舶来品。那时国内的工厂大多以生产更多的普通产品为乐。

那些感动于资本的神奇力量,对带资本来的人充满尊敬,绝不是为了一己私利。最初集合各家的力量,在地方建小规模制作所的人,看到生产、工作效率的大幅提高,不得不把资本家当作新的合伙人,分一杯羹出去。因为资本家带来了机器,改良了技术。就像人们会给拓荒的人送吃食,给探海的人造新船一样。

---

① 中日甲午战争。

第十章　生产和商业

无论是织染物品变成工厂的产物，还是绢丝在机器上交织，与人们初见时，我们都只能称它们是与土地的旧生产者的联合公共事业。它们扬言不侵蚀传统家业，给予保护和扶持，然而转头就收敛生产销售大权。随后就创造了一部分忠实的追随者，于是资本的优越得到了稳定，可以随心所欲地把工厂迁到有利的地方。事情发展至此，地方才恍然大悟，原来这些资本是竞争对手。时至今日，我们仍然在等待能够出现新的事物取代它。

工厂中的资本走马灯一样轮换，终于淡了与地方的渊源，之后新产品才逐渐增加，自由选择成了可能。最初人们以为它们和农林渔矿一样，是提高周围原料使用方法、打开销路的机会，并心怀感激。但是工厂不甘于自己的计划受土地的局限，不希望未来的发展空间不足，于是后来纷纷改变了决策时的判断标准，转而着眼于交通条件。

工厂所在地，要容易吸引人来工作，这是它与土地唯一的渊源了。而随着外出做工和搬迁成了小事，工厂已无所谓建在哪里，反而是那些大城市的郊区更适合培养青少年劳力，更适合选址。工厂逐渐变成了城市所属，与古来的生产者全然对立起来。

不知道其他国家是否如此，但在日本，制造业者阶级压根不存在，甚至连个雏形都没有，连具备成长潜力的人都没有。各行各业的人带着自己的智慧和资本涌进制造业，在很短的时间内角逐运气和实力，优胜劣汰形成了如今的一些企业。其中不乏士族，也有百姓。然而，那些与制造业拥有最近血缘关系的手艺人却仅仅是受雇于人的被雇佣者。因此那些制造业者在思考应该制造什么的时候，自然不会受到传统的束缚。那怎么判断什么事业有前途呢？当然首先做的就是把身边农家的副业吸收进来。等所在的领域快饱和的时候，也大抵慢慢确立了更大胆一点点的目标。

最初的灵感，当然是来自进口商品列表。既然国内已经有了需求，那生产了终归不会赔钱。这是最基本的思维逻辑。但是还要考虑地利、特殊技术，还要方便量产，于是和制也就是国产的东西，除了那些投入巨大的之外，大多粗制滥造。固然，经过了长时间的艰难努力，国产才取得了耀眼的成绩，让人们能堂堂正正地呼吁热爱国货。但无疑人们承担了更多。进口商品关税保护，国产商品宽容接受，人们守望国家生产力的成长，就如静待花开一般，心怀期待不离不弃。

过去所谓的进口，并没有下订单的惯例。在相隔千万里的贸易中，甚至连送一个样品询问对方的意愿都做不到。因此，贸易首先要把握对象国国民的喜好，还要通过精心的设计来创造国民新的喜好。如果带皮革、烟草、红色布匹、发光金属制品去蛮荒之地，肯定万无一失，而东洋也是如此，从明治初期的进口商品列表中不难发现，经过引导，当时日本进口了许多无用的东西。说句失敬的话，这是交通的必然顺序，日本现在仍然在做同样的事。船夫之类行事不成熟的旅人开心付账的，称之为美国风，还

第十章 生产和商业

有印度风、南洋风。人们自己想了个叫法就开始买卖。

在三百年的长崎贸易中，如今看来基本都是荷兰和中国造。其中很少有提前精心的定制品，大部分都是贸易品。因此以舶来品为准绳选定国内制造业，不可避免地倾向于制造直接提供享用的商品。

像大米、鱼类以及其他几种食品一样能维持长久需求的产品并不多。过去人们的喜好虽不似今天这样快速变化，但所谓潮流也在一波又一波变迁。能提前看透趋势是国内制造的重要能力，也是能战胜舶来品的唯一武器。为此，要时时站在潮头浪尖不断观察。既然要模仿别人已经成功的事业，那就必须在大家朝着同一个方向奔跑的时候比别人更快一步。一般制造者不是为了求得各自大量生产获取利益，而是同心协力让生产量过剩。即便国家的工业已经发展至今，专研独特的新生产的人仍然凤毛麟角。大部分人都在考虑同样的事，让自己陷在长期重复生产之中，淹没在过剩产品溢流中挣扎。

人们到底需要什么，从不是制造者计划的一部分。只有沿着别人走出的路迅速前进才是上策。人们尊重发明者，但是所谓发明，大多不过是在某个固定的圈子里，改一改花纹而已。企业家们始终以单调的生产统计数字的增加作为社会繁荣的表现，最终在这条路上走投无路，只得放弃自己的一部分规划，共同协商设置罚金，缩短生产时间。在这种惰性之下，所谓的实业家为此焦灼痛苦，而社会也每每不得不善后。

五 商业的兴趣和弊害

这种生产的限制属实让人惋惜。世间有那么多事业等人去做，早知如此，就应该把力量用到别处。早进行合理改善，就不用承担人员、设备更换带来的损失和牺牲。但事实上，那些当事人在生产之初大多殚精竭虑努力维持现状，直到事不得已才不情不愿地承认生产限制的必要性。那些说不清道不明的出口商品，也是这样才盛行。而更花费精力的是在国内的推广。商业领域可是花了巨大的力道宣传，引导人们的消费。

于是人们再也不会四处寻找某个商品，而是像百年前的国际贸易一样，有人告诉我有什么，有人劝我买什么，有人告诉我那个东西的好处，于是就有了购买。虽然很少有内阁主张勤俭储蓄，无论对经济低迷多么同情的政党，也没有一个为了日本的产业去号召过度消费。更何况各地方都想抑制金钱的出入。即便如此，仍然有人在消化全国的生产过剩，支持生产的发展。那就是农村，只要购买力还有一分余力，农村就会扶持任何制造业的发展。

农村的产品一直是必需品，有人给就有人愉快地接受，这是农村的习惯。由此也可以理解他们对其他商品接受的态度。而且作为消费者，农村很少提出其他要求。不过近代商业的发展是更主要的原因。在日本制造业发展史上，商人的加入比较晚。最初的资本以土地材料的提供者或者旧武人的财产为主，随着生产的发展需要从远方引进技术、机器，这些事只有商人才能做到，认可商人的势力成了必然，企业的移动性也随之逐年提高。新成员的加入扩大了企业的规模，打通了与以前不曾到过的远方的交流。看到他们的优秀能力，经营者们自然会偷师学艺，自己逐渐有了商人的色彩。

制造业者形成了职业团体，也主要以已经商人化的人为主体。如今多数商业人士兼任，又或是受托了资本的人，总之既是生产经营者，又拥有比持股人更大的发言权。可以说，无论做过多么精细准确的国情调查，都难以将商业、工业的界限划清。

或许未来有一天制造业能像农业的独立一样与商业相对而立，但历史无法预测。至少在当下，工业依然在商业麾下。如果商业只是后援，很难保障制造业的利益，制造业更多的是依靠商业的方针指挥。更不必说那些没有达到小工厂规模的手艺人、各家的副业，更是追随者。无论渔业还是林业，无一不是资本空投的对象。除了农业还能在选择作物品种的时候不受商业左右，其他无论哪个行业，买卖的利益才是生产事业的主要动力。消费者自身的需求声音微弱，只有商人的喜好得到了充分实现。

我们回顾过去，不难发现这对商业本身而言，也未必会带来好的结果。在商人预见商业能有今日的腾飞之前，没有人关注商品的种类。又或者说，他们会精心设计商品的变化，来寻求新的利益。后来街头商店林立，业态稳定，而即便是特殊的知识和传承已经出现，一些职业也成了世袭的职业，他们经营的商品品种依然繁杂，并不执着于某一个特别的商品，直到店中出现了镇店名品。因此他们不是生产者的伴侣，时常不断转行。

如果他们洞察新时代的风潮，决定经营某种商品，做出的选择也是草率而不客观的。心里盘算的是从整体的利益中分一杯羹，若是谁准备将一生时间投入一个产品，无疑他不是一个优秀的领导者。特别是当他们想与产品一刀两断的时候，反而对产品的销售更感兴趣。这是何其讽刺。即便是仍与产品有些许联系，他们也会花大量资金在与生产无关的环节上。生产的经费被不断侵蚀，他们终于实现了扩张的目的。

零售业是地方转行的首要目标。背后的原因或许有很多，但是其中一个重要原因是为了解决过剩的商品，他们能得到可观的回扣。因为即便是在最贫弱的乡村，零售的利润也能够支持一家的生计，在城市中有购买潜力的地方，花大力气进行宣传也是很现实的做法。

商业是最有趣的职业，明治末期开始出现了一个新的世相，城市有了琳琅的店铺，于是充满了色彩和灯光。换言之，消费者在毫无意识的情况下接受了零售价格，为那部分经费支出埋了单。正如最近百货店进军地方市场导致的问题一样，店铺能填满街道，背后是刻意的销售组织。

这种商业争斗，大多以制造业和其下属从业者的不幸忍耐而告终。我们很难从产额报告上单纯的数字的增加与他们的美好发展画等号，就算他们没有真的赔本赚吆喝，也是苦增产久矣。消费者有一种上街的心理，把购物当作游山玩水一样的乐趣。虽然我们有理由相信，只要这样的传统思想还有些许残存，商人的买卖就不至于赔钱，但后来对消费生活加以梳理规划的人会越来越多，人们逐渐开始认识到与生产者直接交易的好处。

在城镇中各处开设的公私市场中，确实有些把原本的零售制度进一步复杂化，但是产业组合的联络中逐渐省略了中间机构。特别是农村的购买组合，先确定需要购入的产品的品种、数量，再谈购买，这对未来的工业是一个新的指导。当人们发现生产业的单一的重复和浪费，就是将浪费的劳动力、智慧和资本转移到其他必要的企业的开始。资本家对商业的过度关注和投入，将他们推入对多年思虑不周的悔恨之中。

第十一章 劳动分配

一 务工劳动力的统筹

产业调整和支持国产的声音此起彼伏，很多大有潜力的产品搬离农村，而这个过程中生产者的干预其实并不多。于是物产割据激发了资本战，生产过剩，劳动力分配问题至今无解。调整必然伴随着企业数量减少、规模缩小，必须未雨绸缪地考虑下一步应该制造什么。如果不能如此，恐怕由于劳动力过剩带来的不幸，会给国民生活带来长久的阴影。

我国的劳动者大多是职业不固定的人群。昨天他们是农民，今天就成了工人，明年又可能变回了农民。不解决务工人员的劳动分配，会阻碍农村人的进城之路，城镇劳动力和农村劳动力之间的竞争只会日益激烈，我国劳动力分配问题恐怕与最后的解决渐行渐远。过去的劳动组合也因此而苦恼。以前是怎样的状态，又是如何进展，值得我们从外出务工现象的角度进行历史性的分析。

第十一章 劳动分配

明治时期的农业将土地的利用发挥到了最大限度。农村没有休息日，劳动力全部投入巨大的需求，剩余劳动力并不是在盲目地流动，而是沿袭长期的传统自然地发挥着各自的作用。至少当时没有什么不顺畅。外出务工的原因不是村中的动摇，而是为了共同维持家庭，是为了更充分地使用富余的劳动力。务工的风潮吹遍山间、雪国，吹遍人们想工作却无处施展的地方。它是维持家计的常见方法，不是什么特殊的现象。人们所说的冬场奉公人①，就是其中一例。

无论是丹波百日②，还是越后酒男，又或者浅口杜氏，对他们的卓越技艺后世都不吝歌颂。如今，无论是从酿酒的雇佣者还是务工者来看，都各有所需，但务工的初衷仍然还是维持家计。其他还有很多，比如但马的豆腐师、放筏人、卖茶人，奈良、富山、滋贺、香川的卖药商人，越后的解毒药，各种行脚商人也是一样。有人称他们为"候鸟""椋鸟"，叫法虽然并不令人愉快，但是把务工人与家庭若即若离、不断往返的状态表现得淋漓尽致。

特别是随着小型独立生产者的增加，人们依然像以前一样希望家庭永续，却再也不能像以前一样靠短工维持生活，于是外出务工的需求更加强烈。在中国的山里，大农式农家还有日工，特别是种田、收割的季节非常需要人手的时候都会从附近雇人手。

---

① 家仆、佣人。原指在朝廷供事的下人，后商家、武家、农家、匠人家也雇佣。

② 丹波地区酿酒的百日工。

即便不是大农时代，在我国种田也是非常忙碌的季节。即便后来农具改良，也只能用机械作业代替一部分劳动力，种田时节对劳动力的需求没能减少。

如果只在这个季节从远处临时找人过来，会出现很多困难和问题，让人担忧。外出的人越来越多，种田变得越来越困难，甚至有些地方需要点燃火把连夜奋战。除了家的吸引力，这些家中的活计也将外出的人与故乡紧紧地联结在一起。这就很容易理解为什么村里那么多人出去，却每年又都像候鸟一样回来一次了。如果可以不出去，人们都想在故乡安稳生活，这是人之常情。因此过去在农村想要多少劳力都能找到，可时代总会前进，社会总是在不断变化。

播种、采茶、养蚕，各地的农忙时节各不相同。这也为人们提供了工作的机会，拓宽了务工的空间。于是人们起初是在附近做工，后来出去得越来越远。三重县、九州的采茶时节需要季节性的劳动力，于是人们从各地赶来，追着温暖的风，采过一个又一个茶山，从南忙到北。在养蚕的地区也能看见一样的现象。特别是割蔺草的时节，人们需要看准天气，在一周之内势如疾风般完成工作。从讃岐到冈山，每年都有很多人去务工。在这样的氛围中，既有共同劳动的乐趣和兴奋，又有庙会一样的开心。简单来说，就是最初村民相互结成的组织在附近村子帮忙，逐渐打开了去远处务工的道路。

不过像酿酒师这种具备特殊技能的人，全年不间断地在外务工，慢慢地随着工作需要越走越远。务工也从维持家计，逐渐演变成一种职业，也失去了绝对的自由。无论是酿酒师也好，放筏人也罢，又或者去北海道、库页岛的渔夫，一旦工作进入定期的持续的状态，就需要有长期持续下去的保证。无论是当作养家糊口的工作还是作为自己的职业，都需要一个组织能够加强工作的稳定性。那时的亲方制度①类似于今自发的组合代。像酿酒之类的技术与农作技术相去甚远，一旦回了农家就毫无用处，因此掌握这种技术的人多了，亲方制度也随之变得更有力。

在很长一段时间内，寄亲②决定工作。他们大多是村中的富人，或许他们曾经是收养人，也是做中间人生意的原型。如今早已没有他们的身影，但是回望历史，可以肯定他们曾经作出过巨大贡献。可能其中也曾经有过式微的阶段，但由它演变而来的绝不是千丝万缕的纷乱，而是完整成体系的组织。

后来寄亲开始在城里居住，做起了中间人的生意，不光是村里的熟人会前去求职，素不相识的人也能从中受益。换言之，曾经依赖家庭的务工人员，依靠亲方制度独立起来，被分配到适合的地方工作。没有担保人，就像朝鲜的泥瓦匠、中国的行商等，内心充满了不安。如今亲方制度已不复存在，如果我们没有一个能够替代它的制度的话，不仅是异乡人，连我们都会

---

① 中世纪欧洲学徒制度的日译。亲方，指老板、头目、把头、领头人。
② 担保人为身份保证而结成的临时父子关系中，担保人称寄亲，被担保人称寄子。近世进城务工的奉公人支付一定礼金，以求介绍工作甚至寄宿。农村中，来务工者认村中有威望者为寄亲。

时时放心不下。

二 家的力量和迁居

现在有至少九十万同胞在外国务工，他们想给家里寄钱，改善家里生活。在内地也是一样，人流涌进城市，有人去制丝工厂、纺织工厂做工，也有人去做女佣下人。到煤矿、造酒厂干活，做伐木工、木工各处辗转，土木的日工、卖药的贩夫，大量的人离开家乡闯世界。留下不少人在家乡悠闲地生活。近江和伊势盛产商人，是典型的务工人产地，留在那里的人住在漂亮的房子里过着轻松而安稳的生活。

近世的海外务工中仍然有类似情况。其中比较出名的纪州①潮岬村、三尾村，与近江南北五个村庄相似，生活安闲。和广东务工盛行的地方一样，外出的人逐渐变成了移居者，一点点失去了返乡的机会，但故乡的人依然靠着他们寄回的钱生活。或许这就是那个时代在海外大展宏图的人的梦想。或许故乡是奋斗在海外的人的归宿，是他们的根和身后长眠之地，因此他们才会把自己辛勤汗水的结晶送回去。但不难想见，这也阻碍了真正的移居。

明治大正时期出现了史无前例的规模的移居。移居和外出务工完全不同，会举家背井离乡，难免让人感叹物是人非、流离转徙，很多人认为这是一种不幸。但事实上，很多移居的初衷都是

---

① 日本旧纪伊国的别称。

务工而已。或许真的有人在外发现广阔的原野，想到自己老家局促贫瘠的农田，于是决定留下，但是即便如此，更多人还是会选择只身一人先来探探路。

北海道在过去的六十年中的发展令人叹服。政府的介绍奖励、贫困农民和士族的集体搬迁、屯田兵制度都贡献了不少力量，但很多人在成为搬迁户之前是做着务工的准备而来的。发展是过去移居者的努力换来的成果。日俄战争后人数进一步增加，到了大正时代人口增加更是盛极一时，增加率仅次于东京府，居全国第二。人口流动也非常剧烈。从北海道回内陆地区特别是回乡的青壮年大有人在。人口的巨大增加中，想必安家落户的也不少，但返乡或者再次搬迁的人也很多。可以说北海道是移居的演练场了。

迁入的人口和务工者不同，虽然会让老家零落，但也是一个出路。即便他们在外的工作回老家没有用处也无所谓，因为他们很少会再回去。女性可以通过结婚来实现离开家乡的想法，但男性不能如此，只得一直与家庭保持联系。年轻时寄钱回家，年老了落叶归根。大抵父母健在时，他乡难比故乡亲，于是他乡难成家，许多人生活多年也不过是外出务工而已。

当然，也有人原只想外出赚钱最后定居外乡。有的人是客死他乡，或因为某些原因难回故土，也有人异乡结缘成家立业。或者与工作地建立了比家乡更有力更复杂的联系，最后只得以他乡为故乡了。其实很多海外移民最初也只是想出去一趟而已。一般人都有衣锦还乡的想法，因此真正的移居很难实现。这也是让那些吸收务工的地方头疼的事。

搬迁户的生活原本也很容易戛然而止。生病就是其中原因之一。在平安清净的空气中长大的年轻人突然来到陌生的都市或异乡，很多人染病还乡。而这些人成为家中拖累，越是至亲越是互相心痛不已。但即使这样的前例屡见不鲜，仍然有人义无反顾远走他乡。难忘故乡，融不进他乡，在外漂泊务工就成了他们的宿命。

三 女性劳动

女性劳动不容忽视。没有女性勤恳的劳动很可能稻米种植难以进行。即便男性们白天的工作只有一些仪式，还是会有许多的女孩被派到田里干活儿。许多种田好手都是女性，她们和著名歌者一样受人尊敬。很多人认为如今年轻女性去工厂工作，村子因此而凋零，想必也是因为想起了以前清苦却能共同开心地下田的光景吧。

在男性外出务工较多的岛上或者海边的村子里，女性大多留守家中，逐渐接替了很多工作，甚至形成了妇女消防队。女性正式和男性并肩工作了。而女性参与劳动会不会导致家庭的破裂，这个问题让人们担心。八丈岛①上熟练掌握织布机的女性，不再

---

① 伊豆南火山。

只是男性工作的辅助。海女①的工作也是如此。现代女性必须结婚才能做的工作只有一个，那就是家庭主妇。家庭事务繁杂，若是女性有充足的独立工作，反而无暇顾及家庭。

在女工出现之前，为了方便外出务工，人们已经通过婚姻的方式实现移居。那些进山、下海的人大多携妻子一同工作。女性不用工作等着有人养的思想，源于富足的生活，而自古普通家庭中女性劳动都是理所应当，反而是不参与劳动的人少之又少。即便是没有什么像样的工作，想要工作的想法是时时在心里的。

自明治时期开始，社会上出现的最大现象是女工，但也不仅限于女工。之前说的采茶女，工作贡献也非常大。之后又出现了女佣，也加入了女性劳动的队伍。最初很多女佣不是因为生活所迫，更多是为了教育和安身，之后逐渐出现了为了维持家中生活做工的女佣。但她们与雇主之间大多还保持着古式的雇佣关系，雇家保障她们的生活，待她们如同准家人，甚至有的雇家还在女佣出嫁时送她们出阁。

据说现在许多地方仍然有在盂兰盆节轮换女佣的习俗。这样的女佣、育儿奉公，都与家庭保持着紧密的联系。一般在家中过完一年里最热闹的日子，盂兰盆节、春节之类的节日之后，她们才会出门做工。这样的年轻女性，大多在城市附近或者农村。在

---

① 以潜入海中采集贝类、海藻为生的女性。

欧洲大战带来的经济繁荣时期，许多人更愿意去做报酬较高的女工，而女佣人数相应减少了，但她们与家庭之间仍然保持着古风的牵绊，在女性劳动力分配上扮演着重要角色。

海女的工作也令人瞠目。不能在海滩工作，不能下海的女性会被瞧不起。晨起洗衣做饭，下田干活儿；午后下海采鲍鱼、海草；傍晚回家忙家务、做裁剪、照顾孩子，甚至还要代表丈夫参加村中活动。她们承受着异常辛苦的劳作，帮着出海的丈夫支撑起一个家。有的地方甚至丈夫长期出海而不懂世故，村会都由女性出席。

说到底，海边的女性从事着非同寻常的劳动。有很多女性甚至完成了难以完成的重体力工作。港口、停车场的货物装卸工，大多是夫妻同工。女性码头工人现在各地仍然很多。货车、人力车，搬运方式在不断变化，她们无一不参与其中，不断挑战。其中还有不少人组成了职业妇女团体，日常着装正式，拥有集体观念。特别是在行脚商人中，女性更多于男性。也就是所谓的贩女更多于贩夫。她们每日行走七八里叫卖商品。

如此来看，因为女性身体柔弱，所以要多加照顾的思想怕是行不通。至少在一起工作的人之间，什么体质、智慧所有的差异都不在考量范围之内。无论女性参与了多么繁重的劳动，她们都健健康康地完成了任务。而反观男性，那些只有男性才能做的体力活儿，他们并没做到这个程度。事实上，非女性不可的工作更多。职业女性这个名词的出现是非常近期的事，因此可能很多人觉得职业女性是新出现的群体，但其实不然。如上所述，女性参与劳动是如此久远而常见的事。

四 职业女性问题

不难发现女性数量在外出务工的人数中比例很大。在女性从事的制丝纺织业方面，我国的工业取得了非同寻常的发展，这是一段有趣的历史。说我国工业是从女性劳动的拓展而来也不为过。但令人心痛的是发展过程中伴随着各种各样的不幸。务工的生活改变了许多女性的性格，这让农村人失望，而且有一段时期女工还遭受嘲笑。虽然后来随着互相理解和同情的加深有所缓和，但更不幸的事情悄然而至，机械的产业劳动给她们的身体带来了巨大的影响。

在此之前已经经受住了那样沉重的劳动依然身体康健，而近代的劳动却真实地导致了伤害。或许是新的工作必然带来的影响，也或许是妇女劳动者的教育培训有失衡之处。暂且不论这些原因，只论结果的话，许多女工为呼吸系统疾病所扰成为一种社会现象。一时间不仅卷起了农村的大恐慌，甚至时至今日还在人们心里留下深深的阴影。与城市的人相比，生活在空气清新日子安稳的农村人更容易患病。

在好的环境中生活的人身体非常健康，但或许对呼吸系统疾病却毫无防御准备。工厂内的设备改善到底多大程度上减少了这种身体的代价，还无从得知。有些地方称有三成以上的人患病回乡，还有的地方针对承受病痛的年轻女性开始了研究。诚然，现在开始研究，总比不研究要好，却还是让人不免叹息为时已晚。

此外，虐待女工的说法也不时传出。即便是要作出如此的牺牲，为了救起一个家庭，女人们依然欣然有组织地去工厂应征。这绝不是突然出现的现象，而是之前有过充分的前兆。女工的热潮催生了我国独有的寄宿制度。那些养蚕采茶的人依然随着季节流动，但会固定在某一个节气内来务工，完工后回去，这个阶层的人群固定存续了下来。现在大多数工厂的工作仍然有这个弊病。

因为女性不能像男性一样彻底从事某一个工作，永远保持稳固的地位，而是一直都是有期限的临时工，一直是打工者。而且她们没有自己的亲方，没有中间人，扮演这个角色的是工厂的经营者。因此，寄宿制度的宿舍也是作为工厂的内部建筑，不断发展起来。最近才出现了女工保护组合①来做双方之间周旋的工作，但是它只是一种特殊的亲方制度，和今天的自由组合相去甚远。女工很难加入劳动者最有力的组织。

即便是她们成为组合的一员，如果她们时刻怀揣回乡的心情，自然还是身在异乡，心在家乡。在这里，却和这里隔山隔水隔思念。新年时，回家迎接新年，农忙时，还想回家下田。从近代产业的角度而言，这一路繁忙多是无实之花。在不需要维持家

---

① 组合，即工会、行会、合作社等。

庭独立的时代就已经有这种做法，而后延续下来，于是就产生了大规模的女工。

不仅是女工，整个产业的异常发展都带动了日清战争之后的劳动力甚至职业女性数量的增加。女性劳动的金钱价值低，资本主义虽然降低了农村妇女的地位，但女性劳力的分配却比以前扩大了许多。起初女性只是参与一些力所能及的工作，后来逐渐出现了女性报纸配送员、送奶工、剃头师傅，甚至最近出现了女船长。女性职业战线已经无限延长，甚至让人痛感有即将侵蚀男性岗位的趋势。曾经一个人做家中顶梁柱，现在已经变成两个人工作。也就是说社会对劳动力的需求翻了一倍。

男性养蚕教师被驱逐，换作了女性。类似的例子屡见不鲜。这种趋势不断发展，甚至后来人们发现了一些工作只有女性能做，并且越来越多。教员、幼儿园的保育员、护士、产婆，这些领域的职业女性早就实现了巨大的发展。最近更是出现了电话接线员、女店员等多种职业女性，积极为社会做贡献。

如果这样的势头能持续下去，让女性能在男人不能从事的领域，尽情实现自己的天职，这个世界将会是多么美好。

年轻女性的职业意识进一步觉醒。专门学校的学生、女校的高年级学生中开始流行利用暑假的时间做一点工作。过去学校给婚姻带来便利，以培养贤妻良母为目的，而后不断发生变化，到如今来看，变化不可谓不大。想必如同过去那种苦却也快乐的下田生活一样，男女平等地共同劳动共同收获的日子应该也不远了吧。这样，曾经在我国凋零过的花将迎来第二个花期，人们同庆共建健康国家或许也是指日可待。我相信当自主合作的喜悦来到，我们也必将等到幸福降临。

五 亲方制度崩坏

外出务工虽然看似一团乱象，但实际上有自己的体系和组织。亲方不仅存在于手艺人和农民之间，还存在于所有的普通劳动者之中。从内部来看寄子需要担保人，对外而言外出务工的人也需要。

亲方也就是"寄亲"，它的出现和形成与各村的"地亲"[①]一样。寄亲保障了寄子的生活，安排其劳动。在他们务工这条路稳定的时候，能够共同经营家庭，一旦这份工作上人过度集中，就再也不好做了。

不能外出务工的时候，劳动力出现剩余，若是外出时一直从事的工作与村里活计无关，那更是无所适从。他们就不能加入村中劳力的群体，更是生出一些漂泊者的孤独感，于是就更加需要担保人制度。寄子被带出村，如果在城镇中有寄亲，只要投奔过去，就能安下一份工作。

寄子随着时代变迁有其盛衰过程，种类繁多。他们从事各种工作，成了五花八门的手艺人。有人绾发、染布、做面、烹饪，

[①] 近世地主的别称。近世地主除了雇佣佃农外，还从事造酒、制油等农村工业，以及租赁等金融、流通业。

或是做寿司、炸天妇罗，抑或做点心，有的在澡堂工作，有的成为马夫，甚至妓男妓女。在草间八十雄①的《水上劳动者和寄子的生活》中有不少记载。其中有很多随着时代需求的减少而消失，比如扎斗篷、糊纸、酿酱油、舂米、磨粉的匠人，都逐渐消失在了人们的视野中。而后又出现了类似于小伙计的寄子，于是亲方就再一次出现。

亲方们做担保人需要秉承侠义之情，对素未谋面的人待以宽容，又需要具备识人的本事。类似的担保人在日工、町灭火队、香具师中也存在，人们大多认为只有某些特定的阶级才团结一心、礼节周到，其实只不过是因为那些群体更为固定和醒目而已。它并不是某一小部分人特殊的组织，更不是大城市特有的机构。地方上至今仍有不少被称作中间人工作的为"部屋"②"亲方"。当然，这也是以前的手艺人们在这里安身立命留下的记忆。

过去的担保人如何一路演变成如今的"桂庵式"③已经非常清楚。寄亲如果一味重客户而轻寄子，自然是对寄子的不负责任，而且产生了很多弊害影响至今。但事有例外，在土木工部屋中，领头人侠义心肠、德高望重，一些大部屋得以发展壮大，与现在的许多团体渊源颇深。

---

① 草间八十雄（1875—1946），曾做过报社记者，1922 年任职东京市社会局，进行贫民街等调查，著《贫民街》《不良儿·水上劳动者·寄子》《娼妇》等书。
② 参考现在仍然存在的相扑部屋。同一部屋的力士共同生活、训练。
③ 桂庵即介绍人，以介绍婚姻和佣工为职业的人。

除此之外，许多寄子匠人，即便是亲方制度已被废弃了之后，仍然保持属于部屋的那份矜持，自信于深厚的造诣。如今对手艺人的培养日渐式微，这样的精神弥足珍贵。当看到连寿司的摆盘规矩都不懂的人开起寿司店，那些寿司匠人的激愤的声音令人心痛。然而随着新职业的兴起带来新旧更替，无法避免地破坏了古老的修学方式，更加速了亲方制度的崩坏。

虽然领头人能够提供一定程度的衣食保障，但他们对于手下的统管严格，在中间收取的手续费也较多，后来在发工钱的时间上还出现了一些纠纷。于是有些憧憬自由的人开始厌恶这种束缚，断绝与担保人的关系，开始自由行动做了小工。若是他们的工作与以前相同，或许这种担保人制度还不会崩塌，但是这个制度实在难以跟上时代变迁的步伐。

于是不在亲方制度之下的自由劳动者的出现和存在瓦解了担保人制度。特别是雇主若是中下层，与其和担保人这种有权势的人交涉还不如直接雇佣个小工更方便。于是随着寄子的减少，亲方的威力日渐减弱，最后有势力的担保人逐渐失去了人们的认可，除了神农团①这种特殊团体以外，这个制度几乎已经不复存在。不过它留下的痕迹，至今依然随处可见。后来逐渐出现了黑中介，手段恶毒，以至于后来甚至出现了"魔鬼中介"之类的词，寄子身上就更多了一层阴影。

特别是搬运工、力工有了工资制度，炭坑里的力工也不再用

---

① "神农"是江湖摊贩、露天商贩首领的隐语。神农团即此类团体。

承包制度，而是变成了直辖的工人，矿山的工人也有了日薪制度、十小时工作制。可以说担保人制度已经没有任何意义。土木工的承包采用了投标方式，以前的中间人不再有分量，即便是幕后有什么约定，也不能像从前一样了。或许是如今亲方正在痛苦中，因此他们比雇主更狠。监狱部屋的存在应该就是担保人制度最坏的样子了吧。难怪它会失去履行平均分配劳动力的职权，徒留一些弊病。

其实，即便是在以前也有不需要担保人的约定方式，人市①、男市、娘市就是如此。现在还有一些地方存在这种方式，而后外来的人也赶来加入，逐渐给恶棍提供了可乘之机，于是这种方式又随之逐渐减少。如此一来，亲方制度、人市都走向消亡，又由谁来代为完成它原本的职责呢？只要外出务工的风潮还在，必须有一个组织。我们当然期待劳动组合可以承担起来，但是现在它忙于阶级斗争无暇他顾，而我国的劳动问题又不可能绕过外出务工的问题。职介中心难以统领，劳动组合把原本应该完成的大任务留下来悬而未决。

六 海上务工人的未来

去其他县打工的人会削弱甚至破坏当地的劳动团体的力量，如此国家健全的劳动力分配无望实现。今日缩短劳动时间、经济不景气，即便是竭力推动返乡务农，若是农村已失去接收这些劳

---

① 介绍季节奉公的市场。

动力的功能，那也只能以增加家中拖累而告终。特别是这些失业者返乡后，如果为了解决工作问题而导致对县外前来务工人员的驱逐，这更是一种混乱。被驱逐者只得再去寻找下一个辗转的目的地。虽然有人呼吁各地尽量使用本地人，但如果内部消化劳动力就能不产生纠纷，事态又何至于此。

外出务工当然是因为本地的人手富余。如果各府县能尽数吸收剩余劳动力，也不会因为大城市不接受农村劳动力而怨声载道。如今各地出现人口的流动，甚至有失业者沿着东海道步行回家。真的有必要建立一个组织来代替亲方，指导和管理这些大规模的劳动力的移动。如果只是建立一个临时机构来指挥哪些劳动力去哪些领域，恐怕也只是治标不治本，躲过了今天却躲不过明天。

劳动组合原本应一力承担解决问题的任务，却也对其他地区的竞争者拉起了警戒线。这应该是因为他们一直将这个问题看成一个偶发的问题，而没有当作过去一直持续的每年循环出现的问题，没有纳入考量。问题的根本在于，外出务工的人是彻底移居还只是打工。且不论将来会如何，单看眼下就能发现农村对劳动力需求的季节性不均，如果各家均衡劳动的技术一旦失传，就很难阻止一部分劳动力不断地去而复返。如果今后各地方的需求依然变幻无常，那移居几乎不可能成为养家糊口的出路。结果日本只得再次退回百年前的寄亲制度。

至少目前我国仍然需要有人外出务工，何况现在已经不能再像以前一样给每个村安排退役军人。外来务工人员必不可少，外出务工是必要的生活手段。然而务工已经面临困难，而且已经失去了管理机构，如此，自然会埋没一些有为之士。

如果各地方不能尽早吸收外出务工人员，我们无论如何都需要另一个途径去解决这个问题。值得庆幸的是，这条道路已经铺开，那就是拥有广阔未来的渔业。虽然它的提升至今尚没有眉目，但水产已经发展成为冠绝世界的大产业。有人认为，远洋渔业奔赴的目的地绝大多数不适宜移居，因此今后务工的形式绝不会消失。这确实是极具说服力的想法。

若是那些退伍军人进入渔业，自是更得心应手。他们经历过集体生活，体验过协同工作的乐趣，是极其强壮的年轻人，如果遇到村中无力安排工作，让他们不通过担保人而自行组成劳动组合去远征深海，那必然轻松实现集体行动的协调统一。于是逐渐有了今天这样集体生活的自治。连那些距离海边山高水远的农村年轻人都以日工的形式加入，在远洋渔业上展示着纯熟的技艺。这种试验已经完成，但这个团体并没能全面推广他们的职业自治，因此时常出现蟹工船、监狱部屋的惨案。

远洋渔业有辉煌的历史，因此人们也期待它有远大的未来。最初的小航海发展起来，在蒸汽船的辅助下迎来高速发展，勇敢的渔夫用它来开辟新天地，就像点燃了烟花的引信，于是远洋渔业的繁盛期如约而至。但这场繁华却带来了不少影响，渔民成了资本家的雇工，去县外发展的从业者与当地发生利益冲突。过度捕捞、掠夺性捕捞屡见不鲜。县与县之间的交叉越来越多，有过人技能的人逐渐开始探索更远的地方。

中部以西的各县渔船不再热衷于三陆，而是去南部洋面的远洋捕捞。土佐人盯上钏路的鱼群，骏州①烧津的渔夫远征千岛洋流。和歌山渔民远航到鹿儿岛，九州方向丰后、长门渔民也不甘示弱。只有等到渔船回港，我们才能了解渔夫的生活。渔场里混杂了各县来的打工的渔民，特别是对马附近更是聚集了七八个县的渔民各显身手。金华山以北的木鱼渔场，简直是全国数百只渔船齐聚一堂，每日上演轰轰烈烈的捕鱼争霸战。

因此，当地海边的渔夫无论如何锤炼技艺，奈何山外青山，总有外县的渔夫技高一筹，最后只能哀叹命运凄惨。连朝鲜的渔民也未能逃过这种不必要的争斗。后来在一些地方有人陈情，为了减轻本地渔民的负担，对县外渔船征收海面渔业税。各县俨然成了一个个产业割据，想要改善已不是易事。如果单把水产业看作整个国家的一个产业，则调整不是不可能的。

远洋渔业的领地不断扩大，千叶的渔民已经开始计划惦记鄂霍次克海的鳕鱼，山口、长崎、佐贺的渔业知名度很高。而就在移居的渔民即将把当地渔民挤入悲惨境地的时候，来自爱知、广岛的从业者迁居全罗南道的规划出台了。北洋的远征暂时搁置，向南方的远洋渔业开始了在移居助力下的发展。

见证了渔民的大动作的是堪察加半岛等地的远征。这些务

---

① 骏河国别称，日本古代律令制国家之一，属东海道。

工的人春天离开秋季归来，秋田每年都有八千到一万人去远洋渔业。这些出海捕鱼的务工人员除了秋田之外，主要从北海道、青森、富山、石川等县为主，在蟹工船上干活儿，他们经过务工渔夫供给组合、务工劳务保护组合卖身到日俄渔业[①]之类的公司。

至今有一些担保人在中间活动，他们按人头收差价，于是中间发酵了问题——渔民到手的收入微薄得可怜，或许已经随着供给事业的改善多少有了些缓和吧。但最近又有了令人胆寒的传闻。许多案例和问题出现，正合探讨务工问题的天时，但北洋宝库的渔业中却一直没有让人们看到类似的试验，不知应算作幸事还是不幸。

无论如何，海上务工的人与当地渔民同在一条船上生活，也确实建立了组织，因此虽然起初存在利益冲突，但随着协议签订，家人保障的改善进入规划，冲突就逐渐消失了。如果北海渔业能够切实地拓展开来，想必务工界会得到更广阔的天地。

外出务工有季节性，但是天地宽了机会随之突飞猛进。如果世界最大的渔场完全建设成开放的、健全自主的渔场接受务工，那农村的社会问题一定能找到解决方案。我国的劳动力分配将进入更良好的状态，不仅我国的产业有望实现新的增长，更可以重

---

① 堤清六、平塚常次郎在北洋渔业时期创建的公司，进行螃蟹、鲑鱼等冷冻、加工、销售。现归属玛鲁哈日鲁公司，总部位于东京。

拾自由组合之前体验过的共同劳动的快乐。如果能够进一步充分发挥作用,尽最大努力吸收外部知识,抓住所有机会,我国一定是国民皆可工作稳定,岁月静好。

第十二章　贫穷、疾病

一　零落贫苦

或许我们对贫穷的态度的变化也能算作一个时代的现象吧。每个人都想努力致富,这不仅是一些野心家的想法,而是各个方面所有不富裕的人的想法。或许有的人更强烈,有的人稍温和。其中最明显的是不甘贫穷,其次是与其战斗的进取心。他们拥有挖出贫困根源的决心,这也是举国前行的强劲动力,而且为后世留下的绝不只是消极的印象。

在诸多要考察的事实中,有一些问题我们目前尚未意识到。第一,我们正在忘记从外界看来我们称之为穷人的人,以前的数量比现在多得多,而且贫穷的程度更是今天所不能比。在记录文学中流传的故事,大多是安贫乐道的非常之人的生活,而那些普通人并没有进入著书立传之人的视野。

或许并非世间所有生活都是那般花团锦簇,因此特殊的生活才更引人注意,更因为他们压根就无心去做对比。这不是他们冥思苦想后的抉择，更不是德行不够才厚此薄彼，而只是单纯地习惯了。各家的困苦生活已经久远到令人们麻木，而且至今仍未根绝。人们之所以想到要消灭贫困，其中一个残酷的原因是现在人们已经连贫苦生活都难以维系。

贫困难以忍受从家庭零落开始。有些人曾经也是在不错的环境中长大，对比眼下水深火热的困境，若是放手一搏或许能改善生活。一些有理想的人一朝清醒，意识到因为某些原因，生活光鲜的朋友已经离开，只有自己过着捉襟见肘的日子。周围的人对此不以为意，他们不仅厌恶这种生活，更是过得煎熬。明治大正时期的社会变化制造了无数这样的家庭。士族几乎全数被迫转业，其中自然有部分人行差踏错。可以说，整个阶层都不曾想过留后路，而且越是曾经家境优越的越是没有谋划过如何摆脱贫困。贫困袭来时必是来势汹汹的一场灭顶之灾。

许多职业者有一技之长，即便逐渐失去价值也没有立即引起转行的爆发式增长，但他们也成了家中长久的拖累，而他们终将走向另一个行业。许多人看透形势早早草率开始新的工作，如今依然自豪于自己的先见之明，他们的骄傲徒增了年轻人的内心摇摆。尽管农业是个能保护原有技术的行业，但是农民发现外面的世界充满新的机遇，于是义无反顾。但在追逐路上折戟者众，就这样家庭零落又多了一个可能。

有多少工种不断消亡，就有数十倍的新工种产生。在城市之中更是任何职业都能立足。之前的国情调查结果表明，东京的职

第十二章 贫穷、疾病

业种类为六千有余,虽然大多数很快又衰亡消失,不过是为了暂时支撑贫困生活的手段罢了。一旦他们发现更好的工作就会马上奔赴过去,即便那些工作与自家毫无关系。而且一旦从事其他工作,与祖业的联系就彻底割断,即便是有人有志挽回,也只能是想办法贴补衣食。孤立的贫困,就是以这样的顺序出现。

不过农村本身是职业的集合,即便是独立的力量已经变弱,但还具备相互救助的能力。以前不少家庭因为特殊的遭遇而陷入贫困。其中大概率出现的原因包括家人疾病、主人早逝、退位,导致家中劳动力意外匮乏。仅靠妇女、小儿几乎不能完成耕作。灾难之后家中幸存的人要饱受常人不能承受的苦,最后以个人的不幸而告终,却也同时让家庭陷入永久的贫苦。

近世的励志传记大抵写的都是光耀门楣的故事,而让那些主人公扬名立万的事业的积淀,其实源于上一辈艰苦卓绝的奋斗。寒门少年手中唯一的武器是强健的身体和坚定的意志,他们一生的努力才铸就了繁荣的基石。每个世代荣耀的家族中都有这样一段祖上拼搏的记忆。这样的故事几乎没有文字记录,但是每个发奋努力的故事背后都是前人的激励和训诫。历史的无数记忆,未继承先祖风范的悔恨,人情变化,悠悠众口。不难想象,这些都在坊间传闻、家训中流传下去。

当然,寻常的贫困家庭不必体味这种痛苦,但可悲的是,他们也因此固定于一个身份,逆风翻盘是他们人生中永远不会出现的情节。其中很多人,在遥远的过去或许经历了家道中落,但是盛世不再，时不再来，后来又因为婚姻或者其他原因一直与贫困缠斗，甚至一直被它支配。

出现这两种贫穷，当然不是明治之后的事，而是很久之前就有。旧家的零落从家业的解体开始。特别是后来农场的分割，而人们又执着地想保持形式外壳。即便此时建立新的计划，坚持下去也只能是一并衰败。江户后期开始，越来越多的人发迹，扭转乾坤，到了明治时期，更是进入了次子、三子们一飞冲天的时代，虽然自由的分家方式越来越多，但并没有影响时代的趋势。

士族中退败的那部分人也在其中，一时各地充满此类故事。从结果来看，不难发现这些贫困是前途有望的贫困。不仅是财富缩水的名门发奋重回望族之列，许多机会也给了寒门。至少，这些故事让人们深刻理解了长久地安贫守道不求闻达断不可取。之后，家运起伏逐渐平缓，当一时的衰落露出扎根的迹象，人们心中的忧患意识就会被唤醒，随之而来的就是社会的巨大苦闷。

二 新的灾祸

虽然最早的贫困更加猛烈，但人们更容易忍受。因为，简单来说那时人们大多都身处贫困之中，没有差别。以前人们衣食住行都是一样拮据，只有一小部分人能够找到机会脱离困境去体验幸福，但其余的大多数人甚至摸不到出路，或者被束缚压制，只得一直持续旧有状态。而这时自己也好，他人也罢，都贫困得如此寻常，不引人注意。

第十二章 贫穷、疾病

生活水平像今天一样细分当然是在消费到达一定程度之后才开始的。因此城市中的无数穷人，虽然他们表面上看似有差别，但事实上贫穷是摧毁他们家庭的恶魔。农村也是如此。有一些人过于单纯，意识不到灾难，可以说这后果远超城市。越来越多的人开始看透这个形势，或未雨绸缪或背水一战。这是个值得庆幸的新现象。

农村的贫穷到底有多悲惨，每当火灾、风灾、水灾等天灾发生的时候，才让人感知得最真切。但对那些经历者而言，即便是感受到切肤之痛又有何意义？早已为时晚矣。天灾总是出其不意地制造很多贫民，让人防不胜防，但它能每每得手还有一个由来已久的原因。灾难之后的救助，通常是在抚恤第二不幸的群体，而不是第一不幸的人群。这给下一次灾难发生留下了许多后患。

天明、天保年间发生了两次饥荒，相传有人想买米却没米可买，最后背着钱袋子饿死。虽然这只是个例，却因为它过于稀罕而被口耳相传。饥荒中死的最多的一定是穷人。在这种极端的暴露方式出现之前，贫穷带来的灾难早已露出端倪。穷人因为营养不良丧失去远处务工的能力，只得永远地在贫困中忍耐挣扎。新的时代交通日臻完善，即便如此依然有许多小规模的饥荒在各处发生。特别是东北地区，明治三十五年（1902）、三十七年（1904）两次歉收后，意料之外的旧式饥荒袭击了一些农村。虽然当时采用了最迅速的运送方案，但仍然有很多人没能等到救济的粮食就离开了这个世界。

在大灾难中生还的人，得到了充分的救助。乡党致力于灾后重建，其热情和团结甚至高于战时。这些共患难的记忆进一步加深了新的邻里情谊。但是在面临危机的那一瞬间，人们的感情不同于日常，每个人都有亲疏远近，会希望首先保护自己人的安全。于是，分配无论如何也难以均等。

饥荒会夺走贫苦人的生命，让人胆寒，没有人希望灾难发生。但事与愿违，突然的灾难整理了国内人口，消灭了部分不适合生活的小家，均衡了日后的繁荣发展、粮食劳力。无须多少想象力就能想到古今历史上这样的片段并不少。

另外还有一些地方的农作，或许我们更应该称之为由来已久的慢性歉收。山村中耕地匮乏贫瘠，而人们外出务工的路还未打开。研究还发现在几个曾经有些田地但后来衰落的村中，整个村子的人都深陷营养问题，没有气力。在壮丁检查过程中还发现，即便不是山村，也有些村子全村评分都很低，或者村中只有女孩子出生。调查原因可以发现他们的饮食和生活的匮乏是背后的原因。但这些隐藏在背后的原因，不到最后的极限状态，通常不会引发人们的思考，更何况是那些只发生在单个家庭的饥荒呢？

贫穷最初的原因是劳动力的缺乏，随之而来的土地利用不充分、生产不足自然会带来饮食恶劣，继而难以承担工作，各家族寿命逐渐缩短。这也是家族后继无人的主要原因。城市中自不必说，农村也是一样，遭遇灾难则自当互帮互助，但若是这种慢性的灾难，即便人们知道也无法帮助。更何况是没有人观察更没有人发现这个问题。人们为什么不能安于清贫？这就是答案。

今天人们自卫的技术不断进步，有人急火火地要努力消除贫穷带来的不安，但同时，威胁穷人的弊害也在增加，而且共同防贫的方法较过去而言甚至更粗糙。因为，即便是在那些忍辱负重一心为家族复兴而努力的人之中，往往也并没有人会怜悯竞争对手。

三 了解疾病

曾经有一些时代，人们把贫穷归咎于某一代家中主事之人的失德，也有人更愿意把所有的责任推到他人身上。虽然这样的人现今更多，但是无论是哪一种，都不能将防止灾难祸事的期待寄托在外人身上。最让人焦虑的是，一朝陷入贫困的人们逃离的机会越来越少。特别是很多人认为，在今天的职业教育之下，能拥有安身立命能力的人只有少数家境优越的年轻人，而其他人不做幻想。

如今虽然机会并没有多么吸引人，但如果切实地实现利益均等，或许可以让更需要的人更充分地利用。但现在有一个问题横在前面，整体来看，对穷人而言将孩子养大越来越难，更别说要培养一个身体强健善于学习的年轻人了，那简直是一个大事业。

日本婴儿的死亡率自古很高，而后又不断地出现一些新的因素，加剧了婴儿的死亡率。可能是为了减少父母的悲伤，很多孩子降生，他们终于冲过重重艰险出世，在他们成长的道路上等待的却是更大的困难。虽然有人说孩子放养也会自然长大，但自然的游戏空间、伙伴逐渐减少，于是父母大多数时候要寸步不离地照顾，但是仍然难以预防那些外来的疾病。

我们的公共卫生部门一直以来都在与六种传染病的斗争中疲于奔命。传染病是非常恐怖的敌人，特别是霍乱更是曾经数次带来更甚于战争的灾难。固有的疾病原已数种，而且尚未击退任何一个，又从国外传入多种新的疾病，对于一个岛国而言无疑是雪上加霜。传染病中，只有霍乱和黑死病是已经具备了一经发现马上扑灭的条件，只要将其作为外敌时刻警惕即可。但其他的疾病似乎都有在我国安营扎寨的趋势。而国人的抵抗力却依然像是新地初撒种的小苗一样脆弱不堪。

曾经有些时代，对于外邦传来的时疫人们除了祈求神佛保佑也没有什么可靠的法子。或许是我个人仍没有充分的自信吧，总是觉得国人的体质仍然是容易在时疫面前服输。只有历史最长的天花（日语"天然痘"）在詹纳的丰功伟绩下退却，而疾病的阴影还是让人们对其避之唯恐不及，甚至都不愿意再用"青春痘"这个词。其他三四种疫病仍然肆意为祸。特别是伤寒，更是横行于世，连身强体健的年轻人都不能免遭其害，甚至性命堪忧。无论如何，对家中而言都是悲惨的遭遇，它会打乱家业的规划，增加对贫困的担心。形势严峻如此，甚至让人再难对卫生政策向疫病治理的一边倒加以苛责。

结核病曾被看作富家的课役。农村人认为它是属于城市的灾祸，如果想避开就可以避开。但是后来这种空想都已经被打破。只要派女工去各处做工，就必有几个带着结核病回来。她们在山间清新的空气中长大，肺部被纤维尘埃侵扰，于是疾病就找到了温床。或许是她们没有经历过好的体育锻炼和营养吸收用来抵御新的敌人。总之，患了这病，大抵不能恢复，甚至连念想都不能留，睹物思人都做不到。那些自古以来都被认为极消耗银钱的病若是到了贫苦的家庭，就变成了临头的大祸，偏偏还选家中的壮劳力袭击，就毁了家中复兴大计。

贫穷是千百疾病中最苦的一个。这是自古的谚语，也流传至今，告诉人们因贫致病的人越来越多，而且逐渐逼近人们忍耐的极限。虽然以前"养生"是富裕人家的专有名词，虽然人们口中不说，但时时刻刻注意保护着自己的身体。发现流行病就极端限制交通，或者认为某种疾病是神的告诫而忌讳恐惧，尝试那些迷信的方法，但其中姑且算是有了尝试实验的基石。

或许经过常年的选择，留下的都是抵抗力强的人，年轻人对自己战胜疾病的能力颇有自信。于是人们对药法，甚至念咒祈祷的效果的信任又多了一成。但是这些防御术都受限于传统知识的范围，因此在那些准备不足的方面，若是外敌突然袭来，人们会备感不安。在统计中没列入那些闻所未闻的病名实属损失。人们就因为那些病英气全失，迟迟难愈。

当然，新医学的功劳不小，尽管各种新病不断出现，但获救的人反而越来越多。不过，人们一生中苦恼于疾病的时间却也越来越长。比如，眼盲可以说是日本不甚受欢迎的名产，过去在每个部落中必有一两个视力尽失的人。而后患病原因逐渐查明，很多人免于眼盲的不幸，如今从数字上来看人数更是越来越少。不过，同时人们也发现眼力不济的人数字庞大。

在一些村镇，小学生中甚至有近半学生患有沙眼，青年易患近视。这或许与昏黄的灯光和精细的活计之间的矛盾脱不开关系，或许这只是过渡时期出现的问题，又或者以前就是如此。最初读书是年轻人的一个招牌甚至门面，后来书籍变成了不可或缺的东西，日本也就变成了难得一见的眼镜大国。

过去人们想都没想过鼻子会生病，刚巧就在那些专科医生出现之前，我们开始感受到治疗的必要。如今想来，我们这个民族自古就对鼻子很在意。大多数孩子都会流着清鼻涕，很多人说流鼻涕说明身体结实。等到孩子长大些，或是擤了，或是吸进去，即便是言行极端庄的人都不断擦鼻涕。如果这些不是远古传下来的习性，只能推测这与风土或者生活有关。这个疑问还找到了答案，人们就发现这似乎与大脑的什么机能似乎有点关系。新得些知识应该是好事，但是反而成了心中重负。

近代以来，牙齿问题越发严重，虽然与其他问题相比倒不必过度焦虑。人们也只是开始注意警惕牙齿变坏，但却还没有人去研究导致牙齿问题的原因，只是积极地与已经出现的牙齿疾病斗争。可惜，越是这样的事情史料记录得越是不完整，但是我认为我国的龋齿问题似乎并不是我国一直以来的特点。虽然不知道过去是不是有因为牙病而需要安装义齿的需要，但是老人牙齿脱落还是有的，若是齿疾早就让人痛苦至此，相信这方面的医术也应早已颇有发展了吧。

我在第二章中也说过，到这个时候饮食的变化已经非常剧烈。但凡入口之物都与口中问题存在因果关系，若按照常识我们倒是不难想象其中一些关联。原本社会性治疗方法也应加以研究，但如今能吸引人们注意力和精力的也只有如何解决眼下的问题。借着这个时机，金牙一举成为男女争相追捧的装饰品，地位仅次于金戒指，而高于金丝边近视眼镜。可以说，谁若是不能装上金牙，那必会深受内心和外人的双重折磨。

四　医者的束缚

面对眼下的问题，人们寄予期待的当属医学。古来的医术大多都免不掉被人弃如敝屣，而西洋来的技艺确是得了人们十足的信任，这也是医学进步的推动力。但是与其他许多研究一样，医学的尖端研究早已突飞猛进，但学术的恩泽距离惠及百姓还很远。

虽然超凡的名医与之前相比不知增加了多少倍，但是能得到治疗的只有两三有缘人。而这些人大抵也是拖延至不治才去就医。更别说在人们只能日日心里忧虑自己是不是身染疾病却连庸医都难瞧得上的时代。因此在那个时代，救济在贫困中喘息的人才是最重要的。

或许是人们普遍认为让普通人多少了解些医学、生理的知识会更方便，因此学校也开始教授，通俗书籍也出版了不少。不少人为了健康耗费心神，不惜花时间去找这些知识，甚至是连那些现趸现卖的知识都听。卫生知识于是普及开来。但不幸的是，人们读的要么是病后的护理，要么是想要自医的秘法。医生难求，若是能不求医而自医，那自然是最好。令人无奈的是，这样的书最有人气。还有一类参考书很多人读，方便自己见着什么苗头就给自己下个诊断。

即便是深谙医术的人也难免在下诊断时举棋不定或判断出错，可见扰人思路的相似症状颇多。加上有些人随意联想、杞人忧天，那些参考书仿佛成了她们临摹的帖子一般，自己没能得出诊断，倒是按着那些书生出病症来了。据说过去的国手可以悬丝诊脉，即便不能如此，也能舌诊开方。但是如今，向医生描述病情已经变成了重要程序，医生像裁判一样从中选几个做参考就下了论断的也不少。可是在那些病症的描述中，怕是有三分之二都是按照家务卫生的参考书，依葫芦画瓢按照自己的风格观察出来的。

知识虽多，但能有助于减少病人的具体的有指导性的知识却不多。即便是涉及病的根源在哪里，也只是列举一些身边的直接原因，但是疾病岂是提起注意了就能让人放心。最后人们在维持健康的事上花费过多时间，劳神劳力，而读到的知识大抵都只适合养生阶级，让他们安心静养、营养充分，而那些没有条件的人，最后也只是更加惶惶不安徒增烦恼。一旦出现以前没出现过的不适，人们就当作出现了个新疾病，于是人们因为自己健康方面的一点点变化而始终惴惴不安。后来，随着医学的进步，人们第一次知道了神经衰弱。它介于有病与无病之间，始终在人们的生活中游荡。

令人们不安的原因还有一个——疾病越来越多，但是医疗机构却没有相应完善。最近的医师数量约莫有六万人，平均到全国的话，每三百个家庭有一名医生。有人觉得这样的数字就可以了，但是那也是需要真的平均才行，而事实上有一些地方并没有足够的医生。且不说那些远离都府的偏远县中的医生数远低于平均数，即便是城市之中医生也都是扎堆在繁华街区。

至于农村，五十、七十个村子没有医生是事实。过去有段时期国家任命公医，发一些报酬。但是微薄的薪水远不足以吸引好的医生去偏远乡村。医生这个职业，医术高下能带来收入的不小差距，每个人都想寻个机会去大地方，最后就都聚集在城市和周边的地方。一时间医生多得互相开展无益的竞争。

最近医师会统一费用的事也成了议论的话题。理由是担心不控制不当竞争的话，医生会丢失品格、丧失信用。其实，现在已经有越来越多的人想通过降价来图昌隆。对此有人提出异议，称莫不如只给那些无钱就医的人免费开药。但实际上，那些说价高难做的人其实有着大把的病人，无须仰仗免费、降价来找生意。在医生过剩的大城市中，从购买成药到祈祷各种活动都非常活跃，人们甚至连去医生那里开具死亡证明都嫌麻烦。

自费诊所和巡回诊疗班能施展的空间很大。原本这些并不是竞争对手，但是医师会见到它们的发展却并不悦。简易保健局更是十分警惕，唯恐它们从利益保护到加入者健康咨询业务都被夺去。有传闻寺庙的和尚巴望着香主家的凶事，医生的团体也是一样，时常被恶意揣测，背上妨碍人们的健康的恶名。

但是，世间并不被那些风闻牵扯，人们依然会去接受治疗。若是把那些正经医术以外的医人之法好好分上一分，恐怕所有地方都能开出个方子而且抓得着药。成药税或许是个高见，后来取消税后，成药的经营就更便利，而且也有了选择的自由。地方传统的好成药渐渐地被冷落在角落，新出现的也大抵相去不远。不过那时与现在的大规模生产和宣传能力不同，多少与现在的卫生常识相反，是以独家秘方做卖点。虽然我们的医学已经发达至此，但给百姓治病的却不是医术，而是旁门左道。

无药治疗法和健康增进术的迅猛发展，背后的原因也并不在新医学。虽然正统学说早已言明此类技术无用，但实际却经常有一些卓见成效，因而获得了许多追随者。这让人觉得颇值得思考。这不仅是因为社会上的一个大群体在生病之时与医生毫无往来，也不仅是因为一部分人信任了新医学但效果不尽如人意，更是因为人们微妙的心理作用也在治疗疾病上发挥了不小的作用。只能说，以前日本人擅长抵御疾病的根源是心理，这种心理现在虽然有了些变化，但是依然存在。这应当值得庆幸。如今贫困扰人，轻言放弃、妄自菲薄也是原因之一吧。若是把这些心理做些调整，想必会有不少收效。

五 孤立贫困与社会病

我们的生活逐渐可以随心所欲，衣食住行莫不如此。无论消费还是生产都划分精细，一个个性化的时代到来了。灾难中的共通之处也越来越少。贫穷是一种孤立，因此预防贫穷也只能凭一己之力。经济领域有人号召齐心合力，共同御敌，如果能够克敌制胜就能得到幸福。但是我们的利害还没能统一至此，没能让大家走上共进退的道路。有人不奢求其他，但求家中众人无恙；也有人一味怨天尤人，怪世道不公，独独让自家受穷。异乡他人的智慧越来越广泛而细致，人们发现世间的贫困多有相似，只不过是时空不同而已，于是如今吸取经验是自我救助的首要步骤。

不光疾病是如此，医术的发展也多少让国人的不幸越发不同。虽然生病与遗传、体质这些与他人毫无相关的原因相关，但是这些因素却并没有让疾病暴发的力量。日本人的品质性格、生活惯性、无意间的疏忽、从众、世间的流行，都是肉眼看不见的因素。国外传来的花柳病为人们不喜，能迅速在全国散播开来，就是如此。

有一个例子最有代表性，那就是寄生虫问题。在我们认真调查之前，人们一直并未想过会被寄生虫如此牵扯。只有一小部分人经过仔细的照料痊愈，现在想来应当是发病后去寻医问药了。

但想拔除根本，必须用一些雷霆手段。而一小部分人免于疾病，但丝毫没有让危险缓和半分。只有彻底消灭才能保后世子孙健康无虞。医生也可以不受缚于单个药方，可以从整个社会获得收益。

同时，日本人的一些优势、对某种疾病的抵抗力，都可以用同样的方式去发现。比如摩斯①明治初年的日记中写道：日本夏季阳光毒辣，但不知为何日本人却极少有人头顶斗笠，却并没有患上日射病，这令人惊叹。后来生理学不断进步，其中缘由已经查清。我国与别国不同，夏天空中富含水分，而且衣装宽大，利于代谢散热。

但是还没等思考详细，人们就开始戴厚实的帽子，穿厚料子的小仓服②，仿佛是争相效仿一般。但是近日的士兵、青年却并没有对此疾病免疫。除此之外，家中食物也出现过不少类似的例子。这样的例子还有很多，但让我们发现这些的是医学的力量。在与疾病斗争的勇气和自信衰退的时候，集体的力量让它们又重新有了生机。或者说人群之中有人为全局思虑，让集体有了力量。

日本每年自杀者一万几千人，现在仅东京一天就有五人自杀身故。其中最大的原因是疾病折磨，这绝对算作一种生活的痛苦。有一些人只把妻儿当作同一屋檐下的同伴，甚至想要弃之不

---

① 摩斯（Edward Sylvester Morse，1838—1925），美国动物学家。
② 小仓厚布制作的衣服。小仓厚布即小仓产的经重平组织棉织物。

顾。而那些能毁了一家的思虑背后是难以忍耐的孤立感。这些人已经对生活失去兴趣，即便强留一阵时日，也是无力改变世道。原本这就是世间万千不幸的一角，若想挽救世人于不幸，只能依靠新的知识和方法。

第十三章 群体心理

一 组合与自治

团结的最初目的是寻求幸福。明治维新的改革在旧有的狭小阶级集团中进行,想要弥合士农工商之间的沟壑,以四民平等为招牌建立新的国家制度。但国民对新社会制度深感不安,同时痛感踩着人群的脚印走下去是多么重要。而政府似乎误以为依靠法令就可以创造新的社会制度,于是人们就一股脑儿造出了一堆团体。有些人凭着因缘际会和卓越非凡的能力,在人们面前展示了个人经营的成功,于是无数的团体逐渐丧失了各自的目标,日渐堕落为少数野心家股掌之中的工具。

在这无数团体建立之时,直接或间接负责经营的是站在新国家主义前线的新政府的官吏,他们正是曾经的旧士族。士族曾经有一个巨大的组合,即为"藩"。在这个大的组织之内不得建立小团体,因此其他农工商对各阶级内旧时代各自经营的自治组合的消长并没有深刻了解。原本如此,继往开来也不无不可,但偏偏很多急需发展的领域都将过去的经验弃之如敝屣，由新团体取而代之。它们是否适合时局是最重要的问题，可惜并没有给相关人员留下研究的时间。政府直接一纸令下，制定了详细的规定，于是组合对政府的依赖程度一路走高，原本具备的共同团结的自治能力日益消减。不可谓不遗憾。

于是无规划的组合越来越多，最后甚至出现一个农村中有十个、十五个组合独立并存的奇观。青年团、处女会、家妇会、小作人组合，数不胜数。就算这些姑且都说得过去，但农事小组合这类团体则是出现一个问题就新设一个，最后数量庞大甚至难以整合。而且，农会在县、郡、町、村分级设立，甚至给妇女们设立了为了设立这些机构的机构。

农会是根据政府制度《农会法》建立的组织，集合了一些连组合意识都没有的闲散人员，因此原本就不应对它抱有期待。最终不知何时它就被地主攥在手心里了，若是地主心术不正，农会在作恶的路上走多远都不足为奇。或是搞出其他雷同的"会"，又或者宣扬农会无用。这些所谓的"会"实在数目众多，甚至多到大脑再无力承受记忆的压力。即便除却这些，也还有自作农组合、大小农事改良组合、作业竞技会，还有厨房改善讲、娱乐会、敬老会、雄辩会、道路共进会、共同理发、共同浴场、全日本轿夫联盟、消防组合，让人眼花缭乱，仿佛只要有个问题就能建个会。

其中最该特别关注的是产业组合。二十几亿日元的巨额资金，两万组合，二十万成员，着实是壮观。从数字上来看，过去三十年里产业组合业务繁忙，风光无限，实际上并没能实现当初的预期。初衷在于让需要救助的人们团结自治取得成功，但最后由于罔顾目标，得到国家保护的反而是贫困风险较低的人。他们顺从政府的指挥，却落得组织被他人利用去壮大私人势力的结果。所谓的官方逃税公司，就是后果之一。

保险领域的团体也有现实的需要，各自建立机构进行经营有其必要性。奈何法律却设置了复杂的各项限制，层层束缚。只有通过烦琐手续得到政府许可的组织才能开展保险业务。原本各项救济事业在发展道路上都已有所进展，可叹无一能满足规定条件，只得面临着解散的命运。许多人对曾经的共同合作带来的好处记忆犹新，对新制中不分缘由丢弃旧法的做法心有不服。

在那个所有事情都要统一规划的时代，唯一方针是要将新的事业安排给有权势威望的人。各种有能力的、有特色的组合发展受阻，而另一方面，人们又被迫加入新设立的组合，于是传统的自治心理逐渐丧失。

虽然共同团结有着很多弊病，但是也只有团结，才能看见消除孤立贫困问题的一丝希望。这样逐渐四散分离的人心，最近终于又有了自治的新的气运。虽然经历了许多挫折，但是能够看见一步一步向前迈进的兆头，这是值得庆贺的事情。在产业组合内部也出现了新的组合，消费组合开始活跃，又由此衍生了共同饮食的组合。虽然在衣食住的统一上依然存在争论、困难和障碍，但是人们不仅讨论生产方法，而且开始关注消费经济和生活改善之间的关系。这个新风尚让人欢欣鼓舞。

劳动组合是这种新的团结方式的一种，而且没有待法令颁布自发组成，充满生机。它的成立可以说是一种水到渠成的过程，虽然过程中出现过一些烦恼。这些问题是人们并没有注意到的历史，也没有充足的相关记载。正如我在之前章节中所述，人员的大量流动带来了劳动力分配问题。我国劳动者的显著特征是流动性大。虽然隔行如隔山，但他们的流动不惧隔行，更勿论兼职。即便是土木建筑或者是比其更需要熟练技术的劳动，只要农村人想学都能够轻易学到，并且转行过去。农业技术日渐需要专业学习和素养，于是从其他行业转向农业几乎变成不可能。但农业向其他行业的转变，从事实上来看可谓得心应手。

即便是现在，工厂里的工人中也有半数来源于农村。不仅如此，还有很多人正在等待成为替补和接班人。如果简单地消灭这种竞争和期待，那只能带来城市和农村的反目和对立，而且各府县郡的劳动者之间也再不能相互救援。这时，有人将解决问题的方案寄托于开拓一片没有竞争的区域，也就是寄希望于增加海上工作的人数。关于这一点，我在之前章节中也提到，彼时的海上劳动距离今天的自治状态依然有很远的距离，我们不能将劳动者往海上一推了之。越来越多人认为，海上的工作能够作为一份独立自主的职业而存在，为劳动力过剩问题的解决提供关键方案。

那些一味只知道争斗的组合最终都受人牵制，组合中的成员个人间的感情断绝，最后只能落得一声叹息，可哀可叹新的亲分制度带来的危害。事实上，迄今为止，我们过度依赖于代表人或管理者，于是最后只能为少数掌权者的名利所利用，而在发展中走入迷途，甚至很多时候飘向与政治斗争纠缠不清的方向。可能如今人们已经意识到新的团结方式中出现了很多弊端，并开始梳理从中脱离的方法。

二 从"讲"[①] 到"无尽业"[②]

尽管传统的团结方法中有很多为现在这个时代所诟病，那些组织的名字大可忘却，但是那种团结的心不应该遗忘。有很多并不是人为制造的，而是一种历史必然。历史最悠久、持续时间最长的应该被称为"讲"。是以信仰为中心而聚在一起的人。现在的木匠、伐木工、施工等团体中，还有太子讲。有历史痕迹表明，他们的职业、行业曾经广泛出现。可能如今人们认为所谓太子可能是指圣德太子，但据说实际上指的是神的王子。人们会在冬至，也就是他的诞辰的时候举行活动，就和圣诞节一个道理。后来活动逐渐演变出各种不同的形式，比方说弘法大师相关的团体，他们共同关注的问题或是生活，或是职业。

---

① 以地区为基础，以信仰、经济、职业等为目的结成的团体。
② 将"无尽"用作营利目的的行为。无尽，日本相互扶助制度之一，讲的一种。民间相互扶助的金融机构。镰仓时代曾有"无利子""赖母子"的形式。江户时代最盛行，还用于寺庙、神社修缮。加入者定期支付一定钱款，成员轮流或抽签决定钱款使用者，全员均中过签后解散。大正时代演变成"无尽会社"，1951年根据《相互银行法》转成相互银行，现为第二地方银行。

像伊势讲、三峰讲之类的宗教团体在各地方大量存在，而且都是因信仰而缘起，逐渐演变成探讨世事的组织或合作共同生活的平台。每年或者每三个月按顺序派两个人做代表去参拜，然后将旅途中的见闻讲述给其他同伴听。团体的代表在这个时代已经出现，与现在的火车轮船的旅途不同，作为代表的两个人要翻山越岭，考察路上的村镇、城市中不同的风俗，体验旅途辛苦载满知识返乡。在成员之中会不断派出代表去学习考察，并且带回他们的见闻，而且带回的内容也不光是土地利益相关的话题，颇有研究团体的意味。

在东北地区有个词叫作"けやく"，用来称呼朋友，原本是契约讲中的同伴的意思。在称呼同伴时表达亲近，就好像是军营生活中对战友的称呼一样，其中包含着亲密的友情。也有一些地方尊称为"おやじ"。在渔民之间互相称为"ごてい"，或许是起源于"御亭"或者其他的什么字。总之，意思就是表达对"讲"中同伴的亲密。

随着时间的推移，"讲"自然而然地变成了同伴互相救对方于危难的一种共济组合。既然从临时的制度演变成常设的组织，说明了它的必要性。还有些地方的互助会原型也是"讲"。人们希望它能够永远持续下去，因此称之为"无尽讲"或"万人讲""牛马讲"，这些称呼也都源于信仰。人们之所以希望它能够无尽是有其目的的。起源于神社佛阁，最初自然是希望能够一直得到祈愿参拜的香油钱。后来，或者哪家盖房需要钱，哪家需要牛马,都会设立"无尽"。一群人帮一个人点亮希望是主要目的,后来有了个名字叫作"寄贷讲"。

乡党的婚丧嫁娶也是一种无尽讲。原应一次救助结束就解散,后来逐渐变得一直持续,甚至为此设定了细致的规则。村落共同作业的制度如今已经被限制,但过去曾经覆盖协同合作的各个角落。互助会的意思也差不多。或许是家庭分解后各自的生计不易,因此通过协商最大限度保留了合作的传统,而并不是新发明的方法。

但是"无尽"真的无尽地存在下去,而后金钱交易占据了中心地位。这或许使效力最直接,但也同时出现了新的弊端。江户末期,需要钱的人聚到"无尽",将它变成了一个借钱的途径。还出现了"入札无尽"。入札,即拍卖。拍卖不是新事物,也并不是一无是处。虽然人们大多认为选举这个词和选举本身都是新事物,但投票的组织确实古来就有。

村中难以抉出一人的时候,就会用投票的方法判断民心所向。若是某个人的所作所为善恶褒贬难统一,可以投票决定。若是有人有盗窃嫌疑,即便没寻到证据,若是大多数人看法一致的话,就可认定其有罪。这和过去的屈打成招性质类似,却常常出现。

但是,投票若是用在互助会中,那性质就彻底发生了变化。大多数人的意向如何并不会被公开,而只是表达某个强烈的意志而已。成员之间为了各自的利益,只给那些许诺最高折扣的人提供第二次及以后的集资的借款。但凡是略有富裕的人，都会对村中的高利产生浓厚的兴趣，这是一个新的现象。在双方之间进行周旋的人最后逐渐演变成一种职业，得到认可，最终甚至有人巧立名目称为"无尽业"。于是虽然姑且可以算作"讲"的业务范围的拓宽，但与其建立的初衷渐行渐远。但是由于演变过程极其缓慢，还有很多人并没有意识到这种变化，而依然将它当作是村中团结的一种美风良俗。但后来出现了取缔这种活动的法令文书，不难发现人们确实是看走了眼。过去没有法律条文的时候，有更强效的制约，从基础上支持共助制度。信用组合①中共同约定对成员不欺骗不背叛，互相负责任。但是组合原本就是主办者的媒介下一众陌生人的结合，这种约束势必逐渐失去效力。

其他的几种团结方式也大抵如此，各成员之间只因为核心的两三个人物而建立关系，而甚少建立和拥有像师徒一样的亲密友情，他们之间的交往也是极其淡薄。人们或是没有意识到相互之间利害关系的冲突，又或者心知肚明而未表露出来，再或者已经独自做好相应的准备。因此，组合也经常徒留虚名，时刻伴随分裂的危险，人们时刻在祈祷下一个领头人更具有实力。

三 青年团和妇人会

青年团的发展给新日本的未来增加了更多的光明。特别是最

---

① 根据明治三十三年（1900）《产业组合法》设立的产业组合之一，进行信用（交易）、买卖等事业。

近有规定明确拒绝非青年的人指导青年会，这个做法得到了很多人的信任。不光是理论上优秀，随着不断地自主实践，这个做法的优越也得到了验证。以前年轻人对于自主能力都深表怀疑，但这种疑虑在实践中被轻松打消。不过，距离问题彻底解决还有很远的路，并且未来的发展道路上依然有很多困难。领导者中心主义退去之后，全体团员之间的通力合作得到了显著发展，于是他们才清晰地认识到，统一和联络并不是一个简单的工作。

问题的困难程度逐年提高。迄今为止，青年团给人们展示出来的好处，第一个就是它的积极作用。无论是修整道路，还是植树造林，或者是在救援过程中，年轻人明快开朗的行动都出现在人们的眼前。以阳光的心情参与共同劳作带来的愉悦，对团员而言，对其他人而言，都是一种健康的乐趣，也是一种激励。只有在这个年龄、这个境遇之下的人们才有如此强健的身体，才有自由地展示，自由地收获赞美的机会。这样饱满而充满张力的情绪感染到小学，并且带动了已经度过青年时代的前辈们。有很多地方出现了少年团、壮年团等组织，并且非常活跃。

青年训练所也是青年团体之一，虽然指导的方向有一些问题，但是同样在共同劳作的风气培养上有着可圈可点的效果。劳作的辛劳在痛快的号子声和节拍中得到消解，这或许早已写入我们的民族性格，西洋人也曾经如此评述。事实上，这种做法早已开始不断地走向衰落，但是因为年轻人的努力而迎来了新的复苏。共同劳动的愉悦就这样清晰地出现在了人们的面前。

青年之间自治精神的成长，进一步以对传统的中央集权主义的反抗的形式出现。他们对新事物的理解不断加深，过去盲目接受崇尚中央的态度得到清算。过去，人们不制定任何目标就尝试演说，并派出选手，但如今几乎都是先确定目标，然后梳理方法和问题再进行思考。

过去各村中有若众组，主要目的在于婚姻。我在之前章节中也提到，一部分阶级之间发生的婚姻制度的变化，带来了恋爱技术的衰微，最后这个团体的存在意义消失，只留下弊病，成为人们唾骂的对象。新的青年团就是在这个时候产生的。最初每一个村有两种团体并存，甚至曾经相互对立水火不容，最终老的若众组融入新的青年团。因此，虽然现在的青年团确实继承了若众组的传统，但是对于社会利害关系相冲突的这种问题，他们依然没有十足的能力处理。如果追究其根源，可能还是在于准备工作没有做好。职业巩固以及防治家庭衰退的策略依然没有见到希望的光明。

处女会和女子青年团的出现和发展比男子青年团的改革来得更晚一些。她们除了探讨未来家庭规划之外，没有多少共同的问题能够成为探讨的课题。因此，她们将注意力放到了婚姻的改善上，比如典礼仪式不需过于华美。同时她们也进一步探讨了婚姻中的根本，比如辨别选择配偶。她们甄别不宜人选，提出应排除有嗜酒、性病嫌疑的人。但是这种思考实行起来难度颇大，有人担心会因此而导致许多人对婚嫁不满或过于警惕而错失佳期。只要不是单纯的附和，接下来要做的自然是积极探讨何种婚姻才是新时代女性最希望的模式。她们已经开始注意到家庭的贫苦与低质量的婚姻之间的联系。可以说，女子团体带来的效果并不止于批判青年的言行举止。

主妇会和母亲会团结的目的最初非常有限，相对烦恼较少的一些人聚集在一起，希望能够共同面对自己的痛苦以及家中不足为外人道的内情。大多是以倾听名士的讲话或者少数会员的演讲而结束。随着活动的不断开展，研究的主要内容聚焦在育儿方法。效果也确实不俗，会员都收获了自信，至少消除了病儿为天灾的迷信思想。关于女性是否需要参与政权的问题，一直有许多女性在思考，但大多只是围绕自己有没有余力去调查研究自己家庭以外的事情。

虽然传统的贞洁烈女为家庭而牺牲个人，成为女性典范。但是若是一家生活平和，她们很难得到在社会上施展能力的机会。有了女性的团体，她们才终于能够重新尝试做些什么了。但由于所做的实在不是惯常的工作，似乎她们还没有足够的自信。似乎许多家庭并没有意识到做这些工作并不需要特别的知识，也无须专门花时间去学习。工作中的问题或大或小，每个家庭或多或少都会遇到，她们作为妻子、母亲时刻思考的问题，与国家、时代面临的问题出自同一原型。一个人有了好的方案，可以运用到整个集体。如果在社会上解决不了问题，在某一个家庭中也不会奏效。这些理论、逻辑，只有团体生活才能让人有所体会。不过迄今为止，经常讲解理论的人和沉默的听众杂居在一起。因此，知识的交流时常受到限制，而且对时事的谈论权利由男性独占。事实上，很多时候他们的信息也源于家中妻子所言。

随着女性团体进一步活跃，人们开始担心社会比今天更加平庸。在男子之间，所谓大多对大局敏感、当机立断，不过是追随大多数人的意见而已。比如，众人聚在一起探讨同一个问题，在大家都闭口不言的时候，有一个人站出来说出了自己的想法，无论说出的是一时的灵光乍现还是深思熟虑的精妙想法，这个人的想法都会直接成为全体人员一致认可的思路。女性之间也会重视与别人步调一致，甚至是厌恶标新立异。

如果让人在向左还是向右之间选择，或许很多人能够当机立断，但如果方案只有一个，却甚少有人能够对方案提出改善的意见，最后只得放弃思考，顺应大势。总之，少数服从多数能够让人多少踏实一些。会员的人数通常代表着组织的势力，但是其中不乏有人只是在随波逐流。在日本出现了一些人，以各种组织的创立为职业，掌握了这项技能。这也是因为团结意识差的缘故。许多妇女团体，都是因为生活能力弱，没有成为某个会的目标人群。这更让我们直接感受到应当作出改变。

四 流行的种种体验

附和、模仿一般是从生活中最无关紧要的部分开始。然而，所谓的人际交往就已经让人精疲力尽，再加上人情世故，更是需要虚与委蛇，这绝不是一个愉快的体验。但是即便共同生活中的相处已经变成如此不快，人们仍然希望能以此从孤立的寂寞与不安中脱身。这也不难看出，身居岛国的人们相互关系和睦是民族特征。在日本，所谓的兴趣爱好有着浓厚的社会性质，这也算是人类自然史中的一种现象。最初我们的思维还与鸟兽无异的时候，或许流行同时也是每个人的兴趣所在；但现代社会人们的思想迥异，修养更不相同，如果流行没有渗透到各自的兴趣之中，想必每个人的兴趣爱好也不至雷同如此。若非如此，就是我们对"兴趣"这个词的理解不够全面。

如果我们稍稍思考以前的历史，就不难证实这个事实。在各村的生产活动活跃的时候，人们心中都有属于自己的境遇的一份兴趣。至少不像现在这样从国土的南端到北端都同时陷入同一个流行大潮，尚能喜不自胜。村中大部分生产都交给商人和资本运作之后，所有的爱好都被商人的想法裹挟，更多的农村艺术只有一些风流雅士才会去寻找。

对土气和粗糙这些词更抵触的是农民。甚至在那些曾经被人赞誉风雅的乡村，也会有许多自城市涌来的所谓适合乡村的产品。这引起了地方人们的愤怒和抵制，但是却鼓励了城市化的进展。所谓适合农村的产品，大多跟不上流行，廉价且劣质。如果生产的安排妥当、过程合理，原不应生产出这样不尽如人意的产品。但事与愿违，只得将这些产品送往城市人所认为的鉴赏能力低、品位差的农村。这着实是令人感到遗憾的做法。

第十三章　群体心理

"仿造"这个词代替了"赝品",开始在世间横行阔步大概是在明治时期。所谓的洋银,并不是一种金属,但因为加上了"银"字,所以颇为畅销。所谓的新绉纱,并不是用丝线织成,而只是一个为了畅销采取的宣传名称而已。进入大正时期之后,这样的大多物品必将"文化"二字放在名字前面。这是一种新现象。为了能够让购物成为普遍的爱好,城市倾尽全力将地方与个人的兴趣爱好统一成一个色调。其中的一个利器就是营造其他所有人都在追捧的氛围。从这一点可以看出我们的顺从那么可悲。

就这样,流行的变迁常常是城市在引领。地方对流行的了解,往往会迟到一些,因此只得为流行善后,甚至充当逆潮流而行的悲情角色。虽然这一切的发生是自然而然的,但是仍然让人难免心生怨怼。自古至今,故事的背后一直有提线木偶的操纵者,而他们正是因为预判了流行大潮即将退却,才将它引至农村。明治时期以前的流行并非只在城市兴起,也并不会干涉各地方的兴趣爱好。但第六十个年头的伊势御荫参拜①等活动依然在它们的发祥地发展成了精妙的组织。

近年,活动组织的利益动机越发露骨。技术方面深得真传,未来可能会公开,但是现在仍然是秘传。近年西洋小鸟的流行,最初的运作方式明眼人一看便知。他们制造那么六七次高价交易,成交价格远超正常水平,然后宣传出去就完成了对社会评价的操纵,短时间内推高了市场价格,并让那些早已伺机而动的人

---

① 近世到伊势神宫举行的集体参拜,约以六十年为周期,数度流行。

赚得盆满钵满，而最晚参加到流行大潮中的人血本无归。

当小鸟快要失去价值的时候，又有人开始带动万年青的潮流，但是没有十分成功。因为人们还记得大约四十年前的悲惨遭遇。实际上，万年青在之前曾经有过近乎恐怖的大流行。之前还流行过兔子，各种珍奇品种层出不穷，中间商和商人从中获利最多。只有了解其中缘由的人，才会看清何时潮涨何时潮落，适时地急流勇退，而人造的虚假繁荣一旦消散，剩下的只有对奸商的愤慨。

红猪进入乡村的缘起也是日本的流行方式。当时小红猪被炒到只要下生就有人出金千两购买，于是农民尽全力生产猪崽，期待以此改善生活。但是还没等到猪崽换钱，人们就已经没有钱购买饲料了。于是，趁着夜色将猪崽丢到深山老林或孤岛上。自那以后的每一种动物的流行，无一不是靠这种宣传手段促成，但仅靠宣传并不能达成目的。所谓孤掌难鸣，流行的形成还需要有响应宣传的人。他们相信利益唾手可得，于是劝说朋友加入。流行之所以可以流行起来，需要许多类似的中间人。如果没有人成为流行的奴仆，仿佛自己真的获得了新的兴趣而享受其中的话，就不会出现如此稀奇的社会现象。

单纯而容易理解和相信，这是一种能让人幸福的品质，但是也拖累着我们。人们相信，只要是很多人加入的事业就不会带来风险和损失。人们就这样将判断的责任交给了他人，自己只顾着加入这个群体，享受快乐，忘我地游戏。这或许是社会发展至今必经的一个过程。在日本，国家大一统的意识来得很晚，这似乎出人意料，但因此共同生活的乐趣和弊害，我们至今仍需要认真品尝。

五 运动和人数

群体行动带来的新的快乐在于它融合了卖场和庙会的乐趣。以前并不熟识的人聚集在家中，无论是因为喜事还是丧事，家中小儿必是兴奋不已。这是过去一个令人颇感兴趣的现象。若是更加认真地协同合作，只要一想到自己一人的想法有如此多人惦记和努力，想必内心会更加安稳坚定。不同群体的规模和成员构成会带来不同的快乐，城市的魅力和神秘大概也在于此。从家乡老友的脸上，我们或许可以感觉到国家广阔、现世安稳、未来可期，而离开家乡，走到外面的世界后，我们会亲身去验证自己在家乡的想象。之所以说吵架也是一种社会生活，就是因为相对于它的弊害而言，人们的体验更多。

都府的文物能够增强国家意识，恐怕也是政治家们从很早之前就有意识策划的。但是即便没有各种严格的制度，国民自己也在不断进一步寻求这样的机会。庙会或市场上，除了应有的东西之外，人们会寻一个机会，制造一个偶然，让很多人聚集在一起，并且将所有人的目光吸引到同一方向，以期制作一种大家都感兴趣的模样。若是更纷杂并且随性一点儿的，则更像一群人的起哄胡闹。

西方人很早就开始享受排队的乐趣，日本自古就有这种做法。真正行动的人很少，大部分人停下脚步先只是看热闹，而后不讲究顺序地跟随人群而去。后来这样的人群逐渐开始列起队伍，可能是由于受军队生活的影响。学校最早将这种整理人群的办法引进，如今无论是多么庞大的人数，在街上行动都能队列整齐。自宪法颁布以来，每逢国家有幸事都会有人提着灯笼，举着旗子列队在街上行走，甚至从中生出对团体行动的喜爱之情。对于历史中的大事件，我们通常用这种方法在不断地回味、传承，在各自的生活之中，只要条件允许，大家都在尝试用这种方法。

　　春秋的游山活动与运动会不同，热闹非凡，充满生气，是少年们非常欢迎的活动。饮酒和三味线等人数较少的娱乐逐渐隐遁到各家之中，奔跑、跳跃等更纯粹的游戏也回归了家庭。运动这个词原本也用于表达出游的意思，或许正因如此才能够普及开来。总之，最初运动是一个极具仪式感的词，每一个人都在那一天参加竞技。于是，越来越多人在这条路上不断地练习，甚至开始准备参赛选手。许多外国的比赛方法在日本以惊人的速度发展起来。于是很自然地运动方面的团结就一分为二：一部分是少数人群，他们想要将自己的本领展示给别人看，另一部分是在旁边观赛、感叹、呐喊的人。其他很多社会活动与运动会有同样的道理。

　　文部省调查农村娱乐发现，它们正在我们眼前不断地发生变化。唱歌和舞蹈之类的娱乐原本就是独乐乐不如众乐乐的活动，即便今年没有加入，也可能是十年前加入过，也可能是五年后会加入，总之一直有一群人在参加。但一旦某个人一鸣惊人获得了众人的喝彩，很可能多数人就会从参与者中抽身，退到观众的位置上。能不能形成职业姑且不论，但是确实有一些特殊的技能团体新成立，而过去的团体逐渐演化成为向选手提供声援的应援会。

选手制度存废的讨论在各地的学校不断展开。如果一个团体变成了培养百里挑一的天才的机构，那它究竟还能不能被称为体育奖励的政策？这是问题的根源。高尔夫和滑雪甚至是今日的登山运动，大多需要花费金钱和时间，因此，只有少数人才能享受，但与此相比学校的团体运动有更多的人参加。不过若只是希望参加者能够成为自己小团体实力的代表，那就意味着更大的人群成为普通观众，如此终归对不住运动团体的称呼。

六　盲从心理

同样的问题在赛马中也能发现。对于养马的必要，体会最深的应该是陆军。虽然赛马中采用的是在军队中根本不会使用的骑马方式，但是即便如此，仍然有人认为国民的赛马思想会流行起来，因此就有了日本唯一一个公开赌博的方式。虽然国家设立了很多取缔的法令以防止它的危害，并且限制场所数量，终归方法太少，不能代替产马组合完成它的使命。虽然有很多人想将育马作为自己的职业，但是由于没有充足的时间去马场一一甄别，就出现了许多鉴识家把马场作为自己修行的场所。而他们满脑子装的却只是人无意外之财不富的想法。他们唯一感兴趣的是驽马遇到不擅马术的骑手撞上偶然的运气赢得比赛。于是他们在地方建立赛马场，并希望它繁荣昌隆，这种愿望至今仍然非常强烈。令人奇怪的是，那些赛马场所在地几乎都不养马。

若只是为了将群众的爱好集中到同一个点上，大可不必如此。赌马是英国绅士中传统的恶习，而日本想当然地认为这应该是个好事，就效仿起来。如果单单是赛马，历史非常悠久。作为神事，三月三日有斗鸡，五月五日有赛马，这和相扑或打靶大体相同。只不过人们的初衷是从中选出最好的去角逐优胜，根据结果来卜算神的恩惠会更青睐哪一方。

而至于马，最初很多时候是用裸马。相比马而言，更重要的是每个人的驭马之术。加上技巧之后，赛马时的表现会更加精彩纷呈。因此，京都的贺茂等地是由神人负责驾马。虽然不是赌博，但是一年中能够参观一次也是一种享受。

斗牛斗犬这种残酷的竞技，在一些地方仅仅是受到限制而没有被制止，是当地历史悠久的传统。最初起源于娱乐，后来有了观众的热情支持。虽然在比赛中落败的一方最后只能是被屠宰的命运，但是在上场之前，它们享受着优厚的待遇，被人精心照料。主人明知牛马是草食动物，但是依然会给它吃鸡蛋、蝮蛇肉，还积极鼓励和引导它。

若是在争斗中取胜，现场的欢腾和感谢甚至能够让人几度落泪。名誉这个词在这个时候再妥当不过了。后来，如果力士名将能够代表一村出战，则是一村的英雄，如果代表府县出战，则是府县的荣誉。学校派出的选手实际上代表的是学校的声誉，更遑论一国选出的选手了。若是能够带着不败的信念去国外参加比赛，那他的地位自然会一跃成为冉冉升起的新星。

心中有星的人的生活是饱满的。许多素不相识的人为了同一颗星从四面八方而来，以肉眼可见的速度集结在一起。而自己支持的那个人会表达纯真的感激之情。况且，这与恋爱、婚姻不同，即便众人聚在一起也没有嫉妒的烦扰，反而是相互充满感恩。因此，他们会努力寻找途径，努力为自己的星贡献力量。

演员或其他的艺人将这些视若自己的生命。甚至那些大政治家也会运用手腕建立后援会。很多时候，人们在还没有寻找到自己的目标时，就已经产生了想要寻个机会聚集在一起的想法。

各种会和组合无限地涌现，而且有合久必分、分久必合的趋势。总之，这都是源于人们在孤独中的悲凉。繁荣乡党或脱离贫困是非常迫切的需要，但如果没有众人力量的团结，断断不能够成功，于是才有了团结的潮流。而我们身处其中的感受异常美妙。不过令人比较介怀的一个事情是许多成员的聚集不会长久，总是转瞬间缘起缘灭，能经历团体的高峰及低谷的人非常少。恐怕在全世界都难以找到同日本一样的国家,各种会的建立如此儿戏。解散或形同僵尸的比例甚至远远高于离婚或者婚姻不幸的比例。于是,现在人们更倾向于控制无意义的集结,追求个人的自由,建立有意义的组合,或者把它当作事业走向成功的一个手段。若是单纯地讨论团结的心理,我国的国民绝对长于此事。

第十四章　出类拔萃的力量

一　守望英雄

一个群体如果没有核心，则团结不能持续下去。这是自从出现蜂蚁就有的经验，人类的智慧也并未给它带来多大的创新。我们没能让群体行动获得浓厚的兴趣，只得努力邀约英雄，不管他是不是骈拇枝指。政界经常挂在嘴边的一句话叫作"快出现个大英雄"，这或许也是一种反讽，影射现在的团体里皆是乌合之众。他们从一开始就认为一群庸才做不成事，已经放弃努力，于是许多人期待木头也罢，鸿鹄也好，赶紧出现一个人来做统帅。若是那个期待中的人一直藏身在团体之中，恐怕他一朝崭露头角也只能引起众人不悦。因为人们期待的英雄，必是驾高头骏马踏五彩祥云而来。但这个要求，恐怕在现实中很难实现。

所有学问艺术中的天才，通常都是在这样盛大场面中横空出世。如果世间没有如此失去自我的天才崇拜，或许群体生活就没有如此光明的未来。即便他们的一生都在被压榨，即便英雄末路寂寥，即便他们只剩下虚壳，他们所引领的事业依然在团体中继续生存下去。而如此境遇可望，却难求。因为我们对英雄的要求在猎奇的路上越走越远，而天赋异禀的天才英雄又怎能俯拾皆是。

但现实中人们拥有越来越多相同的意志，于是就越来越需要有人能够一统众志。就在这个时候出现了无尽的仿制品，能够填补那些空位。有时候，人们相信形势会自然发展下去，虽然对自己支持的人差强人意心知肚明，依旧把他们推到高位。文学各流派利用批评的艺术也不遗余力地打造英雄，制造群体的中心。且不论英雄自身魅力，这只是团体组织中的一环。团体欢迎英雄加入的大势已经初见端倪。

大势所指何处，或许竞技界中培养选手的新风俗已经给出了答案。最初，选手通常出自普通青年人群。人们从中选择成绩优异、前途有望的选手，然后为他提供最大的便利和激励，让他们自我认可。只要胜利的光环没有褪色，人们就毫不吝啬溢美之词，甘愿谦逊地退到仰慕者的位置，不仅不会妨碍其事业发展，时而还会投去臣仆般崇敬的目光。

从中我们不难读出我国的英雄崇拜主义早已根植于国民性的最深处。只要在其位者不是如国技馆的力士那般单纯无邪且对未来无过多考虑，则他所处的位置可以成为一个无尽的宝藏。最近，我们的团结频频受挫、组合内讧，让群体行动失去了意义。背后的大部分原因在于我们没有彻底推进选举制度。过渡阶段的混乱时代比我们想象的要长太久。

相扑最初是各地方选派自己的代表,而难有全国的统一。如今力士们依然会在自己的编号前冠以出生地,以故乡的山川为名,保留着割据时代留下的色彩。劝进相扑的巡回赛是古老的习俗,也是一种挑战,也是征服计划的矛头,其中流传着不少黑马大杀四方的传说。有传闻有力的各国大名给予经费的支持,这或许就是特殊的培养方法。

然而时代流转,保护者们退出,人们开始自由选择后援对象。人气中心转向大众,一度让竞技运动蓬勃发展,但这样就让各部屋的对立失去了意义。于是协会首先头疼的就是一众半成品的培养。声援各凭喜好,终归没人能够耐心等待半成品的成长。于是,眼见参观费即将成为唯一的资源,部屋开始制造同一部屋的力士之间的对立,以最大限度激起人们的好奇心。最终却瓦解了后援团体的团结。组织者忘记了选手也是团体的一个组成部分,操纵比赛造假的疑团最终破坏了人气,可谓自食恶果。

如果有人知道各学校完善体育设备的初衷何在,恐怕就不会对现在选手制度存废的讨论而感到惊讶。但这种对抗运动却最能让群体意志统一,让团结意识坚固,让各成员心悦诚服。然而,很多时候竞技还加上第二甚至第三个目的。想要让历史退回最初的原点,重新审视组合本质的人,才把这个问题当作待解决的课题看待。

理论的缺点在事业中出现再正常不过。一旦发现瑕疵,团结就会随之解体，转而新的凝聚取而代之并大行其道。这是最常见的发展顺序。换言之，人们自认难以独步人世间，更不要说站到潮头一马当先，于是在原本应同心协力的事业中，人们成了单纯的后援会。与其说人们需要团结，不如说人们渴望拿破仑一样的大人物。成为群体的核心是一个令人愉快的事，而且对个人而言也是不小的利益。这也是为什么每次选举时总会出现许多滑稽的候选人。

这是一种不良风气，想要消减除非每个人的素养都进一步提升，任何一个人被指名做任何一个工作都能胜任。特别是在地方，人们对其他地区的了解很粗糙，随着知识的不断丰富，人们往往对自己远眺能看见的那些人的才华更加认可，反而认为自己所在的群体难有有识之士。这种不信任不断加深，于是自治的风气日渐衰微。而过去与现在恰好相反，人们只能从自己内部寻找大人物。当然有很多是有门第、有才华的天才，但更重要的力量蕴藏在后天的培养中。

受人知遇之恩、身负众望，会让一个人的人格迅速成长，而敢于挑战其他同伴不敢挑战的事。自古至今的忠烈之士本都是寻常农家的户主，却做出义举，正是这个道理。然而，这样的人崛起，经常意味着家庭的破灭。不仅不能名利双收，反而是常常难以开展自己的计划和抱负，而只能专注在团体中的规划。对这样的出路，人们心知肚明，因此大多难以承受成长和训练的过程，只做一个旁观者，期待有一天有猎鹰般的王者从天而降。然而，真正的王者少，但赝品却越来越多，所谓的团结，沦为它们的商品。集体的共同计划只剩一个虚名，团体变成了人数交易的机器。

二 选手培养

教育一味细化，不断将人的才能分级。虽然孩子的未来之路尚未确定，但是无论在家庭还是在学校，都在重复着一个理念——要出人头地，一朝成名天下知。尽管学校的课程大多只是教人做文书工作，但确实有很多平凡的人出人头地，于是大家纷纷将其归功于教育的力量。最初就被划入平庸之辈的人，反而落得轻松，而那些出众的人经常遭遇迷茫。从结局而言，观察相同境遇的人走过的路，然后追随而去，反而会常常收获命运的眷顾。

那些自信而受人激励的年轻人首先要投入生活的奋斗。生逢时势造英雄的年代，于他们个人与国家而言都不是幸事。团结越来越有必要，但是向外界寻找核心力量，却不容易实现。许多身有所长的人物并不是在团体内部培养而成，而是来源于突如其来的毛遂自荐。

人物月旦评①时常成为聚会的话题，是明治文化的一个特征。这未必是传统的传记史学的影响。传记史学是在人物有所作为之后才进行细致的考察，但人物月旦评是对半成品感兴趣，其中不

---

① 由《后汉书·许劭传》而来。许劭每月朔日（一日）进行人物评论。

乏受人所托才写成的评论。名士和名人的数量有些过大，他们的前路被预言所累，但无论需不需要，背后的推手都会建立一个以他们为核心的团体。

因此，许多所谓的会最后失去意义，反而在真正有需要的时候，再难有人真诚地加入。会的创立者和理事与团体之间的关系盘根错节，如果离开他们，团体不仅会衰败，甚至面临解体。虽然有人怀疑团体是他们的财产，但不理会这些众说纷纭，一心进行管理，是他们唯一的工作。甚至有时候会被继任者夺去这份责任。

这样一群生活能力极差的人，通常会被称为某会。因此，虽然如今有必要取一些更能引人注意的名字来区分新出现的团体。但是无论是改称为同盟或者是联盟，只要组织方法和指导方针依然是依靠外界的智慧与能力，人都是最重要的要素。虽然人们的愿望是核心的大人物不为一己私利而在团体需要的时候为整个团体而努力，并且培养出下一个领导者，但事实上，往往事与愿违。按道理说，声望、能力相当的人越多，团体越牢固可靠，但事实上，这时往往都会爆发权力的争夺战。为了避免这样的事情发生，团体内要时刻保持警戒和防卫状态，这就让团体内部生活更加复杂。

所谓理论，通常在能够求大同而存小异的前提下谋求一致，就能得以成立，而并不是在任何的细枝末节都能够像节符一样严丝合缝。当有人开始进行细致入微的对比时，那就是有人已经预见到分裂是大势所趋，不可逆之，而采取了行动。即便有人能够采取措施，暂时防止崩解，在那种状态下的团体也早已不能创造任何成绩。

　　选手制度的流行，确实增强了群体的团结能力，但同时也让英雄形象不再高大。国家也是如此，当需要一致对外时，内部的小竞争自然就会停止，而合力专注于面前的危机。因此，同样道理，一旦发现共同的敌人，一些可以从长计议的问题就会无限拖延下去，为了能够推出接受范围之内的人物上台，大家都会克制自己的批评。如果发现了石破天惊的天才，而他正处在成长过程之中，人们会给他极大的自由和充分发展的空间。

　　我们对家乡的感情不断深厚，往往是伴随着痛苦的记忆。人们痛感作出牺牲的人可敬可佩，大多是在预见到仅凭一己之力难以在竞争中取胜的时候。这就应了那句谚语——家贫出孝子。人渴望团体，但同时也要承受团体的孤立。为了成员能够最大限度地保持相互的依赖，人们甚至故意保留一些没有必要的强敌。或者只关注周围利益关系的冲突，营造对外不信任的氛围。特别是在那些自荐的头领的讲演中，通常会着重强调这些。

　　地方的诉求之所以会拖累国家政治，大抵是在两者中间的一些人想要向相关的人表达亲和，同时又不舍得放弃自己小团体的割据。结果，小区域范围内各自以凝聚为当务之急，而割据之间则相互对抗。一旦出现大的问题需要小势力共同面对的时候，他们才发现问题已是力所不能及。

针对那些想要谋求举国团结的联合，政府在努力地提供公平的援助，但到目前为止，还没有任何一个联合具备成为核心力量的条件。越是有更多人关注的集体行动，越是有更多人要竞争统帅地位。因此，每当集体要按照多数人的意志作出决断的时候，必将出现联合的分裂。虽然迄今为止人们竭尽所能保持了表面上的统一，但事实上即便是表面上作出了统一决议，也只能寄希望于未来用其他方法来付诸实践。各种努力和尝试从未间断，却只不过是不断验证并让世人接受了这个现实。

地方花大力气投入很多培养出来的选手即便最后实力不够无奈还乡，但至少也是一种收获。假设理想中的大英雄真的出现了，我们到底能不能给他足够的威力来治疗现在社会中的弊病，这仍然是一个问题。英雄早已距离神祇越来越远，他们获得我们单纯的信任的手段很少，但是留给人品评的空间却越来越大。

三 亲分割据

亲分的素养未必在下降。他们笼络人心的手段如今依然非常强大。无论是义父还是冠礼之父，如今风俗虽然已经不在，但是除自己的生身父母之外，人们仍然需要有人提携自己，甚至比封建时代更甚。需要仰仗亲分颜面的地方绝没有变少。最主要的提携虽然在于职业的指导，但是如今越来越多的人需要的不是如何做一个职业而是寻找职业，于是对亲分的力量的期待越发迫切。亲分们甚至还要帮助寻找良缘，照顾生活，打理债务，甚至有时连争吵的调停工作都要承担。

这大多是他们气质品性的一种惯性，而并不是为了得到报酬才如此做。但他们期待的是子分们带着更大的实力回来，这是古来的规矩。虽然世事变迁，但这个没有变过，或者莫不如说在时代的需要中进一步强化。虽然其他方面逐渐退化，但亲分子分的关系更加清晰。

恩义这个词象征着无形的报偿。世人认为忘恩是比欠债不还恶上千倍的行为。恩义没有具体的形式，但是首先一点，就是要听恩人的话。无论恩人的动机如何，是善是恶，只要需要都必须义无反顾。虽然亲分一般不会有过分的要求，但是即便是恶事也鼎力相助。受恩之人即便什么都不做，至少要永远地臣服。因此能够提携很多人的人是英雄。

若是想成为首领，子分必少不得身先士卒，而这些都要算作报恩。不过实际上越来越少有亲分将精力放在这里，而是更倾向于施与新的恩情。这可能是因为英雄迟暮没有精力投入新的规划，也或许是从最初就没有想过要走这一步，助人衣食无虞尚可，其他工作无能为力。当然最重要的是，推动整个过程不是一件容易的事。

即便将所有的恩义巧妙地统筹在一起，依然很难形成强有力的组织。首先遇到的第一个困难是子分们的一致。想要长期保持相互的联系，必须有新的事业容纳他们。这实在是劳心劳力，因此许多亲分就此放弃了这个念想。简单来说，不是亲分们的力量衰弱了，而是创业守成更困难。

也有一些有野心的小英雄尝试了这个方法，但最后都以失败而告终，或者至少是在没有取得成功之前就放弃了。除了起初就过于露骨地表达了动机而失去人们的尊重之外，手段不够成熟也是原因之一。这就难怪会有人想用金钱来换取这个过程，要么就是自己想要躺在前辈的功绩上，单方面地利用别人的权力。

这种方法到底可不可行，近几次的大选已经进行了试验。有些选区如果联系上了某一个人，就能够获得几百票，是因为有一些亲分能够用自己的颜面收集选票。甚至偶有一些人号称自己是外来候选人，凭借自己带来的钱财而在毫无人际关系的情况下当选。这着实是过于没有原则的选举。人情是不能用金钱交换的，而这些人就是要夺取人情。而那些选区就是礼尚往来的舞台。选举能够如此，是因为虽然个人的选票买卖被严格禁止，但是选举依然自由举行。在一些难以意料的因素影响下，这些大大小小的选举群因为某一个核心人物的意志而左右摇摆。

虽然那时比现在的弊病更多，但恐怕当时没有根除的办法。领头人大多是团体的主心骨，现在依然是不可或缺的存在，是人们小心维护的人。他们的侠义行为不仅往往救人于水火，而且超于常人智慧的判断，往往会在不知不觉中成为周围生活的标准。不仅是受人恩泽的某一个人，周围的人只要知道并尊重领头人的能力，都会在自己遇到问题犹豫不决时将领头人作为自己的人生参考。更不要说很多人觉得与别人保持步调一致、追随大势总不会错，就像鱼鸟之群追随领头羊一样，人们不加入团体就寸步难行。

因此，即便普通选举增加了选举人的数量，让亲分圈外的人们自由投票，除了少数工厂地区在领头人的引导下，会出现一些结果的变化，其他地区大抵与之前无异。在我们散漫的孤独之下，连自己的贫困问题都没有能力解决，只知道必须与自己同病相怜的人联合起来，却连不同方法会产生不同的结果都不曾意识到。

不过最近子分们恩情的报答，也对义父们有所触动。亲分们付出心力让义子们过上了和自己一样的生活，具备了比普通人更敏锐的感知能力，若只因为没有主见而忧虑不断，空有能力而只被别的野心家所利用，这实在让越来越多亲分们惋惜不已。事实上，亲分变得更加睿智会让他们如虎添翼。如果他们变得了解时事、善识人心，团结一个群体就会变得容易。

但是想做成事业，还存在一些障碍。首先替他们做事的人想要得到更多的个人利益，或者想使用各自的计划，又或者有的人原本没有多少智慧，却常常被别人的恭维冲昏头脑，孤芳自赏，甚至拿出毫无意义的胜负欲，想要孤立那些自认为的井底之蛙。于是，亲分没能充分成长为与时代相符的人物。至今义气依然只是对个人的道德，而团体的合作，时而被用来保护私欲。

壮士一词自打在日本出现，至今已经有四十余年。他们无一不宣称自己要将生死置之度外，为国家和正义而存在，但实际上，他们却另有用途。领头人各自独立，见解也各不相同。因此，虽然数量越来越多，但时常处于相互争斗之中。不可否认各种联合拥有相当的实力，但多数为了自保，故意在国内保留了一些敌人。大英雄无用武之地，拥有小才者反而有无限的机遇。但是由于供大于求，所以很多人都是在半生失望中老去。因此反而是无人熟识的异乡，对他们而言更舒服。

四 落选者的前路

英雄少年繁花似锦的生活背面总会萦绕着淡淡的孤独。若是能在花团锦簇的时候离开或许好些，但若是不幸长寿，英雄末路必是一片惨淡，特别是在当今每一段流行都不会花开几日的时代。极大的付出也仅够换来一些荣誉，余生不是与人共襄盛世，只能被取而代之，只得遥望他人身负盛名。若是自己不甘心被人遗忘而奋起争斗，最终只得落败。

日本真的是尊重神童的国家。一旦出现神童，群众会惊喜甚至奉为少年文殊菩萨。但通常这只是一种早熟的现象，一过二十岁他们就失去神童光环，变成普通人。但他们本人大多并没有机会作好准备接受未来的平凡生活，最后在世间迷茫，很多时候甚至羡慕普通人的成长。相扑和其他一起扬名的人，大多都像小町西施[①]一样年少成名，盛极而衰后的余生漫长得令人厌烦。

这样的经验自古以来就不少。没有人会为了有限的花期倾尽一生的精力。于是，人们会利用现有的地位为自身作谋划。英雄

---

① 小野小町为 9 世纪前后日本女歌人，因才貌双全，其名被后世代指美女。

的私心比人们想象的更贪婪。若是被好事者发现什么端倪，很可能被下一个竞争者抓住把柄。即便不能取而代之，至少也会引起分裂。许多亲分正是讨厌这种浅薄的争斗，才在最初就不甚敢于将事业收拢起来。

比这更让人胆怯的是许多落选选手的境遇。或许是最初的计划就存在谬误，但他们没有意识到，只为成功破釜沉舟。选举中最易有人落败，许多其他的共同的事业也必出现一些人失望而归。有一个词叫作"亡者"，可能听起来有些残酷，但是再贴切不过了。如果他们再没有参战的意图，也没有必胜的打算，可以再次回到从属者的地位，但是曾经拥戴他的一些人会心有不甘。

最不幸的是有人错失天时，只能重新回归平凡的道路。这些人大多具备修养和气质，拥有受人尊敬的统帅能力，但对其他事却不甚灵光。明治时期的教育没有明确目标，只是不断地推出这样的人物。不得志者在家乡难以立足，若是在甲的团体中失败了，就会去乙的团体中再次尝试；如果在城市中挫败了，就回到农村，在小规模的团体中做执牛耳者。于是在不长的岁月中，全国都遍布了这样的人物，这也是利害关系纷乱复杂的原因之一。

成功是明治时期的新词，给了很多天真少年勾勒梦想的素材，但是那些失意者讲述的却是未来脚下的路。落选选手不会一直忍耐。或许其中有一部分人一生都如行尸走肉一样生活，但更多的是志向彻底反转。如果选择了第二种立身之法，就相当于拥有了广阔的选择空间，他们的选择大多性急而稍显粗暴。但或许是因为他们并不决意在新选择的职业中走完一生，而只当作权宜之计，所以能列出无数不负责任的计划。

当然，大多数计划就只停留在了心里，但不乏一些计划意外成功，甚至超乎他们自己的想象。正是有了这些成功，才有了我们所说的会社制造业带来的生活中的大流行。近代政治的特点是有许多支出毫无裨益。但可以说支撑一部分支出的，是这种偶然的成功。但是由于资本真正带来的实际效果非常少，所以最后储藏的资本只能在社会上分散，徒留虚名。

以前也有不少天才错失良机，或在竞争中落败而苦闷不已，除了平贺源内①式的人物，很少有人能突破这样的人生轨迹。大抵言称告别俗世，过上隐匿的生活，又或者走上离奇的道路，寻找下一次扬名的机会。但这样做最多能延长自己存在的时间，让名声消弭来得更晚一些，而最终等来的依然是失败。若是在现代社会，这样的人会获得成功，至少他们对社会的评论非常有分量，有人愿意倾听。他们的评论能够牵制时事，不过度偏倚某一方，通过省察和探究让人更少陷入无益的狂热，这样的功绩不可谓不大。不过他们的评论通常是消极的，难免让群体行动能力陷入悲观。

江户时代有一个遗物是落首文学②，现在仍有很多人感兴趣，

---

① 平贺源内（1728—1780），江户时代日本的博物学者、兰学者、发明家等，被称为日本的达·芬奇。

② 平安时代至江户时代流行的一种诗歌形式，指含有讽刺、批判、嘲讽意味的匿名诗歌。

而且民间有人将其形式稍作改变，依然流行。

比如有一些政治家或有钱人过于迷恋金钱，企图与这种文学形式勾连中饱私囊。他们的这些勾当在没有进入法庭被问责之前就已经在坊间风闻不断。政治家们暗地里完成交易，而不留下任何痕迹。但那些所谓的文学作品，并不把这些描写成行为不端，反而是堂而皇之地赞扬他们精妙的手段。甚至有人把歪理正说，说什么社会原就有两面，人生并不是全靠道理就能行得通，还奉为箴言四处游说。承认这种蔑伦悖理的道义观，不为之绝望也不对其斗争，这就是那些英雄斗争中的失败者，在寻找愤懑的发泄口。

原本嘲弄整个社会是比谋反更有害的事情，但是奇怪的是他们却能博得很多人的同情，并且引得众人效仿，成为失意者自欺欺人的桃花源。这是东洋固有的反动情结，或者说是在过去并没有完全的言论自由的时代，人们假托文学作品来表达观点的做法，而后形成了一种惯性留存至今。总之，仅仅因为那些人的动机有可悲可怜之处，就不去追究他们的放任行为，甚至将其理解成为一种高尚的游戏。

现在弊病已经显现。一些一无是处的凡庸之辈，一心想超脱善恶的评判骗取更快活的生活。不仅如此，还宣扬费心神去思虑别人的不幸是毫无益处的做法。他们更崇尚个人享乐的人生观，认为只要能平安度过自己的一生，无须顾及国家的未来。拥有这样思想的人过多，而生活也不再像他们盘算的一样顺风顺水。

这不光是个别失败者自我安慰的方法,更是将恶劣影响广泛传播了出去。换言之,我们的团体生活需要进行改革,改变选手的培养方法,不能再制造如此多的不端之徒。这并不仅是要拯救某一个落选者,更是要除去他们给社会散播的痛苦和祸害。

五 恶徒衰运

让人们对恶事产生兴趣,可以说是我们的失败。不能阻止人类智慧和劳动的如此浪费,不能让智慧发热闪光,想来应当是文化的污点。特别是当今,司法警察的力量时常被犯罪技术所超越,更是让人羞愧。难得刑法严肃让人敬畏,足以杜绝作奸犯科,但若是发现与抓捕的比例太低,恶人会认为胜算很大,而不惜以身试法继续邪恶的交易。

换言之,仅凭防御和事后的治理并不能完全解决问题。

从根本上讲,是他们的观念有问题,居然认为不行如此浅薄之事,就再没有其他的出路。消灭这种人生观才是解决的关键。想要改变,必须改变现在的社会状态,要控制人们过盛的英雄欲望,拓宽人生道路的选择空间。

或许有人最初就喜欢骗术和盗贼,或者有人原本就是病态,不能感知害人是在作恶,又或者人们能够从这样的行径中体会到成功的快乐,而逐渐助长恶习。江户时期,人们有视火灾为兴旺之兆的恶习,权贵富豪们对盗窃的态度也十分冷淡。人们只知道

第十四章　出类拔萃的力量

河竹默阿弥①的白浪故事②，却对盗贼的生活不甚了解。

鼠小僧③的石碑前从未断过花香，甚至有人趁着夜色去缅怀。当年他年少被捕，就刑时还有许多人沿街送行，之后他更是成为评书的素材，而且只有把他当作侠盗去歌颂的书才有人听。在黑岩泪香④之后，市民们醉心于侦探小说是对斗智的故事感兴趣。当然，并没有人去研究书中的技术去行恶事，但是至少普通人看了这种故事，认为恶人中也有少年英雄，大恶至极也是一桩痛快事。不得不说，恶人从他的旧业中解脱出来的机会少之又少。

仅凭对某一些恶人的严酷刑法不能彻底根绝犯罪。而今天的防御政策已经放弃了努力。而世人仍然带着误解。石川五右卫门⑤辞世⑥的歌谣，被解释成宣扬人们随时都能够成为大盗。这正是我们最悲哀的想法。他盗贼的技术从古来流传至今，虽然没有公然立门牌授业，但是事实上盗贼中先生也有弟子，恶行竟然也有传承。据说歌谣真正要讽刺的是，虽盗贼泛滥但能捉拿归案的居然只有区区一人。

---

① 河竹默阿弥（1816—1893），明治初期最著名的歌舞伎剧本作家。江户人，本名吉村新七，晚年改名古河默阿弥。
② 日文"白浪物"，以盗贼为主人公的评书、歌舞伎的总称。代表作家为河竹默阿弥，代表作有《白浪五人男》《白浪五人女》等。
③ 鼠小僧（1797—1832），江户后期盗贼，以鼠小僧次郎吉知名。相传劫富济贫，被后世传为义贼。
④ 黑岩泪香（1862—1920），翻译家、评论家、侦探小说家。
⑤ 日本安土桃山时代盗贼头目，史实不详。在江户时代净琉璃、歌舞伎中被美化成反丰臣政权的义贼。后被丰臣秀吉手下抓捕，处以釜烹之刑。
⑥ 日文内容为"石川や浜の真砂（まさご）は尽くるとも世に盗人の种は尽くまじ"，意为"石川沙可尽，世间盗贼不绝"（译者译）。

中国有一本书叫作《杜骗新书》，在江户末期的颓废文学时代被日本加上训点大量复制。虽然现在一些爱好汉学的青年将它当作侦探类故事来阅读，但是这种鉴赏方法对当时的人而言有很大难度。若不是学识渊博的人，很难用来研究。我只是感叹，当时的人们竟然没有因为其中任何一个故事而惊叹骗术之高超。或许这些伎俩早已司空见惯了吧。

那时三都①闲散阶级的笔记中有很多是世上见闻。其中能找到不少关于欺诈、盗窃的真实故事，就和今天的社会新闻惊人的相似。或许那些笔记中有夸张的手法，又或许就是原本的真实故事，无论如何那可都是百年前人们口耳相传的盗窃手段。手法还是以前的手法，现在唯一的不同就是受害的人不同了而已。作恶的技术有清晰的传统。随着社会的变迁，会有一些已经不再适应，而逐渐从人们视野中消失。比如扒窃，所有技术都已被击破，修炼的技巧再难施展。因此只要社会不把那些有天分、有潜力的人推向扒窃群体，就不再有问题。

虽然如此，可能在一些时代，最初人们为了生存或多或少需要去那么做。而如今，敌人已经退去甚至消失，我们原本不会再想起那些作恶的手法，但事实上，有人认为世间生活无趣而刻意去模仿，甚至去创造一些新的手段。于是他们策划一些团体，只拉拢淹没于世郁郁不得志的人。于是出现了一些人不同情被害者遭遇，反而赞叹作恶者技术精湛。

---

① 江户时代幕府直辖领地，即江户、大阪、京都。

第十四章 出类拔萃的力量

　　世间之大恶，以作恶后弹冠相庆者为最。有人认为，若不能流芳百世，就要遗臭万年，宁可贻害人间也要名扬天下。但人们不知道的是，想要从普通人变成大恶人，其中经历的痛苦过程又要怎样走过。于是多少斗争和努力后逐渐消失的犯罪行为又死灰复燃，甚至在亲朋中有人遭殃。虽然城市中邻里之间不相熟识，确实容易给恶人留下机会，但事实上受害的人反而是在乡村更多。

　　过去农村生活确实不易，但只在这一点上能让人心安。因此，人们不必劳神戒备，这也是团体的一个优点。身边的人可信，让农村的生活悠闲而长远。但如今恶人正是瞅准了这个机会，将犯罪带到了农村。有一些欺骗同伴的人开始在村中居住。善意的谎言安慰了村中寂寥的生活，也是一种不可或缺的幽默，但现在却有人恶意用它来满足自己的私心。这种方法很精妙，但是也很残酷。于是村中很难再培养前途有望的人才，只能期盼尽早增长智慧，让自己无须再为有权有势有声望的人家做嫁衣。为此只能尽快平安地度过混乱的过渡时期。

第十五章 生活改善的目标

历史很多时候是一本写满悔恨的书。我们经常会想到如果那个时候我不那么做，现在就不用这样了。可是即便我们发现了迷茫的根源，也已经是事后诸葛亮。明治大正时期给后世留下如此多的烦恼，但却仍然有一个是值得后世为之骄傲的。那就是无论遗留下来的哪一个问题，都没有发展到不可挽回的地步，都没有走进绝路，都为我们留下了自由评论修正的空间。或许有一些性急的爱国者会认为这也是一种堕落，但实际上远不必如此匆忙作此论断。

何况在这段时间内，国家也正在向好。这么说并不是单纯的现代人护短，即便是与短短的二十年之前相比，许多过去不曾想象的事情如今已经变成了理所当然。如果有人问想不想回到过去，我相信即便是保守派，很多人也难以当机立断希望时光倒流。而他们的犹豫，也只是因为不能对所有新生事物进行无差别一边倒的赞美。我对于之前诸多徒劳的努力和那些荒唐的流行都做了一些探讨，接下来就从一个更愉快的角度观察时代的趋势，作为这一卷的结尾。

第一个趋势,国家对培养学问更加重视,且更加务实。最初学习是为了出人头地,是能让分家壮大的一大喜事,要接受邻里的祝贺。刻苦学习不能带来预想中的立竿见影的收益,而有些人没有苦读却也功成名就,还对苦学者多有鄙夷。但是如今人们早已了解教育的目标实际在于让整个社会变好,因此对教育的尊崇骤然增加,可以说是巨大反转。

在世界大战破坏国际交流的时候,人们开始呼吁,给被人们忽略的研究人员的幕后工作以重视,给予最大限度的声援。这姑且算作对过去的弥补。虽然资金方面的补助依然微薄,但人们已经可以公然使唤学者了,这是一个大事件。但是这也只是与商工业关系较大,而自然科学只有一小部分受益,社会科学更是不得人青睐,也不被奖励。很长一段时间都是如此。但历史除外,因为历史多少与东洋思想的阐明有些关联。

至少普罗大众已经知道,过去有很多东西国人应当了解,却没有了解,而且那些知识仍然能够让社会拥有更多的光明。即便每个人的努力都只是一滴水,汇集起来就是惊涛骇浪。于是,人们普遍对科学的发展寄予厚望,翘首期盼它的成效,焦虑难耐。曾经,大学也只堪堪完成了职业教育的任务,如今也颇受激励。

第二,我们的文化事业曾经一心仰仗外国的援助,而现在这种思想已经淡去,或者说已经不再需要。这说明互相之间的责任感已经成熟。四十年前,政府的海外雇员两百名,另有民间五百名，而他们只是为了钱财才来。轮船开起来了，但是船长是外国人，矿山挖掘起来了，但是指挥的是外国人。许多实业家曾经轻松地认为，这样反而让成本更低。或许他们当然也考虑了整个国家应该建立一套适合国情的方案，但我们不知道的地方，他们也未曾用心。

他们只是把自己在老家积累的经验留了下来，希望改变国情来适应他们的做法。比如男女共同跳舞，就可以签订对等条约。他们的思想可见一斑。后来，为了不再雇佣外国人，派出了无数留学生去国外。在很长的一个时代里，留洋归国这个名头吸引了所有对学问的信任。之后，正如千年以前留学生废止一样，人们去海外并无必要。首先发觉的是留学生自己。虽然留学的惯性已经形成而难以终止，但国外对日本学术的期待逐渐增多，他们不得不开始了日本独立的学问。于是，翻译其他国家的语言的论述也成为一门学问。而若是想要寻求新的发现，当然是在身边寻找问题更方便。于是，以日本自然社会为对象的研究逐渐盛行。

著书在我国是非常大的实业。在最初人们求知若渴，对所有东西都充满好奇的时代，所有的语言学者都是著书业者。甚至连一些意义不大的书都被翻译成日文，在社会上传播。我们对书的渴求越来越多，为了满足阅读需要，出版业不能离开翻译。可以说，这是印刷文化的好时机。最后逐渐出现了新的事业——编纂。将国内外已经有的素材拼接缝合整理成书的模样，或者把一些零碎的短篇收集在一起，装订成册。更粗糙的做法是从别人的

第十五章 生活改善的目标

大作品中选出一部分要点制作成书。这些都曾被算作著作,毕竟以前的翻译作品都列入了著作之列。

文艺的书籍也大量出现在社会上,因为对书的需求与书籍行业的供给之间的缺口实在太大。一方面,国人阐释自我思想的文章,在短短的时日中完成了过去数百年都渴望而未及的进步。这两种印刷品的增加,极大地丰富了现代的文库。翻译领域也引起了选择和宣传的乱战。虽然这让人们对书籍的重视程度降低,只把它当作点心小吃一样,作为打发时间的工具,但是读书拓展眼界的能力,超过了翻译事业的范围,尽管书的种类有所限制,但是依然深受欢迎。即便人们将一生的闲暇时间都用来读书,也不可能像过去一样把所有的书读完。于是,取舍成为一种必然。刚好那时多种宗教相互竞争,自然导向了对信仰比较的研究。只要不是对书的阅读过于忘我,人们都开始思考为什么这些书会存在于社会上,我们为什么要读它。

如果说元本[1]的洪流有功绩的话,那也绝非在于它简单地把书做成了低价商品,而在于它改变了以往停留在对书籍的盲目信奉的态度,让人们更注重对内容进行考究。这是我们读书方法的一个革命,间接指导了未来的学问。

文艺的道路如何走,有别人详细阐述,我在此不赘述。但是我相信任何人都会发现发展路程中,曾经有一些书要与读者共同

---

[1] 大正末期至昭和初期,为打破出版业的困局,定价一日元一册的全集等种类的书籍面世,后掀起空前的元本热潮。

回顾他们已经想到的甚至是大规模思考过的问题，这样的书从被需要逐渐走向了消亡。过去，人们确实认为类似的书并非多此一举，特别是在演讲中，大多是这种杂烩，但是仍然有很多人欣然前去聆听。而如今这些问题都是读者之间相互讨论，不再需要专门指导。出版业之外的人等待的是新的事实，新的经验和感想，如果可以，读者还希望能够在书中为自己的疑惑寻找到答案。世界上有如此多的未知，却要花时间去看拾人牙慧的东西，实在浪费时间。

对书的渴望当然要转化成对知识的渴望。直到最近，人们才终于互相了解日本真实的社会生活，于是人们过去没有意识到的问题在人们的脑中成了思考的种子。这也是最近的一个新趋势。由于历史原因，许多各不相同的自然和社会风貌在日本的版图上共存，因此，简单机械地从某一个现象类推其他的做法非常危险。既要不断加深对其他地区的理解，同时更有必要将自己最熟知的生活传播出去，否则恐怕大范围的团结无法实现。

政府最近开始提倡一个新词，叫作"乡土研究"，让各地的有识之士参与思考，并且在教育上也花了功夫。虽然其中深意尚不可知，但确实已经蔚然成风。这是直到最近国家教育主义才关注的领域，我们有理由乐观地相信它即将开启生活改善的新思路。

教育的实际化，如今终于被提倡起来。因为姑且看来为时不晚，所以不能认为它荒唐。过去最为一家生计劳心、拼尽全力抚育子孙的人并没有发言权，因此，即便教育如何与实际脱节，她们也只能默默接受。虽然这样的时代永远地过去了，对某些人而言有些遗憾，但现在无论是母亲还是祖母，都可以过问家中的事务。而且过去家中的女性大多只关注一家悲喜，而如今随着知识的增加，她们知道了自己根本的诉求与社会相通，既看家事又看国事、天下事。过去很多生活改善方案都是闭门造车，虽自视甚高但真正能实际应用的家庭很少。绝大多数在贫困中喘息的同胞还在独自挣扎。如今人们开始认识到生活需要改善，而且不能只是各打自家的算盘，而是要团结更多的共患难的同胞，才能让整个社会更好，至少从认识上已经有了改善。

虽然确实有人夸夸其谈、坐而论道，让人愤恨，但能够把女性看作社会的主体，看作解决社会问题的关键，这一点还是值得认可的。事实上男性都非常幸福，要么感情粗糙察觉不到细微的人情变化，要么动辄小题大做。想要考察与我们家庭生活直接相关的问题，大可去考察女性组织。

教育还能带来一个好处。每一个父亲都会期待子女比自己过得更幸福，母亲更是如此。无论贫富，每个家庭都一样，越是家计困难的家庭这种希望越强烈。每当母亲在家庭烦累难以忍耐的时候，就更希望孩子不再体验自己所经历的痛苦。对她们而言，大到婚姻中不可与人言的苦恼，小到朝夕一餐一饭的操劳，没有任何一种痛苦能逃离。即便她们所经历的已经是走投无路，但对于未来的人而言却是一种经验。

以前，人们只能依靠祈祷和信念，而现在还可以依靠教育寻找多一份机遇。身心的成长能否让人熬得住所有的苦难，能够在所有纠结面前作出判断，能否认定了就坚持下去。没有人能够回答出这些问题，因此为人父母的人不会终止他们的艰苦奋斗。现代教育已经发现了这些不足，因此才会用成人教育做补充或者尝试公民教育。换言之，世上父母仍在担心当今小学的教育并不能将一个儿童培养成人。

改革需要的是，做完全的准备而后静待花开。我觉得人们最大的误解是以为人类的不满、焦虑，以及各种原因导致的争斗、穷苦只是每个人偶然的命运，不可逆止，不可预防。如此想法，只是过去流传下来的猜测，从未经过考证。通过我们对社会现象的思考可以发现，人的不幸源于社会原因，而不是个人的遭遇。我们的贫病，皆因为我们身在这个社会，是社会的一员。

附 录

《大正浪漫：日本近代社会世相》，日文版书名为《明治大正史·世相篇》，该书于1931年由朝日新闻社出版发行。在柳田国男诸多代表作中，此书部头之大，是当之无愧的"大作中的大作"。该书在日本出版后多次印刷，至1988年已印刷15次。本次出版的中译本译自1976年出版的《讲谈社学术文库》。

附录收入的是日本民俗学者樱田胜德为《大正浪漫》撰写的介绍，以及时任讲谈社社长野间省一对《学术文库》所做的说明。希望帮助读者进一步了解本书的内容及在日本的出版情况。

——译者

解　说

　　柳田国男于昭和三十七年（1962）夏离世，享年88岁。去年（昭和五十年），先生诞辰百年举行了很多纪念活动。今年，又有柳田先生相关的介绍、评论的书出版数册。因此，此处不再赘述生平履历。

　　柳田先生执笔此书在昭和五年（1930），时年56岁，当时他正在发表昔话、传说类的文章，本书的执笔集中在1930年后半年，一气呵成，著成最大部头的作品。根据书中自序"在《朝日新闻》规划明治大正史之前，我早已在心中期盼出一本这样的书。为此，我已做了些许准备"。但回顾写作过程，不由得让人感到先生最初并非想一人执笔完成。

　　当然，在下笔之前柳田先生已经将十五章的顺序、架构搭建起来，并且将各章内容的相关笔记和资料按照固定顺序整理好了。写作需要的资料当时给了在中野居住的中道等人。原本的写作流程是中道根据资料在稿纸书写，然后交还柳田进行修改。因此中道书写时隔行书写，写到第十一章左右。因此，毋庸置疑柳田先生最初是想以中道书写的原稿为基础。

但是修改别人的文字十分琐碎复杂，最终柳田先生决定自己从头重新书写。虽然不知道中道所写的文章到底发挥了几分作用，但其中过程龃龉应该是让作者深深地感受到进度滞后。因此在这本十五章构成的书中，前三章以衣食住生活为焦点展开，花费了全书的约四分之一文笔。内容凝练充实为全书定下了高格调。写完第三章之后，作者非常疲累不得不休养了一段时间。虽然有这样一个过程，但是可以肯定先生当初并非草率决定接下书写的工作。当时他是朝日新闻的论说委员，明治大正史的发行企划他是打最初就参与的，想必世相篇的构思也并非其他人强加的命题，而是他自己的想法。而且著者在昭和三年（1928）作朝日新闻常识讲座，其中第六卷的"都市与农村"，可以说是世相篇的构思的坚实基础。

世相篇结束之后，先生在此书刊发的昭和六年（1931）初开始静养，之后两次去西日本旅行，并于第二年，即昭和七年（1932）年初辞去了自大正十三年（1924）开始担任的朝日新闻论说委员的工作，后与比嘉春朝共同担任月刊杂志《岛》的编辑发行工作。同时开始培养年轻的民俗学研究者，并著《民间传承论》《国史与民族学》等书，构建了他的民俗学理论体系。

昭和九年（1934）初夏，他接受日本学术振兴会的资助，作为编写者的指导参与了 20 个年轻研究员进行的乡党生活调查。调查的成果以书籍形式出版，包括《山村生活研究》《海村生活研究》《离岛生活研究》等。参与调查活动的人带来了许多村落生活中新发现的民俗，是非常宝贵的成果。

但是如此巨大规模的民宿资料的发现，作为指导者，必须进行处理，要深入村中民俗。在极其狭窄的民俗世界里，柳田已经做到极致，这就相当于要将已经沉淀的清水搅浑，因此难免有人为之感到遗憾。作为乡党生活调查工作的参与人，作者无论将村中的生活方式和机制进行多么详尽的调查，也难以追踪到离开村落的人的生活。作者在世相篇以及《都市与农村》中精细刻画了城镇与农村的关联及对立，乡党生活调查之后更偏重对村落的着重调查，因此城乡的研究没能得到进一步的深化，留下了遗憾。总之可以说世相篇之后作者的研究，以及在他的引领下进行的其他的民俗学研究之中，世相篇是巅峰之作。

昭和二十四年（1949），《菊与刀》出世，日本民族的骑马民族国家学说初次公开发表，在石田英一郎的主持下，柳田与折口信夫进行了很长时间的对谈。其中他写道：

> 我一直被现在所纠缠。我想了解各种影响之下经历过变化的日本人。但是研究越做越变得异常困难。其实我可以加入现在年轻人的观念，尽管过去我一直是着力于看清旧的日本。这听起来似乎有一些失去原则，我一直追求的是日本人的特质。年轻人能够了解过去，同时也接受西洋文明，或许有人认为他们身上的也是日本人的特质，但是我却认为所谓

的日本人的特质，应该是日本固有的、开港以前的特质。

如果借用先生对日本人特质的这个说法，世相篇里描写的应该就是作者眼里近代日本的特质。而且从描写方法上来看，是将明治大正时代的日本人的传统生活方式、生存方式刻画在人们面前，把与作者同时代且有相同生活经历的人的日常作为一个问题去思考，并加上了作者丰富的经历和敏锐的内省，缀一些能够触动人心的史实，撼动读者内心深处的日本人特质，让它再次苏醒、清晰。

因此能够在日本人的生活方式激烈变化的当今时代，把这本书以文库本的形式出版，让更多的年轻人能够阅读，意义十分重大。但是一想到如今的读者可能有一半是成长在昭和三十年（1955）之后的高度经济增长期，甚至今后更年轻的读者比例会继续增加，不禁让我写这篇解说时心情沉重。可能这本书对于昭和前期长大的人而言，其中的事例就是真实的生活，即便对那些社会现象不进行特殊说明人们也非常了解，但是书中的社会与现在年轻人的生活已经相隔万里。比如，在第一章中介绍日本色彩文化时写道：

> 日本素来被认为是色彩极端贫瘠的国家。坐落于天然色彩如此丰富的海岛，其语料库中用于表达颜色的词语却少之甚少，想要对细微差距做出区分，则不得不借助外来语才能实现。……然而，在这个水资源丰富、日照充足的岛国，无

论是苍翠群山的秋冬春夏，还是碧海苍穹的晨暮宵星，都有无与伦比的细腻而鲜明的美的色彩。

这两件自相矛盾的事实存在，正说明我们能够用双手创造出、并装饰上身的色彩与我们眼之所见心之所感的色彩，与之间存在着巨大的数目差距。

过去，黄、紫、红等鲜艳颜色是只有尊贵的人才能使用的禁色，对颜色区分圣俗，即便在婚丧嫁娶仪式上使用鲜艳的颜色。

"我们面对鲜艳的、光怪陆离的色彩时，即便知道这是天地的馈赠，还是各自爱着如树荫般沉静的颜色，追求着寻常之日的平和。"

若是有人提起这段历史，明治年间生人的我们或许会频频点头，内心了然，但是战后，人们看着驻扎在我国的美国人身穿大红色服装，也开始模仿。起初我们也非常吃惊，但后来随着化纤工业的发展，在高度经济成长过程中我们也在日常穿红着绿已变得稀松平常。若是没有经历过战后这些剧烈变化的过程，可能完全意识不到色彩的传统，不知道这是色彩解放之后的新风尚。世相篇中所描述的色彩传统，到底事实是否如此？恐怕他们都会需要一个足够有说服力的解说。

总之，昭和三十年代以后，我们生活中发生巨大变化，不同年龄层之间文化的传承出现断层。如果世相篇能够为年轻人搭建一个桥梁的话，会有利于弥合传统在传承过程中出现的裂谷。书中所举出的多彩的生活方式及与生活态度相关的佐证资料，如今来看非常必要。

在书的最后章节，提到群体中的日本人，涉及了社会生活，或许很多是年轻人能想到的事，但相信要把生活从物质和精神两方面解释清楚，绝非易事。换言之，即便是举出我们身边熟悉的生活方式也很难了解到其背后的故事。

比如纸隔扇的便利，自古为人所知，但由于纸的普及过程艰难，所以农户很长时间都无法用上纸隔扇。而后来，孩子们开始习字纸才逐渐普及到每个家庭。在明治中期，许多人家隔扇的纸都用写了字的纸。在这背后其实是新的生活需求。孩子们开始上学，于是需要在隔扇旁边制造一个明亮的场所。这样的逻辑和联系，已经超过了我们的阅历，只有看了书中的记载才能了解。

关于热饭、味噌汤和茶的生活，书中提到"热饭、味噌汤、咸菜与茶，这是现代的核心家族磨合出的新式食谱。"

明治时期棉纺织工业的发达带来了棉布衣服流行，"已经没有人再去计较洗涤时打浆的强弱，衣服都变成了带着微微湿润的触感轻贴于皮肤之上的子料。也是从这段时期起，女性的温和可爱具现为目之可及的打扮，让她们在人群中更吸引目光"。

这些描述最能打动我，也是我和今后的年轻人最想继续了解的。但只有在这本书中才能找到。

到第三章为止，介绍了音、色、香等各家及村落的生活。介绍了由统一到各自拥有自由选择的变化历程。在第四章写了风光的变化以及生活场所及居住环境的变化,还从新旧道路的变迁进行了串联。第五章是关于故乡与异乡,明治时期出现了新的道路,在道路两旁和港口小镇,自由居住的新城的道路两旁,有着各种维持生计的办法,异乡人流入移动。作者从离乡之人的角度分析,认为"我们是发展家乡的一分子,我们能够热爱、陪伴其成长",故乡意识的变化随着异乡兴趣的增加。于是,人们看待世界的眼光和看待他人的眼光都在不断发展。

第六章介绍了新交通和文化的传输者,第七章对酒的介绍中提到了酒和社交"明治时代的社交大多发生在心存隔阂但又不得不在一起工作的异乡人之间"。介绍了酒的喝法以及敬酒的流程,还提到曾经只有在婚丧嫁娶时才能饮酒,而且还记录了过去女性掌管酿酒和用酒宴的历史,而且曾经酒席之上女性更是必不可少。在江户和大阪有很多寄寓者,他们促进了茶屋中女性的工作,最后主妇从酒席等社交场面退出。

在第九章家族永续的祈愿中,书中写到人一旦故去若不能得到子孙的祭祀,会在另一个世界生活得不幸,而这种不幸也会带来这个世界的不安,于是人们都期待身后的供奉不断。进入明治时期,家庭分裂成小规模,士族、农民沿着不同的道路选择了不同的职业。为了在小家庭中维护家庭的生命,过去一直压抑的父母的爱重新恢复了活力,这是令人开心的新现象;同时,家庭规模变小、实力变弱,甚至在不断衰亡。有人不堪忍受墓地、牌位、祭祀的重负,最终带孩子一起自杀。

紧接着，关于教育，书中论述了家业传承与新职业教育之间的不匹配。父母们将年少的儿女打发出去做年季奉公，是教育权的让渡。此外墓制也发生了新的变化。过去，下葬建墓地是为了遗忘，而近世立墓碑的方式普及，从明治时期开始，石碑更是越来越大，墓地成了时刻提醒后人的念想，让遗忘不再发生。于是孤独的亡灵越来越多。书中还提到了祭奠战死将士，在社会的新发展和传统之间的纠葛中，阐明了社会的明暗。

第十章描写生产和商业，第十一章阐述劳动力的分配，第十二章写了当时社会的贫穷与疾病，第十三章的群体心理中讲述了集体生活和群众行动，第十四章出类拔萃的力量中提到英雄、选手制度、亲分、落选者、恶党的衰运等，分析了近代社会心理的变动和发展趋势。最后，在第十五章提到了生活改善的目标。

作者认为历史很多时候是一本写满悔恨的书。但明治大正时期给后世留下如此多的烦恼，却仍然有一点值得后世为之骄傲。那就是无论遗留下来的哪一个问题，都没有发展到不可挽回的地步，都没有走进绝路，他想从一个更愉快的角度观察时代的趋势，作为书的结尾。

接下来，书中提到对国家培养学问的态度抱有期待，文化事业对国外的崇拜和依赖程度降低，出版文化的活跃，教育实际化等问题。但家庭生计的起落仍是关注的点，过去尽力抚育儿孙为家庭全心付出的女性，在教育上没有发言权，只能沉默接受的时代已经过去，现在母亲祖母也能有权过问。

作者认为"想要考察与我们家庭生活直接相关的问题,大可去考察女性组织",对女性寄予期待并支持女性活动。

最后他提到,"改革需要的是,做完全的准备而后静待花开。我觉得人们最大的误解是以为人类的不满、焦虑,以及各种原因的争斗、穷苦只是每个人偶然的命运,不可逆止,不可预防。如此想法,只是过去流传下来的猜测,从未经过考证。通过我们对社会现象的思考可以发现,人的不幸源于社会原因,而不是个人的遭遇。我们的贫病,皆因为我们身在这个社会,是社会的一员"。这是柳田希望从历史中学到的,也是充满民族自豪感的日本人对民族的期待。

希望我的解说能够给予年轻读者一点帮助,唯恐画蛇添足,因我的赘言破坏此书给读者带来的鲜活力量。

樱田胜德
(民俗学者)

写在《讲谈社学术文库》发行之际

本文库以将学术放入口袋为座右铭。学术滋养少年的心灵，充实成年的心灵。学术进入口袋成为世人之所有，是倡导现代生涯教育的理想。

常识将学术看成一座巨型城堡，而该文库反其道而行之。或许会被一些人指责为降低学术权威。但是，不得不说那都没能理解学术的新面貌。

学术首先从挑战魔术开始，最终逐一改变常识。学术权威是几百年、几千年艰苦战斗的成果。这就是为何学术巨城貌似难以靠近。乍一看很难接近，就是这个原因。但是不能只通过外表来判断学术权威。回顾学术的产生和成长，将不难发现它根植于生活。也是因此它才能有巨大的能量。没有任何学术能够脱离生活。

对现代这种开放的社会而言，这是不言自明的道理。生活和学术之间如果有距离，就要想方设法填补。如果这个距离来自形式上的迷信，就必须打破那个迷信。

学术文库旨在破除内外迷信，为学术开辟新天地。距离文库这个小而精的形式和学术这个宏伟的城堡完全融合，还有很长的路。但是将学术装进口袋的社会，对人类的生活而言无疑是更加富足的社会。如果能为了实现这个理想，丰富文库世界的领域，将是我的无上荣幸。

一九七六年六月
野间省一

图书在版编目（CIP）数据

大正浪漫：日本近代社会世相/（日）柳田国男著；谷端捷，石晶晶译. —北京：中国工人出版社，2023.3
ISBN 978-7-5008-8114-8

Ⅰ.①大… Ⅱ.①柳…②谷…③石… Ⅲ.①日本-历史-研究-近代 Ⅳ.① K313.4

中国国家版本馆CIP数据核字（2023）第043978号

大正浪漫：日本近代社会世相

出 版 人	董 宽
责任编辑	杨 铁
责任校对	赵贵芬
责任印制	黄 丽
出版发行	中国工人出版社
地　　址	北京市东城区鼓楼外大街45号　邮编：100120
网　　址	http://www.wp-china.com
电　　话	（010）62005043（总编室）　（010）62005039（印制管理中心）
	（010）62001780（万川文化项目组）
发行热线	（010）82029051　62383056
经　　销	各地书店
印　　刷	北京盛通印刷股份有限公司
开　　本	880毫米×1230毫米　1/32
印　　张	11.5
字　　数	225千字
版　　次	2023年4月第1版　2023年10月第2次印刷
定　　价	68.00元

本书如有破损、缺页、装订错误，请与本社印制管理中心联系更换
版权所有　侵权必究